Pour Marie Kopinska

LA VIE DES CHIENS CÉLÈBRES

Le frère de Jésus mène à tout... même aux chiens célèbres.

Très Cordialement

Pierre-Arthur Bernheim

To Debbie
Pierre would be delighted for you to have his book,
love & best wishes to you
Marie R K

Du même auteur

Paradis, paradis
avec Guy Stavridès
Paris, Plon, 1991

Cannibales !
avec Guy Stavridès
Paris, Plon, 1992

Jacques, frère de Jésus
Paris, Noêsis, 1996

Pierre-Antoine Bernheim

La vie des chiens célèbres

Éditions Noêsis
12 rue de Savoie VIe Paris

À la Princesse Max Orsini

Sommaire

Inconnus célèbres

Méritocratie canine

Avant-propos

Ce livre est consacré aux chiens qui, de leur vivant ou après leur mort, ont acquis, d'une façon ou d'une autre, une certaine célébrité. Ne seront considérés que les chiens ayant réellement existé. Les chiens légendaires ou appartenant au monde de la fiction ne seront pas évoqués. Le lecteur ne trouvera donc rien sur Milou, Idéfix, Rantanplan, Snoopy, Croc-Blanc ou Cerbère.

Certains chiens sont devenus célèbres grâce à leur association avec un personnage illustre dont ils ont été le compagnon, le modèle ou la source d'inspiration. Tous ceux qui ont possédé un chien savent la place considérable que ces animaux occupent dans la vie de leur maître. Ils régentent son emploi du temps et ses humeurs. Ils sont tour à tour une source de joie, de réconfort, de préoccupation, d'angoisse, de grand chagrin, d'inspiration et de désespérance. Que son maître soit humble ou puissant, obscur ou célèbre, le chien exerce la même influence. Les historiens et biographes ne réalisent pas toujours le rôle parfois considérable joué par ces animaux dans la vie de certains grands personnages. Nous essaierons dans les pages qui suivent de leur rendre justice.

Ce serait faire affront à la race canine que de penser que seuls les compagnons des grands hommes peuvent entrer dans l'histoire. Certains chiens sont devenus célèbres par leur vertu ou leur talent. Nous ne les oublierons pas.

Tel ou tel lecteur s'étonnera ou se plaindra de ne pas voir mentionné le chien de son roi, écrivain ou artiste favori. L'auteur du présent livre est certainement prêt à admettre sa négligence ou ses lacunes. Il réclame néanmoins les circonstances atténuantes. En effet, cet ouvrage ne se veut pas un catalogue exhaustif. Ce n'est pas le *Who's who* de la gente canine. Le choix des chiens présentés a été dicté par leur notoriété, leur intérêt intrinsèque, leur influence sur leur maître et la célébrité de ce dernier, et la qualité de l'information disponible. Il va sans dire, mais encore mieux en le disant, que l'érudition ou l'ignorance de l'auteur ainsi que ses goûts personnels et ses préjugés n'ont pas été sans influence sur la sélection finale.

Certaines mauvaises langues accuseront sûrement l'auteur et son éditeur d'avoir volontairement laissé de côté bon nombre de chiens dignes d'intérêt dans l'espoir de publier d'autres livres du même genre et qui pourront s'appeler : *D'autres chiens célèbres, Encore des chiens célèbres, Toujours des chiens célèbres.* Un tel projet n'est pas envisagé pour le moment. Bien entendu, un succès phénoménal de *La Vie des chiens célèbres* pourrait inciter son auteur à reconsidérer la question. À moins qu'il ne tourne son attention sur les grands rivaux des chiens, les chats...

Ces chiens
qui nous
gouvernent

Aussi loin que la mémoire de l'humanité permet de remonter, on rencontre une association étroite entre les rois et leurs chiens. Les liens, qui se sont d'abord forgés à l'occasion de la poursuite d'animaux sauvages, se sont intensifiés dans l'intimité des appartements royaux. L'attachement de certains rois ou reines pour leurs compagnons canins peut paraître excessif. Mais il est bien difficile pour un souverain d'avoir de vrais amis parmi ses sujets humains. Comment mesurer, en temps ordinaire, leur fidélité ou leur amitié ? La sincérité des chiens, en revanche, est rarement mise en question. « Si tu veux un ami, achète un chien. » Cette suggestion circulait à Wall Street il y a quelques années. Elle pourrait également s'appliquer aux rois et chefs d'État.

1

Chiens et souverains antiques

Les chiens du pharaon

Alors que, selon la Bible, les animaux furent mis à la disposition de l'homme, la mythologie égyptienne faisait d'eux davantage des partenaires que des dominés. Les Égyptiens étaient très attachés à leurs animaux domestiques. Et parmi ceux-ci, les chiens occupaient une position privilégiée. Les pharaons ne différaient guère, en ce domaine, de la majorité de leurs sujets.

Les chiens favoris d'un des pharaons de la première dynastie (-2950 /-2780) furent enterrés près de la tombe de leur maître à Abydos. Ces animaux, mis à mort au moment de l'inhumation du souverain, étaient supposés l'accompagner dans sa vie future. Un roi de la Ve ou VIe dynastie (deuxième moitié du troisième millénaire) fit construire pour son chien Aboutiou une tombe superbe contenant l'inscription suivante :

> Ce chien qui fut le gardien de Sa Majesté, Aboutiou est son nom. Pharaon a ordonné qu'on l'enterrât, qu'on lui donnât un sarcophage provenant du Trésor royal, beaucoup de tissu précieux et d'encens et d'huile parfumée. Sa Majesté a ordonné qu'une tombe fût construite par une équipe de maçons. Sa Majesté a fait cela pour lui afin de l'honorer.

À Thèbes, la tombe d'Ouahankh Antef II, un pharaon de la XIe dynastie qui régna de -2115 à -2066, contient une stèle où ses chiens familiers apparaissent à ses pieds. Les noms étrangers de deux de ces chiens peuvent se traduire par Onyx et « Le chien noir ».

À Tanis, dans la tombe de Psousennès (-1040/-993), un pharaon de la XXIe dynastie, Pierre Montet a trouvé le squelette de son chien favori, enterré à son côté.

Péritas

Les Grecs, tout comme les Égyptiens, n'étaient pas insensibles à l'affection de la gente canine pour le genre humain. Les plus grands d'entre eux ne dédaignaient pas la compagnie de ces petits quadrupèdes.

Tout le monde connaît les liens étroits qui unissaient Alexandre le Grand (- 356/- 323) à son cheval Bucéphale. Selon Arrien (*Anabase*, V, 19, 4), Plutarque et d'autres historiens anciens, il fit construire après la mort de son cheval favori une ville appelée Bucéphalia. Plutarque (*Vie d'Alexandre*, LXI) conte également qu'Alexandre, à la mort de Péritas, son chien favori, fit construire une ville à laquelle il donna son nom. Plutarque indique que cette anecdote, qu'on ne retrouve pas chez Arrien, provient de Potamon de Mytilène, un rhéteur célèbre qui vécut suffisamment longtemps pour bénéficier du patronage de Pompée et de Tibère. Authentique ou pas, elle avait déjà été rapportée par un certain Théopompus.

Une autre histoire, racontée par Pline l'Ancien (*Histoire naturelle*, VIII, 149-150), associe Alexandre à des chiens. Pendant la marche sur l'Inde d'Alexandre, le roi d'Albanie lui offrit un chien d'une taille exceptionnelle. Alexandre fit lâcher devant lui des ours, puis des sangliers, et enfin des daims. Le chien, dédaigneux, refusa de les attaquer. Alexandre, offensé par tant de lâcheté, fit tuer l'animal. Le roi d'Albanie, mis au courant de cet incident si fâcheux, envoya à Alexandre un autre chien, le dernier de cette espèce qui lui restait. Il lui conseilla de ne pas l'éprouver sur des animaux indignes de sa force mais de le confronter à des lions et des éléphants. Alexandre suivit ses conseils. Après avoir terrassé un lion, le chien fut opposé à un éléphant. Harcelant l'énorme animal, il le fit tourner sans répit jusqu'à ce que, vaincu par le vertige, il finisse par tomber au sol. Plutarque dans son traité consacré à l'intelligence des animaux (*De sollertia animalium*, XV) raconte plus brièvement la même histoire. Sans doute par souci de vraisemblance, il ne mentionne pas le combat avec l'éléphant.

Plusieurs livres sur les chiens célèbres identifient le chien donné par le roi d'Albanie à Péritas. Cette supposition n'a aucun fondement.

La queue du chien d'Alcibiade

Abandonnons un instant les chiens des pharaons et empereurs pour nous tourner vers un chien plus démocratique, celui d'Alcibiade, le grand chef politique et militaire athénien. Comme le raconte Plutarque (*Vie d'Alcibiade*, XIV), le célèbre général coupa la queue de son chien favori afin de détourner l'attention d'autres méfaits plus sérieux :

> Il avait un chien beau et grand à merveille, qui lui avait coûté sept cents écus ; il lui coupa la queue, qui était la plus belle partie qu'il eût ; de quoi ses familiers le tancèrent fort, disant qu'il avait donné à parler à tout le monde, et que chacun le blâmait fort d'avoir ainsi diffamé un si beau chien. Il ne s'en fit que rire, et leur dit : « C'est tout ce que je demande ; car je veux que les Athéniens aillent caquetant de cela, afin qu'ils ne disent rien pis de moi[1]. »

Dans beaucoup d'ouvrages populaires, Alcibiade, après avoir été frappé par ses assassins, meurt dans les bras de sa maîtresse et de son chien fidèle. La maîtresse était peut-être présente, mais probablement pas le chien.

1 Dans la traduction d'Amyot, Paris, Gallimard, 1951.

2

Chronique des chiens de France

Un très vieil amour

Quand ils ne faisaient pas la guerre, les rois de France consacraient peut-être plus de temps à la chasse qu'à n'importe quelle autre activité. La chasse était inséparable de la dignité royale. Dès les temps mérovingiens, les souverains et les principaux seigneurs se sont intéressés à la qualité de leurs meutes. À une époque où, en général, ces animaux ne jouissaient pas d'une excellente réputation, des liens affectifs se sont tissés entre les grands seigneurs et leurs chiens favoris. Mais la bienveillance des rois s'arrêtait à leurs propres animaux. Les chiens roturiers, s'ils avaient le malheur de troubler les chasses royales, étaient impitoyablement châtiés.

Le fait que, dans la littérature médiévale, certains chiens jouent un rôle important suggère l'existence de situations similaires dans le monde réel. D'ailleurs, à partir du Xe siècle, les éloges et panégyriques de chiens ne sont pas rares. Jusqu'au XIVe siècle, la plupart des chiens partageaient l'intimité de leurs maîtres. Les grands seigneurs décidèrent alors de réserver l'accès de leurs appartements aux lévriers. Ceux-ci, même chez le roi, conservèrent le privilège de s'allonger sur des lits somptueux. Dans *Le Roy Modus*, un texte du XIVe siècle, on rencontre un dialogue entre un adversaire et un défenseur des chiens :

L'adversaire : – On les mène sur les fumiers
Non pas aux chambres, aux solliers [étages]
L'avocat : – On voit coucher sur le lit

Du roi de France les lévriers
Pour ce qu'il les aime et tiens chers

Quelques favoris royaux ou princiers peuvent être identifiés dans des documents d'époque. Isabeau de Bavière, femme de Charles VI, était connue pour son amour des chiens. Nous savons qu'elle offrit, en 1412, le chien blanc Marthelet au duc de Bourgogne. Le chien favori de Louis d'Orléans, frère de Charles VI, s'appelait Doucet. Après son assassinat le 23 novembre 1407, sa femme Valentine Visconti fit ramener Doucet auprès d'elle. Elle-même possédait six petits chiens munis de colliers ornés d'écussons en métal doré représentant ses armes. Charles d'Orléans, fils de Louis d'Orléans et père de Louix XII, composa un petit poème en l'honneur de son épagneul Briquet « aux pendantes oreilles ». Agnès Sorel, la favorite de Charles VII, avait un lévrier appelé Carpet auquel elle tenait beaucoup.

Tel père, telle fille

Louis XI (1423-1483), quand il ne gouvernait pas son royaume, avait deux grandes passions : la chasse et les chiens. Il collectionnait les chiens dont il aimait faire l'élevage. Il en possédait de toutes les races qu'il achetait, réquisitionnait, se faisait offrir lors de ses voyages ou faisait chercher dans toute l'Europe. En Espagne, il commandait des alans, grands dogues utilisés pour la chasse au gros gibier ; de Bretagne il faisait venir des lévriers et des épagneuls. Il demanda au duc de Milan de lui procurer six petits chiens de Chio de robe blanche ou rousse. Le roi d'Écosse lui envoya cinq lévriers ; Thomas Langton, ambassadeur d'Angleterre, lui offrit cinq dogues et Laurent de Médicis, un gros chien pour garder sa chambre.

Lorsqu'il ne fut plus capable de chasser normalement, Louis XI se livra, selon le chroniqueur Thomas Basin, à un genre de chasse assez particulier :

> Et même, à la fin, quand il ne pouvait plus ni marcher ni monter à cheval, il faisait apporter des rats et des souris vivants dans la chambre où il se tenait et faisait chasser devant lui ces bestioles répugnantes par des chiens qu'il nourissait à cet effet[1].

1 Thomas Basin, *Histoire de Louis XI*, traduite par Charles Samaran et Monique-Cécile Grand, Paris, Les Belles Lettres, tome III, 1972, p. 289.

Louis XI prenait le plus grand soin de leur confort et de leur santé. Malades, il leur donnait des lavements, des emplâtres et des poudres. Il envoyait aussi, par prudence, des offrandes au sanctuaire de Saint-Hubert. Leurs laisses étaient en laine teinte et leurs colliers en cuir de Lombardie parsemé de clous dorés. Cher-ami, un de ses chiens préférés, possédait même un collier garni de vingt perles et d'un rubis. Notons toutefois qu'il ne s'agissait pas là d'un caprice royal exceptionnel. Les grands seigneurs paraient volontiers leurs chiens favoris de somptueux colliers à leurs armoiries.

Les chouchous du moment, surtout des lévriers, couchaient dans la chambre du roi et voyageaient avec lui. Lorsqu'ils se perdaient, Louis XI, fou d'inquiétude, utilisait tous les moyens à sa disposition pour les retrouver. Outre Cher-ami, les favoris avaient pour nom Artus, Plessis, Paris ou Beauvoisin. Le roi fit écrire l'épitaphe du chien d'arrêt Basque, peut-être un épagneul. Basque, vieux et aveugle, reçut une pension à vie de 26 livres par an.

Bien qu'il n'en fût que très brièvement le propriétaire, Louis XI est également associé à Souillard, le chien de chasse le plus célèbre de son temps. Souillard, un chien blanc de Saint-Hubert, avait été donné au roi par un pauvre gentilhomme. Louis XI, qui aimait surtout les chiens gris, n'en fit pas grand cas. Gaston de Lyon, sénéchal de Toulouse, sachant que le roi n'aimait pas ce chien, le supplia de lui donner afin qu'il l'offrît à la dame la plus sage du royaume, sa fille Anne de Beaujeu. Cette demande aurait surtout inspiré au roi une remarque désobligeante sur le sexe faible : « Mais dites moins folle que les autres car de sage femme, il n'y en a point au monde. » Rappelons qu'Anne de Beaujeu, à la mort de son père, devint régente du royaume, qu'elle gouverna avec intelligence et fermeté. Comme Louis XI, elle adorait la chasse et les chiens. S'il n'est pas certain que Souillard ait jamais appartenu à Anne de Beaujeu, il est en revanche sûr que son dernier propriétaire fut Jacques de Brézé, grand sénéchal de Normandie. Ce dernier, fils du grand connétable Pierre de Brézé, avait épousé Charlotte de France, fille naturelle de Charles VII et d'Agnès Sorel. Il la tua en 1477 après l'avoir surprise en flagrant délit d'adultère. Emprisonné par Louis XI, il eut la chance de garder sa tête sur ses épaules. Il termina ses jours comme grand veneur d'Anne de Beaujeu. Jacques de Brézé fit l'éloge de Souillard dans *Des dits du bon chien Souillard qui fut au roi Louis onzième du nom*[1]. Dans son

1 Réédité par le baron Pichon dans le *Livre de la chasse du grand senéchal de Normandie*, Paris, 1858.

poème, il souligne l'éminence du chien et son affection pour son maître :

Souillard le blanc et beau chien courant,
De son temps le meilleur et le mieux pourchassant ;
Du bon chien Saint-Hubert, qui Souillard avait nom
Fils et héritier, qui eut si grand renom
[...]
Maître à qui je suis qui me garde si cher
Si me fait pain et chair pour mon vivre trancher,
Coucher dedans sa chambre, près du feu chaudement
Paille et belle litière accoutrée nettement

Souillard fut à l'origine de la race des chiens blancs greffiers qui disparut au début du règne de Louis XIV. Jacques du Fouilloux, dans son traité sur la vénerie publié en 1561, affirma que cette race provenait de l'alliance entre Souillard et Baude, une lice célèbre appartenant à Anne de Beaujeu. Il est cependant plus probable que Souillard ait couvert une lice braque d'Italie dont le maître était un greffier du roi. François Ier renforça cette race en la croisant avec un chien fauve du nom de Miraud. Henri II l'améliora encore avec le chien blanc Barraud donné par Marie de Guise, reine d'Écosse.

Poètes et chiens royaux

Dans *La Muse chasseresse*[1], un ouvrage publié en 1611, on peut lire une épitaphe consacrée à Relay, un chien gris du roi Louis XII (1462-1515). Guillaume du Sable, l'auteur de ce petit livre, aurait servi de veneur à sept rois de France, de François Ier à Louis XIII, ce qui n'est pas chronologiquement impossible en supposant qu'il ait commencé très jeune et qu'il soit mort très vieux. Il est cependant probable que Guillaume du Sable ne soit pas l'auteur de l'épitaphe de Relay.

Relay était un chien grand et fort qui se signala par ses exploits à la chasse. À l'âge de douze ans, il assaillit et terrassa un cerf de dix cors plein de force. Le roi demanda que cet acte de bravoure fût célébré :

1 Réédité en 1880 par E. Juillien et P. Lacroix.

Car le Roy ne voulant un tel acte oublier
Le fit tout aussitôt écrire et publier.
Aussi en ce faisant, faisant graver la gloire
De son ami Relay au temple de la mémoire.

Louis XII, qui appréciait énormément Relay, le couvrit d'honneurs. Selon l'épitaphe, il aurait rédigé la biographie de son chien :

Témoin le grand honneur que de lui j'ai reçu
Car ma vie par lui écrite et rédigée
Dont ma race à jamais lui demeure obligée.

Ce texte, hélas, n'est pas parvenu jusqu'à nous.

Tout comme Louis XII, François Ier était également un passionné de chasse. Ses chiens favoris se nommaient Belle Greffière, Gaillart, Gaillebault, Rameau, Arbault, Gerfault, Aurora, Myrault, Réal... Il fit construire pour ses chiens un hôtel à Fontainebleau connu sous le nom trop modeste de Chenil. Le roi y couchait parfois. La reine Éliénor, que François Ier épousa en 1530, aima une petite chienne appelée Mignonne. Clément Marot composa une épigramme en son honneur. La frétillante Mignonne est le passe-temps et la joie de sa maîtresse. Elles ne se quittent guère, même la nuit. Clément Marot n'hésite pas à évoquer des détails très intimes :

La reine en sa couche parée,
Lui a sa place préparée.
Et dort la petite folâtre
Dessus la gorge d'alabâtre
De sa Dame, si doucement
Qu'on ne l'oit souffler nullement.
Et si pisser veut d'aventure,
Ne gâte draps ni couverture :
Mais sa maîtresse gratte, gratte,
Avec sa flatteuse patte :
L'avertissant qu'on la descende,
Qu'on l'essuye, et puis qu'on la rende
En sa place, tant est honnête
Et nette la petite bête.

Mignonne, nous apprend Marot, est encore pucelle car aucun mari digne d'elle n'a pu encore être trouvé. La reine fit peindre un portrait de sa chienne favorite.

Ronsard composa deux poèmes à la mémoire de chiens du roi Charles IX (1550-1574). Charles IX, chasseur passionné, était un fin connaisseur de chiens. Il composa un traité sur la chasse au cerf qui renferme de précieuses informations sur les chiens de son temps, leur dressage et leur entretien.

L'épitaphe de Courte, chienne de Charles IX, célèbre un animal sans pareil par son entendement et sa diligence. Elle était également sans rivale à la chasse aux perdrix, lapins ou cerfs. Après la chasse, elle montait sur la table du roi pour prendre jusqu'en sa main le biscuit et le massepain. Quand son maître était loin, Courte savait se montrer aimable avec ceux qui la flattaient. Mais quand Charles IX était présent, elle ne connaissait plus personne d'autre.

Mais si tôt qu'elle pouvait être
En la présence de son maître,
Et que son Roi la caressait,
Ses amis plus ne connaissait,
Et les mordait comme félonne
Ne voulant souffrir que personne
Approchât de ce qu'elle aimait
C'est pourquoi le Roi l'estimait.

Charles IX confia Courte vieillissante à sa vieille nourrice. La chienne ne supporta pas de vivre loin de son maître.

Mais pleine de gémissement,
De regret, de deuil et d'ennui
De voir son Roi, perdit la vie,
Aimant mieux la mort recevoir
Que tant languir sans le revoir.
Ainsi la Courte en sa vieillesse
Mourut de deuil et de tristesse.
Après que la mort la ravit,
Encore le Roi s'en servit,
Faisant conroyer sa peau forte
En gants que sa majesté porte.

Courte ainsi morte et vive a fait
À son Roy service parfait.

La chienne se montra ainsi utile même après sa mort. Dans son poème, Ronsard exhorte les Français à manifester, à l'image de Courte, une fidélité et un dévouement exemplaire à leur souverain. Ronsard composa également le *Dialogue de Beaumont, lévrier du roi Charles IX, et de Caron.* Ce poème semble davantage un exercice de style, plus conventionnel et moins émouvant. Nous connaissons également le nom d'autres chiens de Charles IX : Caqueray, Bongars, Vaillant et Martel.

Les petits mignons du roi

Henri III (1551-1589), contrairement à ses prédécesseurs, ne manifestait qu'un engouement épisodique et modéré pour la chasse. S'il chassait de temps à autre, non sans talent d'ailleurs, le roi préférait les occupations plus intellectuelles et sédentaires. Une santé fragile et une résistance limitée lui déconseillaient les efforts intenses et prolongés de la chasse qui, selon beaucoup d'observateurs de l'époque, avaient été largement responsables de la mort de son frère Charles IX. Tout en s'intéressant à la vénerie, Henri III éprouvait aussi une grande passion pour les petits chiens d'agrément comme les épagneuls papillon et les bichons maltais. Ces petits animaux, généralement couverts de rubans et transportés dans des paniers, faisaient surtout les délices des dames de qualité, d'où leur nom de damerets. Ainsi, Mme de Villeroy, la femme du secrétaire d'État, possédait une petite chienne nommée Barbiche dont elle était très entichée. À sa mort, elle demanda à plusieurs poètes d'exprimer ses regrets. Le goût du roi pour ces petites créatures les rendit populaires parmi la gente masculine. Même Christophe de Thou, le très sérieux président du Parlement de Paris, posséda des bichons. Henri III, tout comme Louis XI, appréciait les cadeaux plus ou moins spontanés de chiens. À défaut, il allait se servir comme l'écrit le chroniqueur Pierre de l'Estoile dans son journal (novembre 1575) :

Va en coche, avec la Reine son épouse, par les rues et maisons de Paris, prendre les petits chiens damerets qui à lui et à elle viennent

> à plaisir ; va semblablement, par tous les monastères de femmes étant aux environs de Paris, faire pareille quête de petits chiens, au grand regret et déplaisir des dames auxquelles les chiens appartenaient.

Henri III aimait également offrir des chiens. Il fit cadeau à l'ambassadeur de Venise Lippomano, pour son départ, « d'un très beau chien, qui faisait ses délices. Celui-ci sautait entre ses pieds, le roi l'ayant pris entre ses mains, le baisa à deux reprises et l'offrit au diplomate en lui priant de l'accepter pour l'amour de lui[1] ».

Le roi consacrait beaucoup de son temps à ses chiens. Ses favoris ne le quittaient guère. On peut lire dans quelques livres sur l'histoire des chiens une anecdote sur la mort d'Henri III. Selon cette histoire, le roi possédait trois jolis bichons (épagneuls papillon ou levrettes, selon d'autres versions), appelés Liline, Titi et Mimi, dont il ne se séparait jamais. Il les portait dans une corbeille suspendue à son cou par un ruban. Ils passaient la nuit au chevet du lit royal, assurant, à tour de rôle, malgré leur taille réduite, une garde sans défaut. On raconte que lorsque le moine Jacques Clément fut introduit dans la chambre du roi, le 1er août 1589, Liline se précipita vers lui pour l'empêcher d'avancer. Le roi fit alors retirer ses chiens dans la pièce d'à côté. Mais Liline continua d'aboyer comme pour avertir son maître d'un grand danger. Pendant ce temps, Jacques Clément poignardait tranquillement le roi qui mourut peu après. Nous avons consulté les récits les plus fiables de l'assassinat et des dernières heures d'Henri III dont les *Mémoires de Charles d'Angoulême* et le *Certificat de plusieurs seigneurs de qualité qui assistèrent le roi depuis qu'il fut blessé jusques à sa mort.* Aucun ne mentionne les prémonitions de Liline.

Un détail sur Henri III ; il haïssait les chats : « Autant il aimait les chiens, autant il haïssait les chats. Ses valets visitaient les maisons qu'il devait visiter afin de chasser les chats[2]. »

Une famille chien

Henri IV (1553-1610), sa femme Marie de Médicis (1573-1642) et leur fils, le futur Louis XIII (1601-1643), vivaient entourés de

1 Cité dans Pierre Chevalier, *Henri III*, Paris, Fayard, 1985, p. 412.
2 M. de Varillas, *Histoire de Henri III*, 1694, tome II, p. 302.

chiens. Nous sommes particulièrement bien renseignés sur de nombreux chiens de la famille grâce surtout au journal détaillé de Jean Héroard, médecin du jeune Louis XIII, et aux lettres dans lesquelles Marie de Médicis parle de ses animaux.

Henri IV ne jouit pas d'une très bonne réputation auprès des amis des bêtes en raison d'une anecdote colportée par Agrippa d'Aubigné. En 1577, le poète-soldat, en passant par Agen, rencontra un grand épagneul, nommé Citron, qui avait l'habitude, en d'autres temps, de coucher sur les pieds du roi. Cette pauvre bête mourait de faim. Agrippa d'Aubigné la mit en pension chez une femme qu'il connaissait et lui fit coudre sur son collet frisé un petit sonnet :

> Le fidèle Citron qui couchait autrefois
> Sur votre lit sacré, couche ores sur la dure :
> C'est ce fidèle chien qui apprit de nature
> À faire des amis et des traîtres le choix :
>
> C'est lui qui les brigands effrayait de sa voix,
> Et des dents les meurtriers ; d'où vient donc qu'il endure
> La faim, le froid, les coups, les dédains et l'injure,
> Paiement coutumier du service des Rois.
>
> Sa fierté, sa beauté, sa jeunesse agréable
> Le fit chérir de vous, mais il fut redoutable
> À vos haineux, aux siens, pour sa dextérité,
>
> Courtisans, qui jetez vos dédaigneuses vues
> Sur ce chien délaissé, mort de faim par les rues,
> Attendez ce loyer de la fidélité.[1]

Le roi, qui, le lendemain, passa par Agen, vit le chien et le sonnet. Selon Agrippa d'Aubigné, il changea de couleur.

L'auteur des *Tragiques* était sans doute plus concerné par l'ingratitude d'Henri IV à son égard que par celle vis-à-vis du chien. Il serait donc imprudent d'en tirer des conséquences trop définitives sur l'attachement à long terme d'Henri IV pour ses chiens. En tout cas, le bon roi Henri, chasseur passionné, vivait entouré de chiens. Le journal d'Héroard nous permet de connaître quelques-uns de ceux qui partagèrent l'intimité du grand souverain. Le 25 juin 1607, alors

1 Dans *Sa vie à ses enfants*.

qu'il soupe avec la reine, le roi jette sur la table une dragée destinée à son chien Cadet. Le dauphin Louis, plus rapide, la mange. Le roi possédait également un chien nommé Soldat avec qui le dauphin eut plusieurs fois maille à partir. Le 24 mars 1608, Soldat se jette sur le jeune Louis, qui, surpris, se met à pleurer. Le roi lui dit qu'il ne faut pas avoir peur et le gronde. Le dauphin répond : « C'est que je n'y pensais pas. » Le 22 avril, il joue avec Soldat qui le mord légèrement. Le 25 juin 1608, Soldat aboie et essaie de mordre le dauphin. Le roi tance le jeune Louis, pensant qu'il battait le chien. Henri IV ne se comportait donc pas si mal que cela avec ses chiens.

Selon l'historien Louis Batifol, Marie de Médicis consacrait beaucoup de son temps à ses chiens au milieu desquels elle prenait beaucoup de plaisir : « Les chiens surtout la passionnent. Elle a un certain nombre de petites bêtes gentilles, musquées, qu'elle dorlote, qu'elle emporte avec elle dans son carrosse ou dans sa litière[1]. »

Dans plusieurs tableaux de Rubens, peints à sa demande, la reine apparaît en compagnie de chiens. Ses lettres introduisent quelques favorites : Bichette, Mignonnette, Turquette et Roquette. Marie de Médicis était particulièrement préoccupée par la recherche d'époux convenables pour ces dames. Elle demanda à la duchesse d'Angoulême de lui procurer un mari sortable pour Mignonnette. Quand on vola Turquette, la reine, qui la fit rechercher par toute la maisonnée, craignit plus que tout que la chienne royale pût succomber aux charmes d'un galant indigne de son rang. Le journal d'Héroard mentionne un chien nommé Favori qui faillit mordre le dauphin après un tirement d'oreille non sollicité et un certain Brigantin qui le mordit au sourcil droit. Outre ses petits chéris qui partageaient son intimité, la reine possédait toute une ribambelle de chiens de chasse.

Louis XIII, en digne héritier de ses parents, adorait les chiens. Ils furent, pendant son enfance, ses principaux compagnons de jeux. Laissons-nous guider par Héroard dans cette galerie de chiens princiers puis royaux. En 1605, âgé de 4 ans, le dauphin possède déjà deux chiens, Cavalon et Charbon, un petit lévrier noir. L'année suivante son chien favori est la dénommée Isabelle.

> 10 mai 1606 – Il tenait sa chienne Isabelle, la caressait, la baisait, l'appelait sa mignonne car il aimait extrêmement les chiens. Il disait à son peintre qu'il peignit sa chienne auprès de lui. Mlle Mercier lui dit : « Monsieur, il ne faut pas que ceux qui sont armés aient des chiens

1 *La vie intime d'une reine de France au XVIIe siècle – Marie de Médicis*, Paris, 1931, tome I, p. 96.

avec eux. » Il répondit soudain : « Mais ce sera pour prendre les ennemis par les jambes. »

Le 30 septembre 1606, le roi lui donne un barbet appelé Lion. Mme de Montglat lui dit qu'il est très laid. « J'aime tout ce qui vient de papa », répond-il. À partir de 1607, c'est Pataut qui semble avoir occupé la position de premier chien de la maison du dauphin. Le 6 février il lui fait jouer de la cornemuse, ce qui l'amuse énormément. Le chien s'amusait-il ? Nous ne le savons pas. Le 24 juillet de la même année, M. Boquet gronde Pataut parce qu'il fait du bruit pendant que le dauphin écrit. Ce dernier avec toute la sagesse de ses six ans lui répond : « Hé ! Boquet, savez-vous pas que c'est une bête, qu'elle n'a point de raison. » Le 24 juillet 1608, il essaie à Pataut et à Lion les harnais que M. Concini lui avait donnés pour leur faire tirer son petit carrosse. Le dauphin sut se montrer plus généreux avec le vieux Pataut que son père avec le vieux Citron.

> 27 août 1609 – Il avait un chien nommé Pataut, le plus ancien, qu'il soulait [avoir l'habitude] avoir à Saint-Germain et qu'il aimait et avait toujours aimé. M. de Souvré lui disait : « Monsieur vous avez trop de chiens, il en faut ôter de ceux qui ne valent rien, et sont trop vieux comme Pataut. »
> – Pataut, Mousseu de Souvré, ho ! non, je veux nourrir les vieux.

Nous ne savons pas ce qu'il advint du vieux Pataut. Mais le 21 novembre c'est le petit chien Vaillant qui a le privilège de se coucher avec le roi dans le berceau que la reine destine à son futur bébé. En 1610, le favori s'appelle Gayon.

> 15 juillet 1610 – Il fait donner à boire à son petit chien qu'il nomme Gayon, et demande : « Pourquoi donne-t-on à boire aux chiens ? » Il lui fut répondu : « De peur qu'ils n'enragent. » Il répond soudain : « Les ivrognes donc n'ont garde d'enrager car ils boivent toujours. »

Le 20 décembre 1610, le favori Gayon est mordu par un chien enragé au jardin des Tuileries. Le roi est fort triste. Il demande néanmoins que le chien enragé soit épargné. Gayon semble avoir survécu puisque Héroard le mentionne en 1611. À partir de 1610, Ouël, Griffon, Tinton, Mourac et Valet ont gagné l'affection du jeune roi.

Des chiens dont l'identité n'est pas révélée sont également mentionnés dans des anecdotes qui révèlent la sagesse et le sens de la logique du jeune Louis XIII.

> 30 juillet 1606 – Il donnait de son pain à son petit chien ; Mme de Montglat lui dit : « Monsieur il ne faut pas donner du pain aux chiens, il le faut donner aux pauvres. »
> – Les chiens sont-ils riches ?
>
> 9 juillet 1608 – Il dit qu'il a six chiennes pleines et qu'il les a mariées. Je lui dis qu'il aurait bien des accouchées. Il appelle M. de Candale et lui dit à l'oreille : « J'ai un chien qui a fait un autre chien cocu ; il a couché avec sa femme la chienne, mais ne le dites à personne ; dites-le à mousseu Héroard, il n'y a pas de danger. »
>
> 18 octobre 1608 – Mme la comtesse de Mansfeld lui donne douze chiens et lui dit qu'ils sont beaux. « Je m'en soucie pas qu'ils soient laids mais qu'ils soient bons. »

Louis XIII devenu adulte ne se départit jamais de son amour des chiens. Il couchait avec eux plus volontiers qu'avec sa femme. Mais il n'était pas le seul personnage de la cour à partager l'intimité de ses chiens favoris. Le duc de Vendôme, selon Saint-Simon, allait encore plus loin : « Les chiens couchaient en foule dans son lit, ses chiennes y faisaient leurs petits. »

Merci Desportes, merci Oudry

Louis XIV (1638-1715) et Louis XV (1710-1774) avaient également la passion de la chasse et des chiens. Nous pouvons admirer le portrait de certains de leurs chiens favoris grâce aux excellents peintres Desportes et Oudry.

Louis XIV appréciait surtout les chiens couchants tels que les épagneuls. Il s'occupait personnellement de leur dressage. Les sept ou huit favoris du moment étaient somptueusement logés dans la chambre des chiens du roi. Cette pièce se trouvait entre la cour intérieure de Versailles et le cabinet des perruques, lequel jouxtait la chambre du Conseil. Le roi se procurait tous les jours auprès de son cuisinier des « biscotins » qu'il donnait personnellement à ses chiens.

Desportes nous a laissé les portraits de plusieurs d'entre eux dont Diane, Blonde, Bonne, Nonne, Ponne, Folle, Mite, Tane et Zette. Il s'agit le plus souvent d'animaux très fins et de taille relativement petite, à la robe d'un blanc soyeux tacheté de brun ou de fauve.

Madame de Maintenon possédait également de nombreux chiens. Louis XIV, s'il aimait tendrement ses chiens, pouvait traiter durement ceux des autres. Tout comme François Ier et Henri IV, il fit adopter des ordonnances prescrivant la mort ou la mutilation des chiens vivant à moins d'une lieu des forêts royales.

Selon le marquis d'Argenson, Louis XV faisait « un travail de chien pour ses chiens » :

> Dès le commencement de l'année, il arrange tout ce que ces animaux feront jusqu'à la fin. Il a cinq ou six équipages de chiens. Il s'agit de combiner leur jour de chasse, de repos et de marche. Je ne parle pas seulement du mélange et des ménagements des vieux et des jeunes chiens, de leurs noms et qualités que le Roi possède comme jamais personne de ses équipages ne l'a su, mais l'arrangement de toute cette marche, suivant les voyages projetés et à projeter, se fait sur des cartes avec un calendrier combiné, et on prétend que Sa Majesté mènerait les finances et l'ordre de la guerre avec bien moins de travail que tout ceci[1].

Il suivait avec la plus grande attention la vie privée de ses meilleurs chiens comme le montre une lettre adressée en 1729 au comte de Toulouse :

> Mascarade ayant été couverte par Polydore le 23 juillet, elle a accouché le 21 septembre de six chiens : six lices. Et Noblesse ayant été couverte le même jour, elle n'a accouché que le 26 d'un chien et de deux lices... Mon petit Gredinet [un épagneul] est boiteux d'une course qu'il fit hier après des perdrix, lièvres, lapins et chevreuils dans le parc de la Muette[2].

On lit en post-scriptum de cette lettre : « Madame d'Épernon vient d'accoucher d'une fille. »

Tous les jours, à la fin du dîner, le premier maître d'hôtel remettait au roi deux cornets de gimblettes qu'il distribuait à ses chiens. En 1725,

1 Cité dans Dunoyer de Noirmont, *Histoire de la chasse en France, des origines jusqu'à la Révolution*, Paris, 1867-1868, volume 3, p. 287.
2 Cité dans Michel Antoine, *Louis XV*, Paris, Fayard, 1989, p. 407.

Louis XV mit fin au monopole de Desportes comme portraitiste des chiens royaux en demandant à Oudry de peindre Misse et Turlu. Ce tableau était destiné à la chambre du roi au château de Compiègne. Deux ans plus tard, le grand peintre animalier fit le portrait de Gredinet, Petite-fille et Charlotte, trois épagneuls du roi. Par la suite, il s'attaqua, avec le même succès, à Polydore, Blanche, Mignonne, Sylvie, Lise, Perle, Ponne, Cadet et Hermine. Ces tableaux ornaient le plus souvent les murs de la chambre du roi ou du cabinet du Conseil.

L'entourage du roi appréciait également les chiens. Marie Leczinska tout comme son père Stanislas vivait entourée de petits quadrupèdes. Inez, l'épagneul papillon de la marquise de Pompadour, fut presque aussi célèbre que sa maîtresse.

Les épagneuls de Madame

La princesse Palatine (1652-1722), belle-sœur de Louis XIV et mère du régent Philippe d'Orléans, fut l'un des personnages les plus pittoresques et attachants de la cour de Versailles où elle vécut plus de cinquante ans. Sa franchise naturelle et ses manières un peu rudes ne la prédisposaient guère à la vie de la cour la plus formelle et sophistiquée d'Europe. Madame, puisque c'est ainsi qu'on l'appelait, avait une passion pour les chiens qu'elle tenait sans doute de sa grand-mère Elisabeth Stuart, fille de Jacques Ier d'Angleterre, et reine de Bohême. Madame préférait sans doute la compagnie de ses petits chiens à celle des courtisans hypocrites et médisants. Comme l'indique Dirk Van der Cruysse dans sa biographie, la population canine autour de Madame s'accrut substantiellement après la mort de Monsieur, son mari, en 1701[1]. Dans une lettre de 1702, elle mentionne la présence constante autour d'elle de sept chiens, sans doute des épagneuls : Spatou, Charmante, Charmion, Toutille, Stopdille, Mille-Millette-Millon et Mione. Mione est la favorite. Dans une autre lettre, nous assistons à la rencontre entre la favorite et un perroquet. Le comportement de la chienne semble contredire la théorie cartésienne de l'animal machine :

> J'offris hier à Mme de Châteautiers un beau perroquet qui bavarde prodigieusement. Je voulais entendre ce qu'il peut dire et l'admis dans

1 *Madame Palatine, princesse européenne*, Paris, Fayard, 1988.

ma chambre. Mes chiennes en devinrent jalouses, et une qui s'appelle Mione voulut aboyer après lui. Le perroquet répétait *donne la patte.* J'aurais voulu que Votre Dilection eût pu voir l'étonnement de Mione quand elle entendit parler l'oiseau. Elle cessa d'aboyer, le regarda fixement, puis moi ; comme il continuait de parler, Mione s'effraya comme un être humain, se sauva et se cacha sous le sofa. Là-dessus le perroquet se mit à rire aux éclats. Cela me fit penser à M. Leibniz qui soutient, comme l'a dit V.D., que les bêtes ont de l'intelligence, qu'elles ne sont pas des machines comme Descartes a voulu prétendre, et que leurs âmes sont immortelles. Je me réjouirai beaucoup dans l'autre monde d'y pouvoir retrouver non seulement mes parents et bons amis mais aussi tous mes petits animaux[1].

Le 4 mai 1702, quinze jours après la rencontre traumatisante avec le perroquet, Mione mourut d'un abcès. Madame fut bouleversée comme le montrent trois de ses lettres[2] :

> Elle me manque partout, au lit, à la promenade ; [...] elle était toujours avec moi et la plus jolie petite bête du monde [...]. Mais Votre Dilection pensera : Liselotte est devenue folle avec son chien.
>
> Je viens de perdre ma pauvre chienne que j'aimais le mieux de toutes, ma pauvre Mione [...]. Tel est mon triste sort de toujours perdre ce que j'aime le mieux car j'aurais donné tous mes chiens pour celle-là [...].
>
> Je ne sais si vous aimez les chiens et si vous pouvez comprendre un véritable chagrin [...], car ma petite chienne que j'aimais le plus et qui s'appelait Mione est morte.

Quelques mois après la disparition de Mione, tout semble être redevenu normal. Madame décrit ses petits chiens, rivalisant pour attirer son attention et lui plaire :

> Rachille s'installe d'ordinaire derrière moi sur ma chaise ; Titi se couche à côté de moi sur la table où j'écris ; Mille-Millette se couche sous ma jupe sur mes pieds ; Charmion, sa mère, aboie jusqu'à ce qu'on lui place une chaise à côté de moi sur laquelle elle s'installe ; Charmante se couche de l'autre côté sur ma jupe, Stopdille est assise

1 Lettre du 20 avril 1702 à Sophie (dans la traduction de D. Van der Cruysse, *op. cit.*, p. 428).
2 Dirk Van der Cruysse, *op. cit.*, p. 429.

sur une chaise en face de moi et me fait des mines et Charmille est couchée sous mon bras. Ils passent ainsi toute la journée[1].

Titi remplaça Mione comme premier chien de la maison de Madame. Titi, le plus souvent installé sur le bureau de sa maîtresse, avait comme spécialité de sauter sur ses lettres, faisant ainsi des taches :

> J'ai un petit chien qui s'appelle Titi. Il m'efface tous les jours ce que j'écris, car il est très gentil. Lorsqu'on connaît bien ces bonnes gens, on ne peut s'empêcher de les aimer, car il n'y a en eux aucune fausseté. Leur amitié est sûre, sincère et fidèle. Je n'ai pas trouvé dans toute la France meilleure race que celle-ci, voilà pourquoi je les aime tant[2].

Titi était utilisé pour des comparaisons pas toujours flatteuses :

> La princesse des Ursins gouverne le roi d'Espagne comme moi mon chien Titi. Il lui obéit même mieux que Titi ne m'obéit à moi[3].

> Le roi avait expressément ordonné à mon fils de ne rien faire sans prendre l'avis du maréchal de Marsin. Celui-ci était un homme timide qui n'osait rien entreprendre sans consulter Mme de Maintenon. Or elle s'entend à la guerre comme mon chien Titi... Quand alors un malheur arrive, elle hurle et pleure[4].

Les aventures ou mésaventures d'autres chiens de Madame apparaissent au hasard de ses innombrables lettres. Nous y rencontrons la chienne Candale, qui, comme Mione, avait des effets néfastes sur l'activité épistolaire de Madame :

> Un de mes petits chiens vient de sauter sur ma table et sur ce papier même ; il a effacé tout ce mot, comme vous voyez. La dame qui a accompli cette belle action s'appelle Candale, née Robe. Ce nom lui vient de ce que sa mère est accouchée d'elle sur ma robe de velours[5].

1 Lettre du 18 mai 1703 à Sophie (dans la traduction de D. Van der Cruysse, *op. cit.*, p. 428).
2 Lettre du 21 janvier 1703 à Sophie (dans la traduction de D. Van der Cruysse, *op. cit.*, pp. 429-430).
3 Lettre du 13 juin 1714 à la duchesse de Hanovre, dans *Lettres de la princesse Palatine*, Paris, Mercure de France, 1985, p. 342.
4 Lettre du 28 septembre 1706 à la duchesse de Hanovre, dans *Lettres de la princesse Palatine, op. cit.*, p. 253.
5 Lettre du 9 février 1709 à la Raugrave Louise, dans *Lettres de la princesse Palatine, op.cit.*, p. 270

Un chien anonyme de Madame fut la cause involontaire d'un incident qui la fit beaucoup rire :

> Je viens de rire aux larmes. Je crois qu'en huit ans il ne m'était pas arrivé de rire si cordialement. Une bien grosse dame, la maréchale de Clérembault, a failli tomber dans le feu. Elle a si drôlement trébuché par-dessus l'un de mes petits chiens que de ma vie je n'ai rien vu d'aussi plaisant[1].

Les films comiques n'ont rien inventé. Heureusement, la rondouillarde maréchale ne s'est pas fait mal. Madame savait également utiliser ses chiens pour monter des spectacles :

> Après le dîner, quand mon petit-fils, le duc de Chartres, est venu chez moi, je lui ai donné un spectacle approprié à son âge. Trois chiens, trois pigeons et un chat. Un char de triomphe où est assise une chienne nommée Adrienne. Un gros chat traîne le char, un pigeon fait le cocher, deux autres font les pages, et un chien fait le laquais. Il est assis derrière. Le chien s'appelle Piquart, et quand la dame descend de voiture, Piquart lui porte sa traîne[2].

Mais les chers petits n'étaient pas que sources de plaisir et d'amusement. En 1718, la chienne Tilliette, qui allait vers tous ceux qui la caressaient, se fit enlever à la porte de la galerie de Versailles.

Les mystères du Temple

La fam de Louis XVI aimait les chiens, comme se souvenait Félix d'Hézecques qui fut page de la cour de Louis XVI :

> L'anecdote du petit chien – car Coco était un chien – emmené par Madame Royale me rappelle l'amour qu'avait toute sa famille pour ces animaux. Chaque princesse en avait d'une espèce différente. Chez Mesdames, c'étaient de superbes barbets ; les petits lévriers étaient les préférés de Madame Elisabeth. Je me souviens qu'un soir, en attendant le coucher du roi, je me promenais dans la grande

1 Lettre à la Raugrave Louise du 30 novembre 1709, dans *Lettres de la princesse Palatine, op.cit.*, p. 284.
2 Lettre du 3 mai 1715 à la Raugrave Louise, dans *Lettres de la princesse Palatine, op.cit.*, p. 348.

> galerie. Le roi sortit par la porte du fond avec sa famille, qui le reconduisait, et toutes les meutes. Tout à coup, effrayés sans doute par quelque objet, tous ces chiens se mirent à aboyer à l'envi l'un de l'autre et à s'enfuir, passant comme des ombres à travers ces vastes et obscurs salons qu'ils faisaient retentir de leurs voix discordantes. Les princesses criant, appelant, courant après les chiens avec tout ce qui était là, achevaient de donner à ce spectacle déjà risible par lui-même toutes les allures d'un divertissement qui égaya beaucoup ces augustes personnages, pour qui la moindre distraction était un bonheur. Louis XVI était le seul de toute sa famille qui n'eut pas de chiens dans ses appartements[1].

Marie-Antoinette, si elle possédait quelques chiens autour d'elle, semble les avoir considérés davantage comme des objets d'agrément que d'affection. Nous savons qu'Axel Fersen, ami ou amant de la reine, lui procura en Suède un grand chien.

Le dauphin Louis-Joseph, qui mourut le 4 juin 1789, adorait un chien, peut-être un caniche, appelé Moufflet. L'attitude de Louis-Charles, le nouveau dauphin et futur Louis XVII, vis-à-vis des chiens est plus difficile à déterminer et non sans importance pour ce qui va suivre. En 1789, Marie-Antoinette rédigea à l'intention de Mme de Tourzel, nouvelle gouvernante du dauphin, un portrait de son fils dans lequel elle soulignait son aversion pour les chiens :

> La délicatesse de ses nerfs fait qu'un bruit auquel il n'est pas accoutumé lui fait toujours peur ; il a peur par exemple des chiens parce qu'il en a entendu aboyer près de lui. Je ne l'ai jamais forcé à en avoir parce que je crois qu'à mesure que sa raison viendra, ses craintes passeront.

Louis-Charles s'habitua-t-il aux chiens ou ne craignait-il que les grands chiens de chasse ? Toujours est-il que, peu de temps après la mort de son frère aîné, il adopta, semble-t-il, le petit Moufflet. Mme Vigée-Lebrun peignit un tableau où le dauphin est représenté avec un chien dans les bras. Selon l'historien Beauchesne, Moufflet aurait suivi le dauphin aux Tuileries où il disparut le 10 août 1792.

Occupons-nous maintenant des chiens de la famille royale pendant sa captivité, question entourée d'un certain mystère. Émile Richebourg, dans son *Histoire des chiens célèbres*, mentionne l'histoire d'une petite chienne de la reine nommée Thisbé. La concision n'étant pas une des

1 *Souvenirs d'un page*, Paris, 1873, p. 40.

qualités d'Émile Richebourg, nous nous permettrons de résumer son émouvant récit. Selon lui, lorsque Marie-Antoinette, le 2 août 1793, quitta le Temple pour s'installer à la Conciergerie, les gardes qui vinrent la chercher lui interdirent d'amener avec elle la petite chienne Thisbé. Celle-ci réussit néanmoins à suivre sa maîtresse jusqu'à sa nouvelle prison où elle fut de nouveau repoussée. Une jeune marchande de mode, Mme Arnaud, la recueillit. La chienne obstinée tenta cent fois, mais sans succès, de s'introduire à la Conciergerie. Les menées contre-révolutionnaires de Thisbé risquant d'attirer l'attention sur Mme Arnaud, celle-ci décida de l'enfermer chez sa sœur. Peu de temps après, Thisbé, devenue désespérée, sauta par la fenêtre et tomba dans la Seine où elle se noya. Cette histoire, belle comme l'Antique, a été reprise dans plusieurs autres livres consacrés aux chiens. Mais est-elle authentique ? Une lecture rapide du livre de Richebourg nous montre que l'exactitude n'est pas non plus une de ses vertus principales. Selon lui, le chien de Madame Royale au Temple, dont nous parlerons un peu plus loin, s'appelait Mignon. Or, nous savons que son nom était Coco. Nous partirons donc avec un préjugé plutôt défavorable. Nous avons consulté un nombre considérable d'ouvrages, plus ou moins réputés, concernant Marie-Antoinette ou la captivité de la famille royale. Aucun ne mentionne la présence au Temple d'une chienne nommée Thisbé, ni le refus d'emmener un chien à la Conciergerie. À quelques rares exceptions près, nous n'avons pas trouvé mention d'un chien de Marie-Antoinette ni au Temple, ni à la Conciergerie. Mais ce silence peut être dû autant à l'absence de chien qu'au désintérêt des historiens pour des détails triviaux. Louis Hastier est un des rares à affirmer que jamais pendant sa captivité Marie-Antoinette ne posséda de chien[1]. Parmi les quelques auteurs mentionnant l'existence d'un chien, citons Charles Kunstler qui, dans *La vie privée de Marie-Antoinette*, écrit : « On lui laissait le petit chien qui la gardait aux Tuileries et qui l'avait suivie au Temple[2]. » Joan Haslip semble mieux renseignée puisque, selon elle, ce petit chien, qui avait été ramené d'Angleterre par la princesse de Lamballe, s'appelait Odin[3].

Vu le caractère peu concluant de notre enquête préliminaire, nous avons consulté les principaux témoignages sur la captivité de Marie-Antoinette au Temple et à la Conciergerie. Le récit de Madame Royale, important pour ce qui concerne le départ de sa mère pour la

1 *Nouvelles révélations sur Louis XVII*, Paris, Fayard, 1956, p. 215.
2 Paris, Hachette, 1938, p. 215.
3 *Marie-Antoinette*, Londres, Weidenfeld and Nicolson, 1987, p. 283.

Conciergerie, ne mentionne aucun chien. Pas trace de chiens non plus dans les témoignages de Cléry, du baron Hüe, de la duchesse de Tourzel et dans les récits inclus dans le recueil de Lenôtre sur la captivité de Marie-Antoinette. On ne voit pas non plus de chiens dans les tableaux de l'époque représentant la captivité de Marie-Antoinette[1]. Jugement reporté.

Indiscutable est en revanche l'existence de l'épagneul Coco qui sortit du Temple avec Madame Royale le 18 décembre 1795. Le gardien Gomin, arrivé au Temple le 9 novembre 1794 pour s'occuper principalement de Madame Royale, confia à l'historien Beauchesne une description de Coco :

> C'était un faux épagneul, roux et de fort laide figure ; son nom était aussi vulgaire que toute sa personne : il s'appelait Coco ; mais sa douceur et son naturel affectionné rachetaient toutes ces disgrâces, et Coco eut le privilège de distraire quelquefois sa maîtresse de ses cruels souvenirs. Il lui tenait compagnie dans sa solitude, et il la suivait au jardin[2].

Coco devint l'idole des partisans de Madame Royale qui pouvait entendre au loin des complaintes dédiées à son chien si fidèle :

> Vous qui toujours éloignés d'elle
> Sur son sort n'avez point gémi,
> Ingrats, voyez son chien fidèle,
> Et rougissez de votre oubli.
>
> Il a partagé sa misère
> Dans ses fers il l'a su charmer.
> Oui ! C'est ainsi qu'on peut lui plaire
> Et voilà comme on doit l'aimer !

Si l'existence de Coco ne fait guère de doutes, son origine est en revanche beaucoup plus discutée. Gomin indiqua seulement à Beauchesne que son collègue Laurent avait laissé le chien lors de son départ du Temple le 29 mars 1795. Selon certains témoignages, Coco aurait appartenu à Louis XVII. Ainsi nous connaissons un portrait du chien avec la légende suivante : « Le dernier compagnon du jeune roi

1 Principalement Benazech, Hauer, Kucharski et la marquise de Bréhan.
2 M. A. de Beauchesne, *Louis XVII*, Paris, 1853, tome II, pp. 349-350.

Louis XVII et son Auguste sœur dans la tour du Temple. » Fersen, dans son journal personnel, mentionne, sans trop y croire, que Madame Royale aurait indiqué que Coco appartenait à Louis XVII :

> Le chien que Madame a dit qu'on lui avait permis d'emporter et qui était à son frère est sans doute une erreur ; il ne pouvait les souffrir et en avait peur, il aura probablement été à sa mère[1].

Cela nous amène à considérer le(s) chien(s) éventuel(s) de Louis XVII pendant sa captivité au Temple. Outre Coco, un autre chien appelé Castor est associé à l'enfermement du jeune Louis-Charles. Selon une déclaration de la veuve Simon faite en 1817, elle et son mari auraient mis ce chien à la disposition de leur captif royal. Les historiens qui se sont penchés sur l'existence de Castor peuvent se classer en trois groupes.

Ceux du premier groupe, croyant en l'aversion de Louis-Charles pour les chiens, estiment que Castor est une invention de la veuve Simon. Ceux du deuxième groupe, qui pensent également que Louis XVII n'aimait pas les chiens, font confiance au témoignage de la veuve Simon. Mais ils en concluent que, si les Simon donnèrent un chien à leur prisonnier, c'est qu'il ne s'agissait plus alors du vrai Louis XVII, déjà mort ou sorti du Temple. Pour le dernier groupe, Louis XVII eut bien un chien appelé Castor qui ne serait autre que le fameux Coco. Entre les vrais et faux Louis XVII et le vrai/faux Castor devenu Coco, le Temple n'a toujours pas levé le voile sur ses nombreux mystères.

Le peuple français, après avoir démis un roi, a proclamé un empereur. Mais contrairement aux souverains Bourbon, Napoléon n'était pas vraiment un ami des chiens.

Rival de l'empereur

Le rival le plus redoutable que Napoléon Bonaparte (1769-1821) eut jamais à affronter s'appelait Fortuné. Le poète et académicien Arnault en donne une description peu élogieuse dans ses *Souvenirs d'un sexagénaire* :

---

1 Alma Söderhjelm, *Fersen et Marie-Antoinette*, Paris, 1930, p. 342.

> Fortuné n'était ni beau, ni bon, ni aimable. Bas sur pattes, long de corps, moins fauve que roux, ce carlin au nez de belette ne rappelait sa race que par son masque noir et sa queue en tire-bouchon. Il n'avait jamais tenu, en grandissant, ce qu'il promettait étant petit[1].

La duchesse d'Abrantès, encore moins indulgente, admettait qu'elle n'avait « jamais connu de plus horrible bête[2] ». Malgré des apparences défavorables, Fortuné jouissait de l'adoration de sa maîtresse, Joséphine de Beauharnais, et de ses enfants, Eugène et Hortense. Une conduite héroïque à l'occasion de l'incarcération de Joséphine pendant la Terreur avait renforcé l'affection de la famille Beauharnais. Joséphine, sans nouvelles de l'extérieur, s'inquiétait de son sort et de celui de beaucoup de ses proches. Ses deux enfants, accompagnés de leur gouvernante et du chien Fortuné, avaient toutefois obtenu l'autorisation de lui rendre visite de temps à autre. Mais la présence du gardien interdisait l'échange de propos compromettants. La gouvernante eut l'idée de dissimuler, sous le beau collier neuf de Fortuné, de petits messages. Grâce à ce stratagème, une correspondance, aussi discrète que réconfortante, put s'établir devant les yeux du gardien.

Pendant ses premières visites à l'hôtel de la rue Chantereine, le brillant général Bonaparte dut affronter l'hostilité de Fortuné qui n'appréciait guère son enthousiasme envers Joséphine. Le prétendant s'efforça, sans succès, de conquérir le cœur du vilain petit carlin. À défaut de vaincre un tel adversaire, il essaya de négocier un armistice, comme il confia plus tard à M. Arnault :

> Vous voyez bien ce monsieur-là ? c'est mon rival. Il était en possession du lit de Madame quand je l'épousai. Je voulus l'en faire sortir : prétention inutile ; on me déclara qu'il fallait me résoudre à coucher ailleurs ou consentir au partage. Cela me contrariait assez, mais c'était à prendre ou à laisser. Je me résignai. Le favori fut moins accommodant que moi. J'en porte la preuve à cette jambe[3].

Bonaparte, quelques années après son mariage, bénéficia d'un allié inattendu dans sa lutte contre Fortuné. Joséphine et son chien résidaient alors à Montebello, près de Vérone. Laissons de nouveau la parole à Arnault :

1 *Souvenirs d'un sexagénaire*, Paris, 1833, tome III, p. 31.
2 *Mémoires*, tome II, p. 424.
3 *Souvenirs d'un sexagénaire*, tome III, p. 31.

> Ce favori, comme de raison, était d'une arrogance extrême : il attaquait, il mordait tout le monde, les chiens même. Moins courtisans que les hommes, les chiens ne lui pardonnaient pas toujours. Un soir, il rencontre dans les jardins de Montebello un mâtin qui, bien qu'il appartînt à un domestique de la maison, ne se croyait pas inférieur au chien du maître : c'était le chien du cuisinier. Fortuné de courir sur lui et de le mordre au derrière : le mâtin le mord à la tête et, d'un coup de dent, l'étend sur la place. Je vous laisse à penser quelle fut la douleur de sa maîtresse ? Le conquérant de l'Italie ne put s'empêcher d'y compatir : il s'affligea sincèrement d'un accident qui le rendait unique propriétaire du lit conjugal[1].

Le répit ne fut que de courte durée. Joséphine se procura rapidement un nouveau carlin.

Les sentiments mitigés de l'empereur vis-à-vis de Fortuné ne signifiaient pas qu'il était insensible à certaines qualités des chiens comme le montre le récit rapporté par Las Cases dans le *Mémorial de Sainte-Hélène*[2]. Napoléon, lors d'une de ses campagnes d'Italie, traversait le champ de bataille dont on n'avait pas encore enlevé les morts quand il aperçut un chien :

> Par un beau clair de lune, et dans la solitude profonde de la nuit, un chien, sortant tout à coup de dessous les vêtements d'un cadavre, s'élança sur nous et retourna presque aussitôt à son gîte, en poussant des cris douloureux ; il léchait tour à tour le visage de son maître, et se lançait de nouveau sur nous. C'était tout à la fois demander du secours et rechercher la vengeance. Soit disposition du moment, soit le lieu, l'heure, le temps, l'acte en lui-même, ou je ne sais quoi, toujours est-il vrai que jamais rien, sur aucun de mes champs de bataille, ne me causa une impression pareille. Je m'arrêtai involontairement à contempler ce spectacle. Cet homme, me disais-je, a peut-être des amis ; il en a peut-être dans le camp, dans sa compagnie, et il gît ici abandonné de tous, excepté de son chien ! Quelle leçon la nature nous donnait par l'intermédiaire d'un animal !
> Ce qu'est l'homme ! Et quel n'est pas le mystère de ses impressions ! J'avais, sans émotion, ordonné des batailles qui devaient décider du

1 *Souvenirs d'un sexagénaire*, tome II, pp. 32-33.
2 Bruxelles, 4e édition, 1828, tome II, p. 11-12.

sort de l'armée ; j'avais vu, d'un œil sec, exécuter des mouvements qui amenaient la perte d'un grand nombre d'entre nous ; et ici, je me sentais ému, j'étais remué, par les cris et la douleur d'un chien !

Les évadés du fort de Ham

Napoléon III (1808-1873) avait certainement davantage d'affection pour la gente canine que son oncle. Dans une lettre de 1842, le futur Napoléon III exprime sa sympathie à un ami venant de perdre sa chienne Finette. Il comprend très bien sa douleur, écrit-il, ayant lui-même été très longtemps éprouvé par la mort d'un chien qu'il possédait quand il vivait à Rome.

Pendant sa captivité au fort de Ham, Louis-Napoléon Bonaparte bénéficia de la compagnie d'un petit chien appelé Ham. Ham accompagna son maître lors de sa célèbre évasion le 25 mai 1846. Le futur empereur avait eu l'idée géniale de s'évader en passant par la porte du fort, déguisé en maçon. Ham, de son côté, sortit en compagnie de Thélin, le fidèle valet de Louis-Napoléon. Le prince et ses complices craignaient que le chien pût attirer l'attention des gardes par un comportement insolite ou incontrôlé. Mais ces craintes se révélèrent sans fondements. Le chien remplit son rôle à merveille.

Un autre chien fut étroitement associé au neveu de Napoléon Ier. Il s'agit de Néro, le chien de son fils le prince Eugène. Carpaux a représenté le jeune prince en compagnie de son chien.

Des chiens présidentiels

Depuis 1958, la France a de nouveau rois. Ils s'appellent présidents de la République. Depuis une dizaine d'années, les périodes de monarchie absolue alternent avec celles de monarchie constitutionnelle. Dans le premier cas, le président cumule tous les pouvoirs, dans le deuxième il peut exprimer son déplaisir ou inaugurer les expositions. Le labrador semble être devenu le compagnon indispensable de la dignité présidentielle. Valéry Ier, grand chasseur devant l'Éternel, a inauguré la mode des labradors noirs. Le labrador Jugurtha, sans doute en raison de sa dénomination martiale et historique, attira l'attention des médias et du public.

La chienne Baltique est devenue une vedette nationale lors des funérailles de son maître, François III, en janvier 1996. Son visage triste émut la France entière. L'ancien président et sa chienne avaient été inséparables, participant ensemble aux promenades privées et aux marches rituelles. Baltique, après la mort de François III, acquit une gloire littéraire méritée en publiant *Aboitim I* et *II.* Âgée maintenant de 11 ans, elle coule des jours heureux chez un gendarme qui servit son maître. Elle quitte parfois sa retraite tranquille pour participer à des cérémonies en l'honneur du défunt président. À Soustons, dans les Landes, une statue de Jacques Raoult la représente aux pieds de son maître. Son immortalité est ainsi assurée.

Les présidents français ne sont pas les seuls chefs d'État a apprécier les labradors noirs. Nicolae Ceaucescu (1918-1989), le tyran roumain, possèda un labrador noir appelé Corbu, que lui avait offert un homme politique anglais. Corbu, colonel honoraire de l'armée roumaine, bénéficiait d'une voiture et d'un chauffeur. On dit que son maître fit détruire un hopital parce que son chien y avait été agressé par un chat. Corbu fut assassiné peu après la chute de Ceaucescu.

3

Chronique des chiens d'Angleterre

L'amour des chiens n'est certainement pas une innovation de la reine Elisabeth II. Les souverains anglais, comme leurs collègues et souvent parents d'outre-Manche, ont, depuis les temps les plus reculés, éprouvé une grande passion pour la chasse et les chiens. Paradoxalement, nous commencerons notre enquête sur les chiens royaux anglais avec ceux d'un souverain qui, contrairement à ses prédécesseurs, ne les appréciait que très modérément. Il faut dire que Henri VIII, roi de 1509 à 1547, devint rapidement trop volumineux pour se livrer aux plaisirs de la chasse avec ses chiens. Henri VIII est resté célèbre, du moins dans l'histoire de l'aristocratie canine anglaise, pour avoir interdit, sauf autorisation de sa part, l'accès de la cour aux chiens. Cette interdiction, bien entendu, ne s'appliquait pas aux chiens du roi, ni aux petits chiens d'agrément. Henri VIII, cependant, aimait suffisamment ses chiens pour récompenser ses sujets qui retrouvaient ceux qui s'étaient égarés. Nous savons qu'il perdit au moins trois fois son épagneul favori Cutte. Le dénommé Ball fut également récupéré moyennant le paiement d'une somme substantielle. Le roi était également prêt à gratifier les propriétaires de chiens bien dressés. Il donna une forte somme à quelqu'un qui avait appris à danser à son chien. Anne Boleyn, une des femmes de Henri VIII, avait un petit chien qu'elle aimait passionnément. Le roi dut lui apprendre lui-même la mort de son animal chéri car personne d'autre n'osait le faire.

Marie Tudor et Elisabeth Ire, les filles de Henri VIII, sans être des passionnées, possédèrent quelques chiens d'agrément. Un tableau d'Antonio Moro représente Marie Tudor et son mari Philippe IV d'Espagne en compagnie de deux chiens minuscules.

Les Stuarts

Avec les Stuarts, nous rencontrons une dynastie particulièrement notable pour son amour des chiens. Les souverains Stuart ont peut-être hérité cette passion de Marie Stuart (1542-1587), reine de France et d'Écosse. Marie Stuart possédait un petit chien favori qui, à l'insu de tous, l'accompagna sur le lieu de son exécution. Après sa décapitation, les exécuteurs aperçurent le chien. L'animal, couvert de sang, allait de la tête au tronc du cadavre en poussant des hurlements. Les bourreaux durent l'enlever de force. La légende et le cinéma ont fait de ce petit chien pathétique un bichon maltais. Mais il s'agissait très vraisemblablement d'un skye terrier.

Marie Stuart obtint sa revanche posthume sur Elisabeth Ire quand son fils Jacques VI d'Écosse (1566-1625) monta sur le trône d'Angleterre sous le nom de Jacques Ier. Ce dernier, passionné de chasse, possédait de nombreuses meutes. Il passait pour préférer ses chiens à ses sujets humains. Ses deux chiens de chasse favoris, Jewell et Jowler, sont entrés dans l'histoire. Sa femme, la reine Anne, eut la malchance d'abattre par mégarde l'infortuné Jewell, le prenant pour un cerf. Le roi, courroucé et attristé par la mort de son chien chéri, ne cacha pas à la reine ce qu'il pensait d'elle. Pour faire pardonner son emportement peu royal, il envoya à son épouse, sous forme d'un legs de Jewell, un diamant de grande valeur. Dans une lettre accompagnant le présent, il lui assurait qu'il ne l'aimait pas moins et lui demandait d'oublier l'affaire. Quand, quelques années après, l'archevêque de Canterbury tira sur un garde-chasse et le tua, le roi lui conseilla de ne pas s'en faire, lui rappelant que sa femme avait de la même façon occis son meilleur chien.

Un jour, alors que Jacques Ier chassait dans l'un de ses nombreux domaines, son chien Jowler disparut. Il réapparut le lendemain avec un écriteau pendu autour du cou sur lequel des paysans avaient écrit le message suivant :

> Bon Mr Jowler, nous vous prions de demander au roi (car il vous écoute chaque jour, ce qu'il ne fait pas avec nous) de bien vouloir rentrer à Londres. Sinon le pays sera ruiné ; car toutes nos réserves

ont déjà été utilisées, et nous ne sommes plus en mesure de subvenir à ses besoins.

Le roi, prenant la chose pour une plaisanterie, décida de prolonger son séjour de deux semaines.

Alors qu'on lui présentait une monographie du Dr Caius sur l'histoire vénérable de l'université de Cambridge, Jacques Ier, sans manifester la moindre reconnaissance, remarqua : « Qu'est-ce que je peux faire de ce livre ? Donnez-moi plutôt le livre du Dr Caius sur les chiens (*De Canibus*). » Il marquait sa confiance à ses favoris en les affublant de noms de chiens. Buckingham était son « dog Steenie » et Robert Cecil, comte de Salisbury, son « little beagle ». Il se fit peindre avec un mastiff à la robe rousse.

Son fils et successeur Charles Ier (1600-1649), malgré son intérêt modéré pour la chasse, peut-être à cause de sa taille très réduite, même avec sa tête, appréciait beaucoup les chiens. La famille royale, notamment dans les tableaux de Van Dyck, est le plus souvent représentée avec des chiens. Ces derniers sont généralement de petits épagneuls. On notera toutefois la présence d'un énorme mastiff dans un tableau représentant les cinq enfants aînés de Charles Ier (1637). La reine Henriette-Marie (1609-1669), fille de Henri IV et de Marie de Médicis, fut également bien connue pour son amour des chiens. Mais les chiens ne lui laissèrent pas que des souvenirs agréables. En 1628, renversée lors d'une bagarre entre deux gros chiens, elle dût accoucher prématurément. Un de ses chiens, Mitte, fut particulièrement célèbre pendant la guerre civile qui opposa Charles Ier aux troupes parlementaires d'Oliver Cromwell.

Mais le chien le plus célèbre de la guerre civile, et sans doute du XVIIe siècle en Angleterre, fut Boy (écrit Boye à l'époque), le caniche blanc du flamboyant prince Rupert (1619-1682). Le prince Rupert, neveu de Charles Ier, fut un des personnages les plus colorés de son temps. Il commanda un temps la cavalerie royale pendant la guerre civile. Rupert fit l'acquisition de Boy alors qu'il vivait en résidence surveillée à Linz, en Autriche. Ils devinrent vite inséparables, Rupert lui dispensant une amitié et une dévotion qu'il n'accordait guère aux hommes. Rupert et Boy purent se rendre en Angleterre un peu avant le déclenchement des hostilités. Le camp royaliste adopta Boy comme mascotte. On buvait à sa santé et on le célébrait de mille autres façons. Charles Ier s'enticha également du caniche, lui donnant de sa main les meilleurs morceaux de son repas. Les parlementaires, en revanche, le tenaient pour un animal diabolique aux pouvoirs surnaturels comme le montre le pamphlet suivant :

> Les armes ne peuvent l'atteindre. [...] Il sait se rendre invisible. [...] Il salue et embrasse le prince Rupert aussi intimement qu'une femme chrétienne le ferait. [...] Puis ils couchent tout le temps dans le même lit, parfois le prince au-dessus du chien, parfois le chien au-dessus du prince. [...] N'est-ce pas un chien qui n'est pas un chien, mais une sorcière, un ennemi du parlement, un méchant chien-cavalier, qui a quelque chose de diabolique en lui ?

Les pouvoirs surnaturels de Boy furent insuffisants lors de la défaite des troupes royales à Marston Moor le 2 juillet 1644. Rupert avait laissé son caniche adoré à l'arrière ; mais l'intrépide Boy, ayant réussi à se défaire de sa laisse, rejoignit son maître sur le champ de bataille. Il y périt, sans doute écrasé sous le sabot des chevaux. Rupert pleura longuement son chien. Tout le camp royaliste fut consterné par la mort de l'animal fétiche. Les troupes de Cromwell célébrèrent, avec raison, l'heureux événement. Ce fut le début de la fin pour les royalistes. Quatre ans plus tard, Charles Ier créait un précédent fâcheux pour Louis XVI en perdant sa tête.

L'intermède cromwellien marqua un certain retrait pour l'aristocratie canine encore que Cromwell ait lui-même possédé un chien. Elle prit une revanche éclatante avec le retour des Stuarts en la personne de Charles II (1630-1685), fils de Charles Ier, en 1660. Charles II avait une prédilection pour la race de petits épagneuls qui par la suite porta son nom. Il fut sans doute l'un des premiers amateurs masculins de chiens à concentrer toute son affection sur les petits chiens de salon, prérogative jusque-là surtout réservée aux dames. Mais le roi eut tout naturellement de nombreux disciples. Les épagneuls du roi prirent possession de la cour. On les voyait partout, et toujours aux places de choix. Ils se firent particulièrement remarquer par leur conduite indigne sur le bateau qui conduisait Charles II vers la restauration. Comme Samuel Pepys le constata lui-même avec irritation, le roi aimait beaucoup jouer avec eux pendant les réunions du conseil. Un courtisan, sans doute jaloux des privilèges incontrôlés dont jouissaient ces favoris royaux, aurait murmuré : « Que Dieu sauve votre Majesté, mais qu'il damne vos chiens. »

Les lève-tôt chanceux rencontraient parfois le roi promenant ses épagneuls dans le parc de Saint-James. Les moins chanceux devaient se contenter de George Russell, payé 20 pence par jour – à l'époque une belle somme – pour aérer les chiens royaux. Comme ses plus humbles sujets, Charles II perdait souvent ses chiens, victimes de la cupidité des voleurs ou désireux d'enrichir leur expérience personnelle. Le roi, désespéré, mettait tout en œuvre pour retrouver le disparu. Comme un simple particulier, le roi insérait des petites annonces dans les journaux. Celle publiée dans le *Mercurius Politicus* du 28 juin 1660 montre l'irritation du roi ainsi que son sens de l'humour :

> Nous devons vous solliciter à propos d'un chien noir entre un lévrier et un épagneul, avec rien de blanc à part un trait sur son poitrail, et une queue coupée. C'est le chien de sa Majesté et il a certainement été volé car n'étant ni originaire d'Angleterre ni élevé là il ne pourrait jamais oublier son maître. [...] Arrêteront-ils jamais de voler sa Majesté ? Pourquoi ne devrait-il pas avoir un chien ?

Les voleurs de chiens ne s'en prenaient pas qu'au roi. Son cousin le prince Rupert, déjà cruellement frappé 33 ans plus tôt par la mort de Boy, perdit un jeune épagneul blanc à Westminster, en octobre 1677. Nous ne savons pas si l'annonce qu'il plaça dans la *London Gazette* produisit l'effet désiré.

Jacques, le frère de Charles II, qui régna brièvement sous le nom de Jacques II, emmenait ses chiens en mer lorsqu'il était amiral de la flotte anglaise. De mauvaises langues prétendirent que, lors d'un méchant naufrage, il donna comme instruction de sauver les chiens et le colonel Churchill. Les ordres du duc d'York n'aidèrent pas vraiment son chien Mumper qui dut lutter avec le docteur Scarborough pour la possession de la dernière planche disponible.

Abandonnons les Stuarts, qui d'ailleurs perdirent la couronne anglaise en 1689, pour sauter un siècle et demi et rencontrer la jeune reine Victoria.

Victoria and Co.

Nous sommes au début de l'année 1833. La future reine Victoria (1819-1901) a treize ans et elle s'ennuie ferme. Sa demi-sœur Féodore, beaucoup plus âgée qu'elle, s'est mariée et vit en Allemagne.

Sa mère, la duchesse de Kent, et l'autoritaire John Conroy, l'homme de confiance de cette dernière, exercent un contrôle très strict sur la jeune princesse. Ils attendent patiemment qu'elle monte sur le trône. Il suffit pour cela que son oncle le roi Guillaume IV, qui n'a pas d'héritiers, meure, ce qui ne saurait tarder. Après cela, la duchesse de Kent et Conroy espèrent bien renflouer leurs finances flageolantes et gouverner effectivement le royaume par l'intermédiaire de Victoria. Ils ne savent pas que les choses se passeront différemment. En attendant le moment fatidique, ils font tout leur possible pour que l'héritière ne subisse aucune autre influence que la leur. Elle ne peut avoir aucune amie à l'exception de Victoire, la fille de Conroy, pour qui elle éprouve autant d'antipathie que pour son père. Donc la princesse est triste et solitaire. En tout cas, jusqu'à l'arrivée à Kensington Palace, en janvier 1833, de Dash, un petit épagneul King Charles au poil noir. Victoria va rapidement s'enticher du charmant animal. Certes la petite princesse a eu d'autres chiens, Finette et Nellie notamment. Mais Dash est bien différent. Il va éclipser dans l'affection de Victoria le poney Rosa et les poupées, et devenir son grand ami et confident. Son « Dear Dashie », comme elle l'appelle, apparaît souvent dans son journal. C'est la perfection incarnée surtout quand il revêt une veste écarlate et un pantalon bleu.

En juin 1837, à la mort de Guillaume IV, la petite princesse devint reine d'Angleterre. Elle quitta ses appartements défraîchis de Kensington Palace pour ceux, plus luxueux, de Buckhingham Palace. Dashie, écrit-elle, est très content du changement et se plaît beaucoup dans sa nouvelle demeure. La princesse solitaire était devenue une reine très entourée, mais Dash continua à tenir une place spéciale dans son cœur. Le chien ne fut pas convié à la cérémonie du couronnement. Mais une fois rentrée à Buckhingham Palace après la longue et fastidieuse cérémonie, la jeune souveraine monta en courant dans sa chambre pour donner à Dash son petit bain.

Lord Melbourne, son Premier ministre, lui fit un jour remarquer, en plaisantant, que Dash avait les pattes arquées. La reine, qui n'aimait pas ce genre de plaisanterie, protesta avec véhémence. Ils soulevèrent Dash et le posèrent sur une table afin de l'observer. Lord Melbourne put alors admirer le petit chien. Puis, la reine servit à Dash un peu de thé. Ce qui amena Lord Melbourne à se demander si *laper* produisait des sensations agréables.

Le séduisant prince Albert sut s'attirer les bonnes grâces de Dash, ce qui l'aida à conquérir le cœur de sa future épouse. Ils se marièrent le 10 février 1840. Le prince Albert était lui aussi un grand ami des chiens. Il amena avec lui en Angleterre un superbe lévrier appelé Eos, lequel fut immortalisé par Edwin Landseer, le plus fameux peintre de chiens de son temps. Moins d'un an après le mariage, Dashie, l'ami d'enfance le plus proche de la reine, rendit l'âme. Victoria nota l'événement dans son journal : « J'aimais tellement mon pauvre petit compagnon et il m'était si attaché. » Dash fut enterré dans le parc du château de Windsor. On peut lire sur sa tombe l'épitaphe suivante :

Ici repose Dash, l'épagneul favori de Sa Majesté la Reine Victoria
qui fit construire son mémorial.
Il mourut le 20 décembre 1840 dans sa 9e année.
Son affection fut désintéressée.
Son amour du jeu sans malice.
Sa fidélité sans tromperie.
Lecteur, si vous voulez vivre aimé et mourir regretté,
profitez de l'exemple de Dash.

Dash aida certainement à consolider la grande et durable passion de la reine Victoria pour les chiens. Elle œuvra plus que quiconque pour le bien-être de la race canine. En 1835, elle apporta son patronage à la *Society for the Prevention of Cruelty to Animals* (Royal sera ajouté en 1840). Elle lutta activement contre toutes les formes de cruauté envers les chiens et autres animaux. Son amour des chiens et sa bienveillance à leur égard servirent de modèle à ses sujets.

Outre Dash, la reine Victoria posséda de nombreux chiens. Son chenil à Windsor comptait près d'une centaine de pensionnaires. Si les favoris vivaient dans les appartements royaux, les autres étaient très régulièrement visités. Victoria avait une prédilection pour les skye terriers, les collies, les teckels et les loulous de Poméranie.

Le skye terrier Islay devint, avec le scottish terrier Laddie, le favori de la reine après la mort de Dash. Dandie, un autre skye terrier qui mourut en 1858 à l'âge de 19 ans, gagna également le cœur de Victoria. Il l'accompagna dans presque tous ses voyages. Le teckel Dacko jouit également de la faveur royale. Quand il décéda en 1871, la reine exprima son chagrin dans son journal :

Le cher vieux chien m'était tellement attaché et avait des habitudes et des manières si amusantes avec ses grands yeux mélancoliques et expressifs. Il faisait vraiment partie de ma vie quotidienne, toujours dans ma chambre. Il me manquera beaucoup.

Plus tard, le collie Sharp devint le favori de la reine. Sharp avait une très haute idée de sa position à la cour. Parmi les employés de la reine, seul John Brown, son serviteur et confident, pouvait exercer quelque influence sur le redoutable collie. Il savait se montrer arrogant, voire agressif avec les individus ou les chiens qu'il jugeait de qualité insuffisante. Un jour, un des domestiques de Victoria, lassé d'être mordu par le collie, lui flanqua un violent coup de bâton qui fit boiter l'animal pendant quelques jours. Victoria ne sut jamais la raison de la blessure de Sharp. Elle pensa qu'il était tombé d'un arbre en poursuivant un écureuil, une de ses distractions favorites. Il ne faut pas oublier, dans cette prestigieuse galerie canine, le spitz Marco, le teckel Waldman, le collie Lily et Noble, le chien dont la mission spéciale était de garder les gants de la reine. Le pékinois Looty est certainement un des chiens les plus connus associés à la reine Victoria. Looty était l'un des cinq chiens impériaux de cette race trouvés lors du sac du palais d'Eté à Pékin en 1860. Ce pékinois, bien que peint par plusieurs artistes dont Landseer, ne compta jamais parmi les favoris de la reine. Il ne quitta pas le chenil pour les appartements royaux.

Une anecdote montre bien l'importance que Victoria attachait à ses chiens préférés. Invitée à Paris par Napoléon III et l'impératrice Eugénie, la reine fut logée à Saint-Cloud. Enchantée par la superbe résidence mise à sa disposition, elle déclara qu'il ne lui manquait plus que son chien pour se sentir chez elle. Ces paroles ne tombèrent pas dans l'oreille d'un sourd. Trois jours plus tard, Victoria eut l'agréable surprise d'être accueillie par les aboiements de son chien favori. Courtoisie de l'empereur.

Lorsque Victoria rendit l'âme le 22 janvier 1901, son loulou de Poméranie favori était allongé sur son lit.

La reine Victoria, ne le prenant pas pour Distraeli ou Gladstone, avait tenu son fils Édouard (1841-1910), dit Bertie, à l'écart des affaires de l'État. Bertie, quand il succéda à sa mère sous le nom d'Édouard VII, n'essaya pas d'en savoir davantage sur ces questions ennuyeuses, ce qui ne l'empêcha pas de devenir un excellent souverain, fort apprécié par ses sujets. Laissant Alexandra, sa ravissante épouse, dans la propriété de Sandringham, il continua à mener la même vie de « vieux garçon » itinérant, visitant avec son chien les propriétés de ses riches amis anglais ou séjournant à Biarritz, Paris ou Marienbad. Deux de ses chiens, Jack puis Caesar, qui l'accompagnaient partout, devinrent de véritables célébrités internationales. Jack, un petit terrier irlandais au poil dur, était réputé pour son caractère peu accommodant. Il pouvait, sans sommation préalable, sauter sur les visiteurs qui, à son goût, s'approchaient trop près du roi. On le vit poursuivre Joseph Chamberlain, le Premier ministre, dans les escaliers de Buckhingham. Mais Jack se contentait d'effrayer les visiteurs indésirables. S'il trouait parfois leurs pantalons, il ne les mordait jamais. Lors des grandes réceptions, il prenait plaisir à grignoter les queues de pie ou les robes longues des invités. Ces derniers ne constataient qu'une fois chez eux l'étendue des dégâts. Jack suivait son maître dans tous ses déplacements sur le continent. À Paris, privilège unique d'un chien royal, il avait l'autorisation, sous la surveillance d'un agent de police, de se promener sans laisse dans le jardin des Tuileries. Un jour, une vieille dame jugeant trop familier le comportement de Jack envers sa chienne, le frappa d'un coup de parapluie. L'agent de police, offusqué par cet acte sacrilège, lui exprima son indignation : « S'il vous plaît Madame ! C'est le chien du roi ! » « Cela n'excuse rien, au contraire », répondit la vieille dame, sans doute républicaine. À la fin de l'année 1902, Jack s'étouffa en mangeant. Le roi, très attristé, fit confectionner un bracelet avec les poils du chien. Ce petit souvenir ne quitta jamais son secrétaire.

Jack fut remplacé par Caesar, un fox-terrier blanc à poil dur. Parcourant l'Europe en compagnie de son maître, il rencontra tous les empereurs, rois, présidents et Premiers ministres qui comptaient. Il devint encore plus célèbre que son prédécesseur. Caesar n'était pas un joli chien, du moins, si l'on s'en tient aux critères traditionnels de la beauté canine. Mais il avait une certaine allure et beaucoup de charme. Il était vif, enjoué et malicieux. Caesar, qui avait aussi mauvais caractère que Jack, n'aimait guère les amis et autres relations de Bertie ainsi que leurs chiens. Comme Jack, il pouvait devenir agressif quand il jugeait que quelqu'un s'approchait trop près de son maître. Les animaux domestiques des hôtes d'Édouard VII n'étaient pas non plus à l'abri de sa mauvaise humeur. Le roi aimait à dire que Caesar était un des principaux obstacles à la politique de l'Entente cordiale. Le débonnaire Bertie n'avait pas l'autorité suffisante pour imposer à Caesar un comportement plus pacifique, comme l'explique C.W. Stamper, le mécanicien responsable des voitures royales :

> Sa Majesté ne battait jamais Caesar. Le chien et le roi étaient dévoués l'un à l'autre, et c'était un spectacle de voir le roi agitant sa canne en direction du chien quand ce dernier avait mal agi. Il lui disait en parlant très lentement : « Toi le vilain chien ; tu es un vilain, vilain chien. » Et Caesar répondait en remuant sa queue et en souriant joyeusement jusqu'à ce que le roi, malgré lui, se mette à sourire[1].

Sur son collier était gravée l'inscription : « Je suis Caesar, le chien du roi. » Quelque chose dans l'attitude du chien suggérait qu'il avait lu et compris ces quelques mots.

La vie d'un chien péripatéticien, passant d'un palace ou d'un palais à un autre, n'était pas sans confort. Caesar avait son propre domestique qui le brossait tous les jours et le baignait trois fois par semaine. Mais c'était le roi lui-même qui bénéficiait du privilège de le nourrir. Cette vie mouvementée n'était pas sans danger. En effet, Caesar aimait bien s'asseoir à la place de son maître dans l'automobile royale. Plusieurs fois, le corpulent souverain, ne remarquant pas la présence de son chien, faillit l'écraser en s'asseyant dessus.

Alors qu'il visitait le roi à Marienbad en août 1908, Georges Clemenceau lui demanda s'il allait, à son retour en Angleterre, abandonner temporairement son chien pour respecter le règlement de quarantaine. Certainement pas, répondit le souverain qui ajouta avec malice : « Je fais les lois, ne puis-je donc pas les violer ? » Quand Édouard VII mourut le 6 mai 1910, son fidèle Caesar fut inconsolable. Pendant plusieurs jours, refusant de se nourrir, il resta allongé, gémissant, devant la chambre de son défunt maître. La reine Alexandra, qui, bien qu'adorant les chiens, n'avait jamais éprouvé beaucoup d'affection pour Caesar, accepta de le recueillir. Elle insista pour que Caesar ait une position très privilégiée, juste derrière le cercueil royal, dans le cortège funéraire. Caesar, dont les relations avec la reine Alexandra devinrent excellentes, mourut en avril 1914 après une vieillesse heureuse. Il fut enterré à Sandringham à côté de Jack. Quatre ans plus tard, une petite statue de Caesar fut placée à côté de la tombe de son maître dans la chapelle de Saint-George à Windsor.

George V (1865-1936) fut aussi terne que son père Édouard VII était haut en couleur. Même chose pour ses chiens. Mentionnons pour les passionnés de dynasties canines ses cinq favoris successifs : le collie

1 C. W. Stamper, *What I Know*, Londres, 1913, p. 73.

Heather qui mourut en 1904 après onze années de bons et loyaux services, le terrier Happy qui fut son fidèle compagnon pendant treize ans jusqu'à sa mort en 1913, le Sealyham terrier Jack qui rendit l'âme en 1928 à l'âge de quatorze ans, le cairn terrier Snip qui expira en 1931 et enfin Bob, un petit cairn terrier qui survécut à son maître royal.

Édouard VIII (1894-1972) adorait les chiens. Comme prince de Galles, il acquit une véritable passion pour les cairn terriers. Cora, sa favorite, dormait sur son lit. Quand elle souffrit de rhumatisme, son maître fit construire un petit escalier en bois pour lui permettre de grimper plus facilement sur son lit. Son amour pour Wallis Simpson et le nazisme le forcèrent à abdiquer après onze mois de règne en novembre 1936. Il prépara son discours d'abdication en compagnie de sa chienne pékinoise Princess Pittie. Immédiatement après, il quitta l'Angleterre avec son cairn terrier Slipper sous le bras. Avant de partir, dans l'agitation de l'abdication, il trouva tout de même le temps de commander au meilleur salon de beauté pour chiens de Londres de nombreux ustensiles et produits pour le toilettage des chiens. L'exil de Slipper, contrairement à celui de son maître, ne dura guère. En mars 1937, lors d'une partie de chasse sur un terrain de golf, Slipper fut mordu par une vipère. Il mourut peu après. Traumatisés, les Windsor décidèrent de se convertir aux carlins qui devinrent leurs chiens favoris. Inutile de préciser que l'amour des Windsor pour les carlins rendit ces chiens extrêmement populaires. Parmi leurs nombreux carlins, mentionnons Goldengleam Trooper, Davy Crockett, Pugville's Imperial II (dit Impy), Disraëli et Peter Townsend.

Avec George VI (1894-1952), sa femme la reine Elisabeth et leurs filles Elisabeth et Margaret, nous arrivons à la famille royale actuelle. George VI et son épouse, alors qu'ils n'étaient encore que le duc et la duchesse d'York, prirent, en 1933, une initiative totalement révolutionnaire dont il serait imprudent de sous-estimer les conséquences. Ils décidèrent d'acheter un corgi pembroke. Depuis 1936, date du couronnement de George VI, le corgi est le chien royal britannique par excellence. Rappelons que les corgis, d'origine galloise, étaient, depuis la fin du Moyen Âge, utilisés pour garder et conduire les troupeaux. Par des mordillements appropriés, ils savaient réveiller les retardataires et remettre dans le droit chemin les amateurs d'excursions non programmées. De plus, malgré leur taille réduite, ils pouvaient éloigner les intrus. L'heureux élu, qui s'appelait Rozavel

Golden Eagle, fut surnommé Dookie par les employés du chenil d'où il provenait. Ce nom lui resta malgré son caractère légèrement irrespectueux. Il devint rapidement le chien favori de toute la famille, en particulier des deux petites filles dont il était le compagnon de jeux préféré. George VI le considérait comme le meilleur chien qu'il eût jamais possédé en raison de sa vive intelligence et de sa forte personnalité. Dookie était porteur des vertus de sa race. Mais les qualités d'un bon bouvier ne sont pas nécessairement celles d'un chien de cour. Dookie n'aimait pas que les visiteurs ou les domestiques s'approchassent de trop près de ses maîtres. Les talons ou les mollets des importuns n'étaient pas à l'abri d'un avertissement douloureux. Lorsqu'il recevait des membres de son gouvernement ou des visiteurs de marque, le roi préférait, par prudence, l'éloigner. George VI avait l'habitude de dire que Dookie était la brebis galeuse de la famille et qu'il avait gagné très injustement sa position de favori. Dans le but d'établir une dynastie de corgis, George VI et sa femme firent l'acquisition d'une compagne pour Dookie nommé Rozavel Lady Jane, ou plus simplement Jane. Dookie et Jane s'aimèrent davantage comme frère et sœur que comme mari et femme. On fit donc appel à un outsider appelé Tafferteffy. Deux petits chiots, Crackers et Carol, naquirent le 24 décembre 1939. Le Père Noël n'avait pas très bien fait son boulot car on dut abattre Carol peu après sa naissance. Crackers fut le chien favori de la reine Elisabeth, l'actuelle reine mère. Plus heureux que sa sœur, il vécut quatorze ans. Dans sa vieillesse, il était promené allongé sur une petite couche roulante.

Jane devint le chien de la future reine Elisabeth II. Elle mourut en 1944, écrasée par une voiture dans le parc du château de Windsor. La jeune princesse envoya un mot au chauffeur lui disant qu'il n'était sûrement pas responsable de l'accident. Jane fut remplacée par Susan qui accompagna sa maîtresse pendant son voyage de noces. Une photo de Susan, morte en 1957, peut être admirée sur le bureau de la reine Elisabeth II. Beaucoup de corgis royaux qui se sont illustrés depuis une cinquantaine d'années descendent de Crackers ou de Susan. Mentionnons parmi les plus célèbres Sugar, Whisky, Sherry, Honey, etc. De temps à autres, un de ces toutous, pas si charmants, apparaît dans les médias après avoir mordu un garde, un domestique ou un visiteur.

La reine Elisabeth II vit constamment entourée d'au moins une demi-douzaine de corgis auxquels se joint parfois un dawgie, fruit d'un croisement imprévu entre un corgi et un dachhund (teckel). Chaque fois qu'elle le peut, la reine fait dîner, elle-même, ses petits chiens à cinq heures de l'après-midi. La reine, avec des couverts en argent, mélange et répartit les aliments apportés par un valet. Il n'est pas rare que les enfants de la reine se plaignent de ne pas pouvoir voir leur mère tranquillement, sans les chiens. Le prince Philippe, dit-on, trouve parfois envahissants ces p... de chiens.

4

De quelques autres chiens royaux et présidentiels

Les chiens de despotes éclairés

Frédéric II de Prusse (1712-1786), le grand despote éclairé, l'ami de Voltaire, préférait la compagnie des chiens à celle des hommes. Les clones du docteur Freud y verront peut-être l'effet du traitement féroce auquel le tyrannique Frédéric-Guillaume avait soumis son fils jugé insuffisamment viril. Les amis des chiens y verront sans doute la manifestation d'un jugement avisé sur les hommes et les animaux. Les anecdotes sur les chiens de Frédéric II sont nombreuses et l'ivraie y côtoie volontiers le bon grain. Donc aucune garantie d'authenticité ne peut être décernée. Dans sa retraite de Sans-Souci, le roi philosophe, sans sa femme, vivait entouré d'une demi-douzaine de levrettes qu'il appelait ses marquises de Pompadour en remarquant toutefois qu'elles lui coûtaient moins cher que l'original. Les visiteurs pouvaient noter, ici et là, la présence de balles de cuir destinées à distraire les petits compagnons du grand souverain. Le mobilier montrait des marques indiscutables de certaines de leurs activités naturelles. Les visiteurs qui suscitaient l'aboiement des chiens ne bénéficiaient généralement pas d'un préjugé favorable. Ceux qui, par malchance, marchaient sur la patte d'un de ces petits animaux regrettaient d'avoir sollicité une audience.

Un jour, le marquis d'Argens, penseur de seconde division et ami du roi, s'étonna de le trouver assis par terre en train de distribuer lui-même de la nourriture à ses chiens. Armé d'un petit bâton pour faire régner l'ordre, Frédéric répartissait des morceaux de viande frits en privilégiants ses favoris. Le marquis d'Argens ne put s'empêcher de faire partager les réflexions profondes qui lui vinrent à l'esprit à la vue d'une telle scène :

> Les cinq grandes puissances européennes, qui se sont jurées alliance et ont conspiré pour défaire le marquis de Brandebourg, que n'essayent-elles pas d'imaginer ce que ce dernier est en train de faire ? Élaborer quelque plan hardi pour la prochaine campagne, peuvent-ils penser ; réunir des fonds pour la financer ; étudier comment approvisionner les hommes et les chevaux ; ou bien est-il en train de négocier afin de diviser ses ennemis et obtenir de nouveaux alliés ? Non, rien de tout cela. Il est paisiblement assis dans sa chambre en train de nourrir ses chiens[1] !

La chienne préférée de Frédéric II fut sans doute Biche qui bénéficiait du privilège de dormir sur son lit. Lors de la bataille de Mollwitz, le 9 avril 1741, le roi dut son salut à la discrétion de Biche. S'étant trop approché des lignes ennemies, Frédéric II fut contraint de se cacher sous un pont en compagnie de sa chienne. Biche s'étant abstenue de signaler sa présence par des aboiements ou d'autres manifestations canines, Frédéric put échapper à la vigilance des hussards autrichiens. En septembre 1745, lors de la bataille de Sohr, les troupes du général Nadasti pillèrent le camp de Frédéric, s'emparant, entre autres, de l'infortunée Biche. Nadasti l'offrit à son épouse qui fut des plus réticentes à la retourner, après négociation, à son propriétaire d'origine. Le roi était assis à son bureau quand on lui ramena Biche de captivité. Elle se jeta au cou du roi, le léchant abondamment. Frédéric, ému, laissa couler quelques larmes. Après la mort de Biche, un monument fut érigé à sa mémoire dans le jardin de Sans-Souci.

La dernière pensée consciente de Frédéric II concerna une levrette qui dormait sur une petite chaise à côté de son lit. Se réveillant au milieu de la nuit et notant que la petite chienne tremblait de froid, il ordonna qu'on la couvrît d'une couverture. Quelques heures après il était mort.

Frédéric avait demandé à être enterré à Sans-Souci au milieu de ses chiens. Contrairement à sa volonté, il rejoignit le caveau de son père peu aimé dans le temple de la garnison.

[1] Cité dans Thomas Carlyle, *History of Friedrich II of Prussia*, Londres, 1865, volume 6, pp. 148-149

L'autre grand despote éclairé du XVIIIe siècle, Sophie-Frédérique-Augusta d'Anhalt-Zerbst, plus connue comme Catherine II de Russie (1729-1796), aimait aussi les chiens. Peut-être plus que les enfants estime K. Waliszewski dans *Le Roman d'une impératrice.* Presque autant que ses favoris, pourrait-on rajouter.

Catherine la Grande éprouvait le besoin d'avoir autour d'elle quelques quadrupèdes qui ne la quittaient pratiquement jamais. Ils dormaient près de l'impératrice sur des coussins de soie garnis de dentelles.

Dès son réveil ils bondissaient sur son lit, lui léchant le visage. Ils partageaient son petit-déjeuner avant d'aller se promener. Catherine a souvent parlé de ses chiens dans sa correspondance. Tom Anderson, patriarche d'une puissante dynastie de lévriers, a été particulièrement célébré.

> J'ai toujours aimé les bêtes ; [...] les animaux ont beaucoup plus d'esprit qu'on ne leur en suppose, et, si jamais bête a droit de parler, c'est sir Tom Anderson. La société, déjà, lui plaît, et particulièrement celle de sa propre famille. Il choisit de chaque couvée les plus spirituels et s'en amuse. Il les élève, leur fait adopter ses mœurs et ses coutumes...

Dans une autre lettre, Catherine fournit d'autres précisions sur la lignée de Tom Anderson :

> À la tête se trouve le chef de la race, sir Tom Anderson, son épouse, duchesse Anderson, leurs enfants : la jeune duchesse Anderson, monsieur Anderson et Tom Thomson ; celui-ci s'est établi à Moscou sous la tutelle du prince Volkonski, gouverneur général de la ville. Il y a encore, outre ceux-ci, dont la réputation est faite, quatre ou cinq jeunes gens, qui promettent infiniment et qu'on élève dans les meilleures maisons de Moscou et de Pétersbourg [...]. Sir Tom Anderson a épousé en secondes noces Mlle Mimi, qui depuis ce temps a pris le nom de Mimi Anderson. Mais jusqu'ici il n'y a pas de lignée. Outre ces légitimes mariages (puisqu'il faut dire les défauts comme les vertus des gens dans leur histoire), M. Tom a eu plusieurs attachements illégitimes : la grande duchesse a plusieurs jolies chiennes qui lui ont mis martel en tête mais jusqu'ici aucun de ces bâtards n'a paru, et il y a apparence qu'il n'y en a pas ; quoi qu'on en dise ce sont des calomnies.

Dans sa correspondance avec Grimm, Catherine la Grande nous a laissé le portrait de Lady Anderson, une petite-fille de Tom.

> Lady Anderson, qui est une jeune merveille de cinq mois [...] réunit en elle toutes les vertus et tous les vices de son illustre race. Déjà à l'heure qu'il est elle déchire tout ce qu'elle trouve, s'élance et mord les jambes de ceux qui entrent dans ma chambre, chasse oiseaux, mouches, cerfs et tel autre animal quatre fois plus grand qu'elle et fait à elle seule plus de bruit que ses frères, sœurs, tante, père, mère, aïeul et bisaïeul.

Zémire, une des filles de Lady Anderson, nous est également bien connue. À sa mort, l'impératrice demanda à l'ambassadeur de France, Philippe de Ségur, de composer son épitaphe. Catherine avait quelques années plus tôt rédigé celle de la duchesse Anderson

> Ci-gît la duchesse Anderson, Qui mordit monsieur Rogerson

Mais convaincue par son ami et confident français de la modestie de son talent poétique, elle préféra lui confier l'épitaphe de Zémire. Quand le comte de Ségur lui demanda quelques informations sur cette levrette, Catherine lui répondit qu'elle était fille de deux chiens anglais, qu'elle avait toutes sortes de grâces, un peu gâtées quelquefois par la colère.

Voici les vers que la souveraine « loua bien plus sans doute qu'ils ne le méritaient. »

> Ici mourut Zémire, et les grâces en deuil
> Doivent jeter des fleurs sur son cercueil.
> Comme Tom, son aïeul, comme Lady, sa mère,
> Constante dans ses goûts, à la course légère,
> Son seul défaut était un peu d'humeur ;
> Mais ce défaut venait d'un si bon cœur !
> Quand on aime, on craint tant ! Zémire aimait tant celle
> Que tout le monde aime comme elle !
> Voulez-vous qu'on vive en repos,
> Ayant cent peuples pour rivaux ?
> Les dieux, témoins de sa tendresse,
> Devaient à sa fidélité
> Le don de l'immortalité,
> Pour qu'elle fût toujours auprès de sa maîtresse[1].

1 Comte de Ségur, *Mémoires*, Paris, 1826, tome II, pp. 327-328.

Cette épitaphe fut gravée sur une pierre placée dans les jardins de Tsarskoïé-Selo.

Nous devons au comte de Ségur une autre anecdote qui illustre à la fois l'amour de Catherine pour les chiens et l'attitude de ses sujets vis-à-vis de l'autorité impériale.

Un riche étranger, nommé Suderland, s'était établi en Russie comme banquier. Il jouissait de la confiance de l'impératrice. Un matin, on l'avertit que sa maison est entourée de gardes et que le chef de la police demande à lui parler. Cet officier, appelé Reliew, lui annonce, d'un air consterné, que sa souveraine l'a chargé d'exécuter un ordre tout particulièrement horrible. Suderland, surpris, apprend que l'officier a reçu l'ordre formel de le faire empailler. Le banquier affolé arrive à convaincre Reliew de porter un mot de sa part à l'impératrice. Reliew, n'osant se rendre au palais, se précipite chez le comte de Bruce. Ce dernier, pensant que le chef de la police est devenu fou, court chez l'impératrice à qui il expose l'affaire.

> Catherine, en entendant cet étrange récit, s'écrit : « Juste ciel ! Quelle horreur ! En vérité, Reliew a perdu la tête. Comte, partez, courez, et ordonnez à cet insensé d'aller tout de suite délivrer mon pauvre banquier de ses folles terreurs et de le mettre en liberté. »
> Le comte sort, exécute l'ordre, revient, et trouve avec surprise Catherine riant aux éclats. « Je vois à présent, dit-elle, la cause d'une scène aussi burlesque qu'inconcevable : j'avais depuis quelques années un joli chien que j'aimais beaucoup, et je lui avais donné le nom de Suderland, parce que c'était celui d'un Anglais qui m'en avait fait présent. Ce chien vient de mourir ; j'ai ordonné à Reliew de le faire empailler ; et, comme il hésitait, je me suis mise en colère contre lui, pensant que par une vanité sotte il croyait une telle commission au-dessus de sa dignité : voilà le mot de cette ridicule énigme[1]. »

Philippe de Ségur ne sait pas s'il doit qualifier cette anecdote de fait ou de conte.

Les chiens du Reich

Bismarck (1815-1898), le chancelier de fer, appréciait beaucoup la compagnie des chiens, les grands et forts bien entendu. Il s'était déjà

1 Comte de Ségur, *op. cit.*, tome II, pp. 252-253.

rendu célèbre, à l'université de Göttingen, pour avoir terrorisé le recteur avec son énorme danois. Alors qu'il était diplomate, Bismarck eut comme compagnon intime, pendant de nombreuses années, un lévrier noir appelé Sultan. Le chien fut, un jour, violemment frappé par un chemineau qu'il avait attaqué. Herbert von Bismarck vit son père assister en pleurant à l'agonie de son fidèle ami. Quand Sultan eut rendu l'âme, il l'entendit murmurer les paroles suivantes :

> Nos ancêtres germains avaient de la bonté dans leur religion : ils croyaient fermement qu'ils retrouveraient, dans les chasses de leur paradis, tous les bons chiens qui avaient été fidèles compagnons de leur existence. Je voudrais pouvoir croire cela[1].

Le chien le plus connu de Bismarck fut sans aucun doute l'immense Tyras, surnommé le « Reichshund » (chien de l'Empire). Tyras le suivait partout, dormant au pied de son lit et se couchant près de son fauteuil pendant les heures de travail. Tyras était réputé pour son tempérament agressif. Lors d'une entrevue entre Bismarck et le prince Gortschakoff, premier ministre russe, prenant un geste brusque de ce dernier pour une marque d'agression contre son maître, il lui sauta dessus et le cloua au sol. Cependant on nota avec stupéfaction qu'il traita le nonce apostolique Masella avec la plus extrême bienveillance. Les turpitudes de Tyras ne troublaient guère son maître. Elles se soldaient le plus souvent par une légère réprimande pour le coupable et quelques excuses pour la victime. Un ami de Bismarck qui venait le féliciter du mariage de sa fille avec le comte von Rantzau vit son chapeau déchiré en morceaux par Tyras. Bismarck ne fit qu'une seule remarque : « Ce chenapan finira par me brouiller avec tous mes amis »

L'ancien chancelier passa sa retraite avec Tyras II. Mais le chien n'était pas comparable à son illustre prédécesseur :

> Tyras est disgracieux, ses lèvres sont trop épaisses et il a le travers de baver tout le temps. Jamais je ne me serais acheté une bête pareille.

Mais Bismarck pouvait difficilement se séparer du chien baveux. C'était un cadeau de l'empereur Guillaume II.

1 Jules Hoche, *Bismarck intime*, Paris, s. d., p. 183.

Dans les films et romans, les bergers allemands sont le plus souvent associés aux bons et gentils héros. Mais la réalité n'a pas ces délicatesses. Le berger allemand le plus célèbre de l'histoire est sans doute Blondi, la chienne que l'infâme Martin Borman offrit à son non moins infâme Führer après le désastre de Stalingrad afin de lui changer les idées.

Depuis sa plus tendre enfance, Hitler (1889-1945) vécut avec des chiens. Son père, le tyrannique Aloïs Hitler, ne le traitait guère mieux que l'infortuné chien de la maison. Il leur flanquait à tous deux des raclées carabinées. Il avait aussi l'habitude d'appeler le jeune Adolf en sifflant entre ses doigts.

Hitler fut très marqué par un fox-terrier appelé Foxl qu'il posséda pendant la Première Guerre mondiale. Il en parla longuement dans les *Propos de table* rapportés par Martin Borman. En janvier 1915, le petit chien anglais, en poursuivant un rat, finit par échouer dans la tranchée où résidait Hitler. Ce dernier parvint à retenir le chien récalcitrant. Avec une patience infinie, il réussit à pacifier ce chien qui, disait-il, ne comprenait pas un mot d'allemand. Peu après son arrivée surprise, le chien ne voulait plus quitter son nouveau maître et son nouveau maître était fou de lui. Hitler lui apprit de nombreux tours. Hitler et Foxl participèrent ensemble à plusieurs batailles dont celle de la Somme. Alors qu'on lui proposait des grosses sommes pour un animal si bien dressé, Hitler refusa plusieurs fois de le vendre. En 1917, le chien fut volé près de Colmar. Son maître en fut désespéré.

Tout comme son père, Hitler savait se montrer violent avec ses chiens. Maria (Mimi) Reiter, qui fut la petite-amie d'Hitler en 1926, le vit frapper son chien « comme un fou » avec sa cravache. Le même chien sans qui, disait-il, il ne pouvait vivre. Hitler semble s'être calmé avec le scottish-terrier Burly qu'on lui offrit avec la prise de pouvoir du début de l'année 1933. Dans l'intimité il jouait avec Burly comme un enfant et lui permettait de remuer et mordre des dossiers confidentiels. En public, Hitler, s'il ne battait pas sa chienne, la traitait durement. Le grand chef « aryen » ne pouvait manifester la moindre familiarité avec un chien. Dix ans plus tard, le leader maximum sera moins réticent à montrer publiquement son affection pour Blondi.

Hitler et Blondi devinrent rapidement les meilleurs amis au monde. Déprimé par la déroute de Stalingrad et profondément irrité par son état-major, Hitler passa, pendant quelques mois, l'essentiel de son temps en la seule compagnie de Blondi, dans son bunker de la Wolfsschanze en Prusse orientale. Il déjeunait souvent en tête à tête avec sa chienne, la nourrissant lui-même. Dans la matinée, Hitler se promenait avec Blondi autour du bunker. Il avait fait installer quelques obstacles afin qu'elle pût faire de l'exercice. Sous les regards admiratifs des collaborateurs du Führer, elle sautait par-dessus une porte de 1, 80 m de haut, se tenait en équilibre sur une poutre étroite et montait sur une échelle. Dans la demeure du Berghof, à Berchtesgaden, Négus et Stasi, les fox-terriers d'Eva Braun, la maîtresse de maison, avait préséance sur Blondi. Eva et ses chiens n'appréciaient guère la chienne d'Hitler. Quand le Führer qualifiait Négus et Stasi de « brosses de foyer », Eva, outrée, répondait que Blondi ressemblait davantage à un veau qu'à un chien.

Blondi était généralement exclue au profit des fox-terriers des soirées soporifiques et interminables du Berghof. Quand Hitler désirait introduire sa chienne, Eva devait sortir Négus et Stasi. Le 19 avril 1944, la veille de son anniversaire, Hitler consacra la soirée à Blondi, invitée d'honneur. Cette dernière, devant les hôtes ébahis, montra l'étendue de ses talents. Ce qui impressionna le plus les invités fut la prestation vocale de la chienne. Elle répondait parfaitement aux instructions du Führer qui lui demandait de chanter comme un soprano colarature ou comme un contralto. Plusieurs morceaux de gateau récompensèrent la diva.

Peu de temps après la tentative d'assassinat manquée du 20 juillet 1944, Hitler, décidant qu'il était temps pour Blondi de fonder une famille, partit à la recherche du partenaire idéal. Son choix se fixa sur Harras, le berger allemand de Gerdy Troost, la veuve d'un architecte qu'il avait bien connu. Gerdy et son chien furent convoqués à la Wolfsschanze. Au grand désespoir du Fürher, Blondi ne s'intéressa guère au prétendant. Et quand elle s'y intéressa, ce fut pour le mordre. Hitler, très désireux d'avoir une litière de petits chiots, ne se découragea pas. Après quelques tentatives infructueuses, Mme Troost rentra chez elle, laissant toutefois Harras avec Hitler et Blondi. Quelques jours après, alors que les armées alliées avançaient à toute vitesse sur l'Allemagne, Hitler annonça triomphalement que le miracle avait eu lieu. Les chiots naquirent en mars 1945 dans le bunker de la chancellerie.

Pendant les derniers mois de sa vie, les relations entre Hitler, Blondi et les chiots furent particulièrement étroites. « Les animaux sont plus fidèles que les hommes », répétait-il à loisir. De même, il avait fait siens les mots bien connus attribués à Frédéric II : « Depuis que j'ai étudié les hommes, j'aime les chiens. » Eva Braun se plaignait de ses rivaux canins comme elle le confia à l'une des secrétaires du Fürher :

> Adolf ne s'entretient plus avec moi que de sa nourriture et de ses chiens. Cette sale bête de Blondi m'exaspère. Quelquefois, je lui donne des coups de pieds sous la table et Adolf est alors tout anxieux devant les réactions affolées de la bête. C'est ma manière de me venger[1].

Hitler s'était pris d'affection pour Wolfi, un des petits de Blondi qu'il avait décidé d'élever lui-même. Il le caressait longuement sur ses genoux en répétant son nom d'une voix douce. Mais les meilleures choses ont une fin et le 29 avril 1945, le docteur Stumpfegger tua Blondi et sa famille avec des ampoules de cyanure. Hitler, le visage décomposé, s'enferma dans sa chambre. Il ne lui restait plus que quelques heures à vivre.

Peut-on être foncièrement mauvais et aimer les chiens ? Cette question est souvent posée. L'exemple de Hitler montre que la réponse est définitivement oui.

Les chiens de la Maison Blanche

Il y a quelques mois mourut à Kennebunkport, Maine, Mildred Kerr Bush, plus connue sous le nom de Millie. Millie, un épagneul springer, avait rejoint la famille Bush le 13 février 1987. De 1989 à 1993, elle fut domiciliée à la Maison Blanche, 1600 Pennsylvania Avenue, Washington DC. Elle s'installa dans la « Lincoln Bedroom » pour mettre bas une abondante portée de petits springers dont Ranger, un des favoris de George Bush. Millie devint en 1990 la chienne la plus célèbre des États-Unis avec la publication de *Millie's Book*, un des best-sellers de l'année. Ce livre, qui offre un aperçu canin de la vie à la Maison Blanche, fut, nous dit-on, rédigé avec l'aimable coopération de Barbara Bush. Millie s'était déjà distinguée auparavant en étant élue « chien le plus laid de l'année » par la revue

1 Albert Zoller, *Douze ans auprès d'Hitler*, Paris, Julliard, 1949, p. 107.

Washingtonian. Millie dut toutefois partager les feux de la rampe avec C. Fred Bush.

La famille Clinton possédant un chat appelé Socks, Millie fut le dernier représentant d'une longue et prestigieuse lignée de chiens présidentiels américains.

Cette lignée remonte à George Washington, premier président des États-Unis en 1789. Washington posséda de nombreux chiens dont certains lui furent offerts par La Fayette. Nous connaissons le nom de quelques-uns d'entre eux : Taster, Tipler, Forester, Vulcan, Sweetlips, Searcher et Madame Moose. Concernant cette dernière, Washington, dans son journal, nota avec satisfaction l'arrivée d'un nouveau chien susceptible de satisfaire ses ardeurs amoureuses.

Passons directement à un grand ami des bêtes, Theodore Roosevelt. Roosevelt, président de 1901 à 1909, amena à la Maison Blanche six enfants plus un véritable zoo. Parmi les hôtes de la Maison Blanche, notons l'ours Janathan Edwards, le lézard Bill, le cochon Maud, le blaireau Josiah, la poule Baron Spreckle, le perroquet Eli Yale, les cochons d'Inde Admiral Dewey, Bishop Doane, Father O'Grady et bien d'autres animaux encore. La ménagerie comprenait bien sûr plusieurs chiens. Ces chiens, dont le président parlait souvent dans les nombreuses lettres adressées à ses enfants, furent en leur temps des célébrités nationales. Le premier mandat présidentiel correspond au règne de Jack, un terrier noir. Jack dut cependant partager l'affection de la famille Roosevelt avec le chat Tom Quartz. Les deux animaux, qui s'entendaient comme larrons en foire, avaient transformé les salons, couloirs et escaliers de la Maison Blanche en un immense terrain de jeux. Considérés comme des enfants de la famille, ils recevaient chaque année leur cadeau de Noël.

En avril 1905, Teddy Roosevelt fit la connaissance de Skip alors qu'il chassait dans le Colorado :

> Nous avons une trentaine de chiens dont un absurde petit terrier, la moitié de la taille de Jack, et dont le nom est Skip [...]. Il est des plus affectueux et intelligents, mais quand un ours ou un lynx est traqué, il se joint au combat avec toute la furie d'un bouledogue, bien que je ne pense pas qu'il soit beaucoup plus efficace que ne le serait une de tes souris japonaises.

Le président décida d'amener Skip avec lui à Washington. Initialement peu à l'aise dans son nouvel environnement, le chien s'accrochait à son nouveau maître. Tout en le trouvant moins aristocratique que Jack, madame Roosevelt le traita avec égard. Le chien chasseur s'habitua rapidement au confort de sa nouvelle demeure. À la consternation de son maître, il se transformait en un chien de salon paresseux. Jack, dont les relations avec le nouveau venu étaient tendues, disparut sans laisser d'adresse au début de 1906. Bien qu'il aimât beaucoup le président, lorsque les enfants de la maison étaient absents, Skip éprouvait les solitudes d'un chien présidentiel :

> Le pauvre Skip se sent un chien très très seul sans sa famille. Chaque matin il monte me regarder à l'heure du petit-déjeuner [...]. Puis quand je vais m'asseoir dans le rocking-chair pour lire pendant 15 ou 20 minutes, Skip saute sur mes genoux et s'y installe, s'immergeant dans la compagnie du seul membre de la famille qui soit resté. Il passe le reste de la journée avec les huissiers car je suis tellement occupé que je ne peux lui consacrer suffisamment de temps pour que ma compagnie lui procure un plaisir réel.

Skip mourut en septembre 1907. La Maison Blanche, sous l'administration Roosevelt, connut d'autres hôtes éminents. Mentionnons Scamp, la terreur des rats de la Maison Blanche, et le bouledogue Mike qui dut être abattu après avoir agressé une jument présidentielle. N'oublions surtout pas le bull-terrier Pete qui faillit créer un incident diplomatique en mordant sévèrement M. Jusserand, l'ambassadeur de France à Washington. Pete n'agit point en raison d'un sentiment anti-français. Les mollets américains bénéficiaient tout autant de sa faveur. Malgré son caractère hargneux, Pete jouissait de l'affection du président à qui il apportait son journal tous les matins. Tout cela jusqu'au jour où le chien eut les yeux plus gros que les crocs. Il provoqua un chien étranger qui s'était aventuré sans son autorisation sur les pelouses de la Maison Blanche. L'inconnu eut le dessus. Le fier Pete, salement amoché, ne se remit jamais de cette humiliation. Theodore Roosevelt dut se séparer de son chien devenu morose et apathique.

Warren Harding, président de 1921 à 1923, restera dans l'histoire américaine pour deux raisons. Il peut postuler au titre de plus mauvais président des États-Unis et son chien, l'airedale Laddie Boy, fut une vedette nationale. Laddy Boy assistait aux réunions du cabinet assis sur sa chaise. Il était également invité à de nombreuses manifestations publiques. Pour son anniversaire, Harding organisa une grande fête où il invita tous les chiens du voisinage. Le *Washington Star* publia une interview de Laddie Boy. Mais la popularité de Laddie Boy ne fut pas suffisante pour faire oublier les scandales qui s'accumulaient sur l'administration Harding. Calvin Coolidge, président de 1923 à 1929, tout comme Teddy Roosevelt, transforma la Maison Blanche en un véritable zoo. « Silent Cal », comme on appelait ce président taciturne, avait un faible pour le raton laveur Rebecca qu'il promenait en laisse autour de la Maison Blanche. La population canine fut également nombreuse sous l'administration Coolidge. Le président appréciait particulièrement un collie blanc du nom de Rob Roy. Prudence Prim, une chienne collie blanche, jouissait de la faveur de Grace Coolidge. Prudence Prim se rendait dans les « parties » la tête coiffée de chapeaux extravagants. Après la mort de Rob Roy et Prudence Prim, la faveur présidentielle se porta sur Calamity Jane, alias Diana of Wildwood. Les chiens étaient si bien traités pendant les repas qu'un hôte du président songea à se mettre à quatre pattes, espérant ainsi être plus vite et mieux servi.

Herbert Hoover comprit tout l'intérêt que pouvait représenter un chien pour un candidat à la présidence ou un président, en le faisant paraître plus humain. Pour relancer sa campagne de 1928, Hoover se fit photographier en compagnie de son berger allemand King Tut. Mais Hoover n'était pas qu'un opportuniste. Il aimait vraiment les chiens et la Maison Blanche compta, en plus de King Tut, de nombreux hôtes canins. Cependant, la vie à la Maison Blanche ne réussit pas au beau King Tut qui prenait son rôle de chien de garde trop au sérieux. Il devint morose et anxieux, et perdit du poids. Décidément la pression était trop forte et Hoover lui fit quitter la Maison Blanche pour l'installer dans son domicile personnel. Le chien mourut peu de temps après.

Franklin Delano Roosevelt, président de 1933 à 1945, ne rompit pas la tradition des chiens présidentiels. Son terrier écossais Fala ne le quittait guère. Fala était tranquillement allongé aux pieds de Roosevelt et Churchill quand ces derniers signèrent la charte de l'Atlantique en 1941. Fala accompagna le président lorsqu'il se rendit de San Diego à Pearl Harbour sur le croiseur Baltimore en 1943. Fala devint très populaire auprès des marins qui le gavaient de friandises. L'un d'eux eut l'idée de lui couper une touffe de poils afin de la donner à son petit frère. Ses collègues, trouvant l'idée attrayante, l'imitèrent. Le président Roosevelt mit quelque temps avant de comprendre pourquoi le pelage de son chien disparaissait.

Le jour de gloire de Fala eut lieu au début de la campagne présidentielle de 1944. Roosevelt commença sa campagne par un discours lors du dîner du syndicat des camionneurs à Washington. Il avait besoin d'une prestation brillante pour tourner l'opinion publique en sa faveur. Se souvenant sans doute que Herbert Hoover avait utilisé son chien à des fins électorales en 1928, il eut l'heureuse idée de consacrer une partie de son discours à son chien Fala :

> Ces chefs du parti républicain ne se sont pas contentés d'attaques sur ma personne, ou bien sur celle de ma femme ou de mon fils. Non, ne se satisfaisant pas de cela, ils incluent maintenant mon petit chien Fala. Bien sûr les attaques ne m'affectent pas, de même pour ma famille, mais, par contre, Fala y est très sensible. Vous savez, Fala est écossais, et, étant écossais, dès qu'il apprit que des romanciers républicains, au Parlement ou ailleurs, avaient concocté une histoire selon laquelle, après l'avoir abandonné sur les îles aléoutiennes, j'avais envoyé un destroyer le chercher – avec un coût pour le contribuable de deux, ou trois, ou huit ou vingt millions de dollars –, son âme écossaise devint furieuse. Il n'a pas été le même chien depuis. J'ai l'habitude d'entendre des mensonges malicieux me concernant [...]. Mais je pense que j'ai le droit d'exprimer mon indignation et mon opposition à l'encontre de propos diffamatoires sur mon chien.

Ces quelques phrases constituèrent l'apothéose d'un discours qui connut un vif succès, aidant Roosevelt à gagner l'élection présidentielle de 1944. Il entra dans l'histoire sous le nom de « Fala speech ».

Roosevelt ne profita pas longtemps de sa victoire électorale. Il mourut l'année suivante. Son chien fut tout particulièrement désorienté. Contrairement à Eleanor Roosevelt, la femme du président, Fala ne put jamais s'adapter à sa nouvelle existence :

> Ce fut Fala, le petit chien de mon mari, qui n'arriva jamais à s'adapter [...]. Il m'accepta après sa mort, mais seulement comme une sorte de pis-aller à tolérer jusqu'au retour de son maître. Beaucoup de chiens finissent par oublier. Fala n'oublia jamais vraiment[1].

1 *The Autobiography of Eleanor Roosevelt*, Londres, Hutchinson, 1962, p. 222.

Fala passait son temps à guetter le retour de son maître. Plein d'espoir, il se dressait sur ses pattes chaque fois qu'il entendait le hurlement évocateur de la sirène d'une voiture officielle. Mais Roosevelt ne revint jamais.

Richard Nixon n'avait pas oublié le « Fala speech » quand, lors de la campagne électorale de 1952, sa candidature à la vice-présidence fut sérieusement menacée de mort subite à la suite d'accusations, infondées, d'utiliser des fonds de campagne à des fins personnelles. Eisenhower, candidat à la présidence, songeait déjà à se séparer d'un partenaire devenu embarrassant. Nixon, alors un jeune sénateur de 39 ans, savait qu'il jouait toute sa carrière politique lorsque, le 23 septembre, il présenta sa défense devant 58 millions de téléspectateurs, un record jusqu'au débat Kennedy–Nixon de 1960. La performance de Nixon fut éblouissante, bien meilleure que lors de son duel avec Kennedy. Son point fort fut l'évocation de son chien, l'épagneul cocker Checkers :

> Il y a une autre chose que je devrais vous dire parce que, si je ne le fais pas, ils le diront probablement. Nous avons reçu quelque chose – un cadeau – après la nomination. Un homme, là-bas au Texas, a entendu Pat mentionner à la radio que nos deux bambins aimeraient bien avoir un chien. Et, que vous le croyiez ou non, le jour avant notre départ pour ce voyage électoral, nous reçûmes un message de la gare de l'Union à Baltimore nous informant qu'ils avaient un colis pour nous. On descendit le chercher. Vous savez ce que c'était ? C'était un petit cocker épagneul dans un panier qu'il avait envoyé du Texas. Avec des taches noires et blanches. Et notre petite fille – Tricia, celle qui a six ans – l'appela Checkers [dames]. Et vous savez, les enfants adorent ce chien et je veux juste dire ceci maintenant : quoi qu'ils puissent en penser, on va le garder.

Le tour était joué. Tricky Dick avait réussi à vendre sa voiture d'occasion. Mamie Eisenhower, tout comme des millions d'Américains et d'Américaines, sortit son mouchoir. Eisenhower, loin de se séparer de son colistier, l'embrassait chaleureusement. Nixon, devenu président 17 ans plus tard, introduisit plusieurs chiens à la Maison Blanche. Mais aucun d'entre eux, pas même King Timahoe, n'acquit la notoriété de Checkers.

La famille Kennedy amena une ribambelle d'animaux quand elle s'installa à la Maison Blanche au début de l'année 1961. Parmi eux, un welsh terrier appelé Charlie. Charlie trouva rapidement une compagne en la personne de Pushinka, un cadeau de Nikita Khrouchtchev à l'intention de la petite Caroline Kennedy. Pushinka, une fille de la chienne astronaute Strelka, fut soumise à une batterie de tests médicaux lors de son arrivée à la Maison Blanche. L'armée américaine et la Maison Blanche craignaient-elles que Pushinka fût un mutant porteur de germes destructeurs ou qu'elle portât des micros ? Nous ne le saurons sans doute jamais. Charlie et Pushinka eurent quatre petits chiots. Clipper, un berger allemand offert par Joseph Kennedy à sa belle-fille, fut également un résident de la Maison Blanche particulièrement remarqué.

Lyndon B. Johnson, président de 1963 à 1969, éprouvait une véritable passion pour les chiens. Avant d'entrer à la Maison Blanche, il posséda un chien appelé Little Beagle Johnson parce que c'était plus économique si le chien avait les mêmes initiales que lui. Devenu président, il amena Pennsylvania Avenue ses beagles Him et Her. Him et Her eurent le privilège de figurer sur la couverture de *Life*. En 1964, Johnson vit sa popularité décliner après avoir saisi ses beagles par l'oreille devant les caméras de la télévision. Quand le district de Washington institua une licence pour les chiens, Him obtint le numéro 1 et Her le numéro 2, ce qui fit bien sûr hurler les féministes. Blanco, une chienne collie blanche, n'eut pas le succès des beagles. Jalouse de l'affection que leur témoignait le président, elle urina, par vengeance, sur une statue de Calder que le musée d'Art moderne avait prêtée à la Maison Blanche. Mais le chien préféré de Johnson fut sans doute le bâtard Yuki trouvé dans une station d'essence du Texas. Pour le président, Yuki avait l'immense avantage de parler avec l'accent texan. C'est peut-être ce qui lui ouvrit la porte des réunions du cabinet. Quand la guerre du Viêt-nam transforma sa présidence en un véritable cauchemar, Johnson trouva un peu de réconfort auprès de ses chiens, ses derniers supporters.

Gerald Ford, président de 1974 à 1977, arriva à la Maison Blanche avec le chat Chan. On lui offrit peu après un golden retriever appelé Liberty qui devint rapidement le favori des photographes.

Jimmy Carter possédait également un chat, au nom bizarre de Misty Malarky Ying Yang, quand il devint président en 1977. Comme son prédécesseur, il fit rapidement l'acquisition d'un chien. Mais le chien Grits, qui haïssait Misty Malarky Ying Yang et ne respectait pas les règles élémentaires du protocole canin, fut rapidement retourné à son propriétaire d'origine.

Ronald et Nancy Reagan se procurèrent leur premier chien présidentiel en 1985, quatre ans après leur arrivée à la Maison Blanche. Mais Lucky devint trop gros et fort pour que Nancy Reagan pût le promener en laisse sans risquer de froisser ses vêtements ou ruiner sa permanente. Il fut donc exilé dans le ranch de Santa Barbara. Son successeur, Rex, un épagneul King Charles, se révéla plus docile et maniable.

Aux dernières nouvelles, la famille Clinton chercherait un chien.

Des chiens et des lettres

Nous avons conservé le souvenir de nombreux chiens ayant appartenu à des hommes ou des femmes de lettres. Cela n'est guère surprenant dans la mesure où beaucoup d'écrivains ayant possédé des chiens les ont évoqués dans des essais, des lettres et même parfois des romans. On parle de la solitude du coureur de fond ou de l'angoisse du gardien de but au moment du penalty. On pourrait tout aussi bien parler des sentiments de solitude et d'anxiété de l'écrivain devant sa feuille de papier blanche, ou maintenant son mini-ordinateur. En de tels moments, le chien peut être d'un réconfort précieux.

1

Précurseurs

Diogène le chien

Diogène de Sinope (mort en - 323), le grand philosophe cynique, n'a laissé aucun écrit. Mais les paroles qu'on lui prête sont nombreuses et il a influencé suffisamment de penseurs et d'écrivains pour figurer ici. Diogène est souvent représenté avec un chien dans les sculptures et reliefs antiques. La statue d'un chien surmontait son monument funéraire. Dans un haut-relief éternisant son entrevue avec Alexandre le Grand, le tonneau lui servant de domicile est gardé par un féroce molosse. La tradition littéraire fait de Diogène l'ami et le bienfaiteur de la race canine. Mais il est difficile de savoir si Diogène eut vraiment des chiens comme compagnons ou si on l'a décrit avec ces animaux parce qu'il était surnommé Diogène le Cynique[1] ou le Chien. Antisthène, le maître de Diogène, avait déjà été qualifié de Chien parce qu'il enseignait au gymnase de Cynosarges (« Chien agile » ou « À l'enseigne du vrai chien ») et parce qu'il aboyait contre l'hypocrisie, la médiocrité et le conformisme. Diogène, qui aboyait et mordait avec encore plus de virulence, garda le même surnom. Puisque le chien de Diogène n'était peut-être que le philosophe lui-même, quelle était donc sa race ? Diogène donna lui-même la réponse :

> Quand j'ai faim je suis un maltais ; repu je suis un molosse – deux races dont la plupart des gens font l'éloge mais qu'ils n'osent suivre

1 Le mot grec traduit par « cynique » signifie « tel un chien ».

à la chasse par crainte de l'effort. Ainsi ne pouvez-vous non plus vivre avec moi, parce que vous avez peur de la souffrance[1] ?

Un grand amateur de chiens

Ronsard (1524-1585), qui aimait beaucoup la chasse, posséda de nombreux chiens, certains offerts par son protecteur et ami, le roi Charles IX. Il prétendait s'y connaître en chiens aussi bien que les Grecs. Il avait une prédilection pour les chiens couchants. Dans un quatrain, Ronsard mentionne l'un de ses chiens sans toutefois donner son nom :

J'aime bien mon mâtin, par lui je vis ma mie ;
L'autre jour que le chaud me faisait sommeiller,
Elle jetait des fleurs sur ma bouche endormie ;
Mon mâtin aboya, afin de m'éveiller.

Bungey

Bungey n'est guère connu des lecteurs français. En Angleterre, en revanche, il est sans doute le chien le plus célèbre du XVIe siècle. Bungey, probablement un épagneul, appartenait au poète et soldat Sir John Harington, un filleul de la reine Elisabeth Ire. Le principal titre de gloire littéraire de John Harington est la traduction en anglais de l'*Orlando Furioso* de l'Arioste. La première page de l'édition de 1591 contient un portrait de Bungey. Sir John choisit également son chien comme sujet de l'un de ses épigrammes et il en fit peindre le portrait. Les exploits de Bungey nous sont surtout connus grâce au petit essai que son maître, plusieurs années après la mort du chien, composa à l'intention du prince Henri, fils du roi Jacques Ier. Bungey, qui fut très populaire de son temps, n'était pas un chien ordinaire. Son maître possédait trois demeures : à Bath, situé 160 km à l'ouest de Londres, à Kelston près de Bath, et à Londres. Lorsqu'il était à Bath ou à Kelston, Sir John faisait porter des messages à Londres par son chien. Ce dernier revenait, également seul, avec les réponses. Un jour, Bungey fut chargé de transporter de Bath à

1 *Vies et doctrines des philosophes* de Diogène Laërce dans la traduction de Léonce Paquet (*Les Cyniques grecs*, Ottawa, 1975, p. 81).

Momie de chien, basse époque. Toile peinte. © RMN.

La princesse Palatine et son petit épagneul. Tableau de Johann Baptist de Ruel. © AKG.

Bonne, Nonne et Pomme, chiennes de Louis XIV. Tableau de François Desportes. © RMN.

Gredinet, Charlotte et Petite-fille, chiens de Louis XV. Tableau de Oudry. © RMN.

Frédéric II et sa chienne Biche à Sans-Souci. Gouache de Georg Schöbel. © AKG.

Catherine II de Russie avec sa levrette. © Tallandier.

Mohiloff, le fidèle carlin du duc d'Enghien. © Tallandier.

Louis-Napoléon et son chien dans le fort de Ham. © Tallandier.

Le Prince impérial et son chien Néro. Sculpture de Carpeaux. © Lauros-Giraudon.

La reine Victoria et Sharp. Balmoral, 1867. © Tallandier

Bismarck et Tyras. © Tallandier.

Hitler et Blondi au Berghof. Album d'Eva Braun. © Roger-Viollet.

Le duc et la duchesse de Windsor et leurs carlins. © AKG.

Betty Ford, Liberty et ses chiots à la Maison Blanche. © Keystone.

Kelston deux outres remplies de vin. En chemin la lanière qui maintenait les outres autour de son cou se brisa. Le chien, avisé, décida de cacher l'une des outres et d'apporter l'autre à Kelston en la tenant par les dents. Ceci fait, il retourna chercher celle qu'il avait cachée. Le comportement du chien fut observé par des témoins dignes de foi. Dans son mémoire destiné au prince Henri, Sir John mentionne également qu'après avoir perdu Bungey à la chasse il le retrouva au service de l'ambassadeur d'Espagne. Ce dernier demanda à Sir John des preuves que le chien lui appartenait. L'obéissance parfaite de Bungey aux instructions de John Harington convainquit l'ambassadeur et tous ceux présents. Bungey est un chien d'écrivain dont la notoriété a fini par excéder celle de son maître.

Monsieur Grat et l'ennemi du genre humain

Le grand philosophe René Descartes (1596-1650) peut être considéré comme l'ennemi public numéro un du genre canin. Sa théorie de l'animal-machine, qui refuse aux animaux toute forme de conscience et de faculté intellectuelle supérieure, a souvent servi de justification aux actes de cruauté envers les chiens. Une anecdote célèbre illustre les conséquences néfastes d'une telle conception. Alors que Fontenelle (1657-1757) lui rendait visite à l'Oratoire, Malebranche (1638-1715) frappa du pied une chienne enceinte qui s'était glissée à ses côtés. L'animal poussa un cri de douleur. À Fontenelle qui exprimait son indignation et sa compassion, Malebranche fit remarquer froidement : « Eh ! quoi, ne savez-vous pas bien que cela ne sent point. »

Il est surprenant de constater que Descartes posséda un petit chien appelé Monsieur Grat pour lequel il éprouvait la plus grande affection. Le chien fut son principal compagnon quand il retourna en Hollande en 1644. Descartes se préoccupait beaucoup de la santé et des centres d'intérêts de Monsieur Grat, et il lui parlait comme les penseurs de moindre envergure parlent avec leur toutou chéri. Il appréciait les qualités de Monsieur Grat puisqu'il demanda à son valet Maçon de l'amener, avec une femelle, chez son ami l'abbé Picot pour qu'il pût profiter de petits chiots de premier choix. Les réalités de la vie quotidienne avaient sans doute contraint le philosophe à transiger avec ses principes.

Les chiens de la Marquise

La Marquise de Sévigné (1626-1696), considérait que ce n'étaient pas les chiens qui manquaient de raison, mais Monsieur Descartes.

> Des machines qui aiment, des machines qui ont une élection pour quelqu'un, des machines qui sont jalouses, des machines qui craignent !
> Allez, allez, vous vous moquez de nous.

La Marquise avait une certaine expérience des chiens. Nous connaissons en effet deux chiens de la marquise de Sévigné : Marphise et Fidèle. Dans une lettre du 15 novembre 1675, Madame de Sévigné conte à sa fille, Madame de Grignan, comment elle a acquis Fidèle :

> Vous êtes étonnée que j'aie un petit chien ; voici l'aventure. J'appelais, par contenance, une chienne courante d'une madame qui demeure au bout de ce parc. Madame de Tarente me dit : Quoi ! Vous savez appeler un chien ? Je veux vous en envoyer un, le plus joli du monde. Je la remerciai, et lui dis la résolution que j'avais prise de ne me plus engager dans cette sottise. Cela se passe, on n'y pense plus ; deux jours après je vois entrer un valet de chambre avec une petite maison de chien, toute pleine de rubans, et sortir de cette jolie maison un petit chien tout parfumé, d'une beauté extraordinaire, des oreilles, des soies, une haleine douce, petit comme sylphide, blondin comme un blondin ; jamais je ne fus plus étonnée, ni plus embarrassée : je voulais le renvoyer, on ne voulut jamais le reporter. La femme de chambre qui l'avait élevé en a pensé mourir de douleur. C'est Marie qu'aime le petit chien ; il couche dans sa maison et dans la chambre de Beaulieu ; il ne mange que du pain ; je ne m'y attache point, mais il commence à m'aimer : je crains de succomber. Voilà l'histoire que je vous prie de ne point mander à Marphise, car je crains ses reproches ; au reste une propreté extraordinaire. Il s'appelle Fidèle.

La marquise de Sévigné ajoute alors perfidement : « C'est un nom que les amants de la princesse de Tarente n'ont jamais mérité de porter ».

Samuel Pepys et Fancy

De 1660 à 1669, période couverte par son journal, la vie quotidienne de Samuel Pepys nous est mieux connue que celle de n'importe lequel de ses contemporains, les rois Charles II et Louis XIV y compris. Samuel Pepys ne se contenta pas de rédiger son célèbre journal. Il exerça la fonction importante de secrétaire de l'amirauté, fut l'ami des principaux savants de son temps et présida la Royal Society. Madame Pepys posséda une chienne appelée Fancy. L'attitude de son mari à l'égard de Fancy évolua avec le temps. Chacun a pu constater autour de lui des comportements similaires.

Le 12 février 1660, peu après l'arrivée de Fancy, Monsieur et Madame Pepys ont, dans le lit conjugal, une dispute acrimonieuse à propos de Fancy. Monsieur Pepys menace de jeter la chienne par la fenêtre si elle continue à p… partout dans la maison. Le 8 avril 1663, Pepys et sa femme pensent avoir perdu Fancy. La plus vive anxiété étreint immédiatement Madame Pepys. Son époux est plus inquiet qu'il ne l'estime approprié. Le 2 janvier 1665, Samuel Pepys éprouve un petit sentiment honteux de jalousie quand Fancy est couverte par un chien. Il est fort attristé lorsqu'elle meurt en 1668.

Pope and Bounce(s)

Le grand poète anglais Alexander Pope (1688-1744) est souvent associé au chien Bounce, un grand danois. Pope éprouvait beaucoup d'affection pour son chien. Il lui servit de garde du corps quand il fut menacé après la publication de la *Dunciad.* On raconte qu'il sauva la vie de son maître quand le valet de Pope et quelques complices essayèrent de le tuer puis de cambrioler sa maison. Bounce fut le héros d'un poème intitulé *Bounce to Pope : An heroic epistle from a dog at Twickenham to a dog at Court.* Dans ce texte satirique, Bounce, le chien de la campagne, est opposé à Fop, le chien courtisan.

Un chien nommé Bounce est mentionné pour la première fois dans une lettre datée de 1716. Bounce est décrit par la sœur de Pope en 1728. En 1736, Bounce eut des petits que le poète distribua à ses amis, dont le prince de Galles. Bounce, que Pope, malade, avait donné au comte de Orrery deux ans plus tôt, mourut en 1744. Pope lui dédia une courte épitaphe, peut-être les derniers vers qu'il ait composés. Les chiens ne vivant pas vingt-huit ans, on peut en déduire que Pope posséda plusieurs chiens appelés Bounce. Comme l'espérance de vie d'un grand danois ne devait pas, au XVIIIe siècle, excéder sept ou huit ans, on peut raisonnablement penser qu'il y eut trois ou quatre Bounce.

2

L'ÈRE DU CHIEN

Jean-Jacques, Turc et Sultan

Le 15 juillet 1761, un deuil tragique accabla le malheureux Jean-Jacques Rousseau, déjà bien affaibli par une maladie insidieuse. La duchesse de Luxembourg, trois jours après, lui exprima ses plus sincères condoléances :

> Je suis arrivée hier au soir [...] ; je partage votre douleur ; j'en suis moi-même au désespoir. Ce pauvre Turc, quel dommage, il y a bien des amis qui ne le valaient pas. J'en fait mon compliment aussi de tout mon cœur à Mlle Le Vasseur[1].

Le maréchal-duc de Luxembourg, la comtesse de Boufflers-Rouverel et le prince de Conti manifestèrent également leur sympathie. La duchesse de Montmorency, qui venait de perdre son mari et son fils âgé de cinq ans, fut touchée par le malheur du grand penseur.

> Je n'ose vous parler de ce pauvre Turc. C'était votre compagnie et votre ami. Un homme aussi supérieur que vous ne se fâche point d'avoir un ami semblable [...]. J'ai été bien fâchée de sa mort et j'ai eu bien du regret de ne pas lui avoir donné à manger davantage à Montmorency[2].

1 Lettre du 20 juillet 1761.
2 Lettre du 25 juillet 1761.

Dans sa réponse à la duchesse de Luxembourg, après avoir évoqué la recherche de ses enfants dont elle s'occupait, Rousseau souligna son chagrin :

> Vous savez mes regrets et vous me les pardonnez ! Je ne me les reproche donc plus, et l'intérêt que vous y prenez me console de ma folie. Mon pauvre Turc n'était qu'un chien, mais il m'aimait ; il était sensible, désintéressé, d'un bon naturel. Hélas ! comme vous le dites, combien d'amis prétendus ne le valaient pas ! Heureux même si je retrouvais ces avantages dans la recherche dont vous voulez bien vous occuper[1].

Ce chien « non beau mais rare en son espèce » avait été acquis par Rousseau en 1756, peu de temps après son installation à l'Ermitage, à la lisière de la forêt de Montmorency. Rousseau, qui l'avait initialement appelé Duc, décida de changer son nom en Turc afin de ne pas déplaire à ses bienfaiteurs de la haute noblesse. Quelques années plus tard, le marquis de Villeroy, neveu du duc de Luxembourg, lui fit regretter ce changement de nom comme il le raconte dans ses *Confessions.*

> Ce chien [...] duquel j'avais fait mon compagnon, mon ami et qui certainement méritait mieux ce titre que la plupart de ceux qui l'ont pris, était devenu célèbre au château de Montmorency par son naturel aimant, sensible et par l'attachement que nous avions l'un pour l'autre ; mais par une pusillanimité fort sotte, j'avais changé son nom en celui de Turc, comme s'il n'y avait pas des multitudes de chiens qui s'appellent Marquis, sans qu'aucun marquis s'en fâche. Le marquis de Villeroy, qui sut ce changement de nom, me poussa tellement là-dessus que je fus obligé de conter en pleine table ce que j'avais fait. Ce qu'il y avait d'offensant pour le nom de duc, dans cette histoire, n'était pas tant de le lui avoir donné que de le lui avoir ôté. Le pis fut qu'il y avait là plusieurs ducs ; M. de Luxembourg l'était, son fils l'était. Le marquis de Villeroy, fait pour le devenir, et qui l'est aujourd'hui, jouit avec une cruelle joie de l'embarras où il m'avait mis et de l'effet qu'avait produit cet embarras[2].

1 Lettre du 20 juillet 1761.
2 *Confessions,* Livre onzième (1760-1762).

Turc fut le compagnon privilégié des grands moments d'euphorie du célèbre penseur. Dans ses *Confessions*, il évoque les temps si heureux passés à Montmorency en 1759 et 1760 dans la propriété du maréchal-duc de Luxembourg :

> Avec quel empressement je courais tous les matins au lever du soleil respirer un air embaumé sur le péristyle ! Quel bon café au lait j'y prenais tête-à-tête avec ma Thérèse ! Ma chatte et mon chien nous faisaient compagnie ! Ce seul cortège m'eût suffi pour toute ma vie, sans éprouver jamais un moment d'ennui. J'étais là dans le Paradis terrestre ; j'y vivais avec autant d'innocence, et j'y goûtais le même bonheur[1].

Tout comme les êtres irremplaçables, Turc fut remplacé par... Sultan, lequel acquit rapidement, comme son maître, une réputation internationale. Dans une de ses lettres, David Hume, le grand philosophe écossais qui organisa le voyage de Rousseau en Angleterre, après avoir évoqué son immense popularité en France, souligne la notoriété de ses fidèles compagnons, Thérèse Le Vasseur et Sultan :

> On parle beaucoup plus de la très casanière et empruntée Le Vasseur que de la princesse de Monaco ou de la comtesse d'Egmont en raison de sa fidélité et de son attachement à son égard. Son chien même, qui n'est pas mieux qu'un coly, a un nom et une réputation mondialement connus[2].

Tout comme Thérèse, son influence sur Rousseau était considérable. Cela se vérifia en janvier 1766 au début de son séjour en Angleterre. Le roi et la reine étant fort curieux de connaître l'illustre Rousseau, David Hume s'était ingénié à organiser une rencontre « fortuite » lors d'une représentation du célèbre acteur Garrick au théâtre Drury Lane de Londres. Madame Garrick avait accepté de céder sa loge, située en face de celle du roi, au penseur genevois. Tout se passa conformément au plan de Hume jusqu'à l'heure du départ pour le théâtre. Hume raconte l'incident dans une lettre adressé à la marquise de Barbentane[3].

---

1 *Confessions*, Livre dixième (1758-1759).
2 Lettre au révérend Hugh Blair, 28 décembre 1765.
3 Lettre du 16 février 1766.

> Au moment de partir, il me dit qu'il avait changé d'avis et qu'il n'irait pas au théâtre. « Qu'est-ce que je ferais de Sultan ? me dit-il. – Vous devez le laisser. – Mais, répliqua-t-il, dès que quelqu'un ouvrira la porte Sultan se précipitera dans les rues à ma recherche et se perdra. – Vous devez alors l'enfermer dans votre chambre et mettre la clef dans votre poche. » C'est ce qu'il fit. Mais tandis que nous descendions l'escalier, le chien se mit à gémir et à faire du bruit ; son maître fit demi-tour disant qu'il n'avait pas le courage de le laisser en cet état ; je le saisis alors dans mes bras et lui dis que madame Garrick avait annulé une invitation antérieure pour mettre sa loge à sa disposition ; que le roi et la reine espéraient bien le voir ; et que sans une meilleure excuse que l'impatience de Sultan il serait ridicule de les décevoir. En partie par ces arguments et en partie par la force, je pus le convaincre de partir. Le roi et la reine eurent davantage les yeux fixés sur lui que sur les acteurs.

Ce que Rousseau craignait se produisit quelques jours plus tard. Sultan se perdit. Par chance Hume le retrouva peu après. Le public, à qui la bonne nouvelle fut immédiatement communiquée, fut très soulagé. Quelques années plus tard, en 1769, lors d'un voyage, Sultan après s'être querellé avec un chien, disparut. Rousseau eut la plaisante surprise de le retrouver chez lui en compagnie de Thérèse. Sultan avait, de lui-même, traversé le Rhône et parcourut douze grandes lieux.

Byron et Boatswain

Lord Byron (1788-1824), le grand poète et aventurier romantique, connut de nombreuses amours malheureuses. Celle du terre-neuve Boatswain fut l'une d'elles. Boatswain, né en mai 1803, finit par s'imposer, non sans mal, comme le chien favori du poète excentrique. Le bouledogue Nelson, avec qui Byron aimait beaucoup jouer, fut un rival formidable. Les combats entre Nelson et Boatswain transformaient la chambre de Byron en un champ de bataille. Il fallut toute la force et l'autorité du poète, de son ami Pigot et de son domestique Frank pour empêcher les lutteurs de s'entre-tuer. Un jour, Nelson, s'étant infiltré dans l'écurie, planta ses crocs dans la gorge d'un cheval. L'amitié de Byron pour Nelson ne fut pas suffisante pour le sauver. Frank l'exécuta à la grande satisfaction de Boatswain. Mais ce plaisir ne dura guère. Byron s'amouracha rapidement du petit bouledogue Savage acquis pour remplacer Nelson :

> Savage devrait être immortel bien que n'étant pas un bouledogue de pure race. Il est le plus joli « puppy » que j'ai jamais vu [...] Il a déjà mordu mes doigts et troublé le comportement solennel du vieux Boatswain qui est déjà sérieusement décomposé[1].

Heureusement pour Boatswain, Savage mourut peu après son arrivée. Boatswain put alors bénéficier de toute l'affection de Byron. Les deux amis connurent quelques mois de bonheur intense à Newstead, la propriété de Byron qui contenait les ruines d'une prestigieuse abbaye. Byron avait l'habitude de plonger dans le lac ou dans une sorte de piscine qu'il avait fait construire dans les caves de l'abbaye. Il feignait de s'y noyer. Boastwain sautait alors à l'eau afin de le sauver. Le bonheur ne dura hélas que peu de temps. Boatswain attrapa la rage. Son maître fit tout ce qu'il put pour le soigner. Ignorant la nature de la maladie de son chien, il essuyait de sa main nue la bave qui s'écoulait de sa gueule. Boatswain s'éteignit le 10 novembre 1808 :

> Boatswain est mort ! Il a expiré en état de folie le 10 après avoir beaucoup souffert. Il a néanmoins conservé jusqu'au bout sa douceur naturelle, n'essayant jamais de blesser ceux qui l'entouraient. J'ai tout perdu sauf le vieux Murray [serviteur de Byron][2].

On enterra Boatswain dans un caveau que son maître fit construire au milieu des ruines de l'abbaye, sur l'emplacement de l'autel. Byron fit graver sur la tombe l'inscription suivante :

Près de cet endroit
Reposent les restes d'un être
Qui posséda la beauté sans la vanité,
La force sans l'insolence,
Le courage sans la férocité,
Et toutes les vertus de l'homme sans ses vices.
Cet éloge, qui serait une absurde flatterie

1 Lettre à Elizabeth Bridget Pigot, 11 juin 1807.
2 Lettre à Francis Hodgson, 18 novembre 1808.

S'il était inscrit au-dessus de cendres humaines,
N'est qu'un juste tribut à la mémoire de
BOATSWAIN, un chien,
Né à Terre-Neuve en mai 1803,
Et mort à Newstead Abbey, le 18 novembre 1808[1].

Une épitaphe, plus longue, fut également gravée sur le monument funéraire. Byron exprima le désir d'être enterré dans le même caveau que Boastwain. Cette volonté fut incluse dans ses testaments de 1809 et 1811 :

> Le corps de Lord Byron doit être enterré dans le caveau du jardin de Newstead [...] Son chien ne doit pas être retiré de ce même caveau.

En novembre 1817, le poète fut malheureusement obligé de vendre Newstead, abandonnant les restes de Boatswain au bon vouloir du nouveau propriétaire, le colonel Wildman. Le tombeau existe encore de nos jours.

Walter Scott

Dans les nombreux tableaux qui le représentent, Walter Scott (1771-1832), le père d'Ivanhoë, apparaît le plus souvent en compagnie d'un chien. Le barde écossais ne se faisait pas peindre avec des chiens par esthétisme ou convention. Il éprouvait une profonde affection pour ces animaux qui faisaient partie de sa famille. Son journal et sa correspondance regorgent d'allusions à ses chiens, que ce soit à l'occasion de leur naissance, leurs maladies, leurs amours, leurs exploits, leurs méfaits ou leur mort. On trouve en abondance des observations du type :

> – Les chiens et les chats se portent à merveille.
> – Spice a été souffrant ces derniers jours.
> – J'ai ajouté un membre des plus romantiques à ma famille.
> – Ginger, dans ma chambre, a accouché de quatre chiots – La mère et les enfants se portent bien.

1 André Maurois, *Don Juan ou la vie de Byron*, Paris, Grasset, 1952, p.79-80.

Une des préoccupations majeures de Scott, quand, en 1825, il devint ruiné, fut l'avenir de ses chiens. Il appréciait tout particulièrement l'intelligence, la dévotion et la fidélité à toute épreuve de ces animaux :

> Le Seigneur tout-puissant, qui a fait du chien le compagnon de nos plaisirs comme de nos peines, l'a gratifié d'un caractère noble et incapable de tromperie. Il n'oublie ni ses amis ni ses ennemis, se souvient parfaitement des bienfaits comme des affronts. Il partage l'intelligence de l'homme mais non sa duplicité. Vous pouvez acheter un assassin pour tuer un ennemi ou quelqu'un pour le faire condamner à mort par son faux témoignage, mais nous ne pourrez pas obtenir d'un chien qu'il se retourne contre son maître. Il est l'ami de l'homme sauf quand ce dernier mérite son hostilité.

Le bull terrier Camp, surnommé parfois Kiki, Black Child ou Black Gentleman, fut longtemps le chien favori de Scott et de sa famille. Il avait rejoint le ménage Scott vers l'année 1800, quelques années après leur mariage. Camp était un chien beau et puissant dont Scott appréciait tout particulièrement l'intelligence, la fidélité et le caractère joyeux. Il estimait que Camp comprenait tout. Si un serviteur disait à Camp : « Va chercher ton maître qui rentre par la colline », le chien se précipitait dans la direction indiquée. Si le message était : « Ton maître arrive par le gué », il courait vers la rivière.

Camp a eu une vie sentimentale pleine d'imprévus dont la correspondance de son propriétaire donne un aperçu :

> Camp a été, de façon régulière, marié à une belle dame du voisinage ; mais malgré la politique italienne d'enfermer cette dame dans une étable, on la suspecte de quelque irrégularité ; toutefois nous suspendons notre jugement, comme Othello aurait dû raisonnablement le faire, jusqu'à ce que nous puissions voir le fruit de cette union[1].

> Une voisine pénétra un jour dans notre propriété, remorquant une espèce de bouledogue monstrueux dénommé emphatiquement Cerberus. Elle venait de la part de son frère pour nous demander de recueillir ce chien puisque nous étions si désireux d'avoir un fils de Camp. À peine détaché (un plaisir dont il avait, je suspecte, rarement

1 Lettre à George Ellis, 14 septembre 1803.

> joui) il engagea avec son père putatif une joute qui aurait pu être célébrée par l'auteur du « combat contre nature ». Cette lutte aurait pu tourner en un combat « à l'outrance » si je n'étais pas intervenu avec un fouet au lieu d'un bâton en tant que « juge de camp ». Les chances, en effet, évoluaient largement en défaveur du chevalier étranger avec l'arrivée de deux féroces lévriers [Fillan et Ryno] qui, contrairement à la loi des armes, l'avaient violemment assailli[1].

Ce dernier incident manifeste le seul défaut que Scott reprochait à Camp, une férocité excessive envers ceux de sa propre espèce. Camp s'éteignit, vieux et malade, le 3 mars 1809 :

> J'ai la grande tristesse de vous annoncer que nous avons perdu notre vieil ami Camp. La semaine dernière, après une brève maladie, il termina son existence « passée à mon service mourant à mes pieds ». J'étais plus peiné que la philosophie ne l'admet ; il a créé une sorte de vide que rien ne remplira pendant longtemps[2].

John Gibson Lockhart, le gendre de Scott, décrit les émouvantes funérailles :

> Il fut enterré par une belle nuit de clair de lune dans le jardinet derrière la maison de Castle Street, juste en face de la fenêtre près de laquelle Scott s'asseyait pour écrire. Ma femme m'a dit qu'elle se souvenait parfaitement de la famille entière, en pleurs, debout près de la tombe tandis que son père réarrangeait lui-même le gazon au-dessus de Camp avec l'expression la plus triste qu'elle eût jamais vue sur son visage. Invité à dîner dehors, il s'était fait excuser en invoquant la mort d'un ami très cher. Mr. MacDonald Buchanan ne fut pas du tout surpris de son attitude quand le lendemain il prit connaissance de la mort de Camp[3].

Camp peut être admiré dans deux portraits de Scott par Raeburn. Il fut rapidement remplacé par un petit terrier nommé Wallace en l'honneur du héros écossais. Trois ans plus tard, Percy, l'un des deux lévriers de Scott, rendit l'âme. Il fut enterré dans la propriété d'Abbotsford récemment acquise. Scott fit poser une vieille pierre au-

1 Lettre à George Ellis, 14 octobre 1803.
2 Lettre à Richard Heber, 10 mars 1809.
3 *Life of Sir Walter Scott*, Londres, 1900, volume 2, p. 80.

dessus de la tombe avec l'inscription suivante : « Cy gist li preux Percie », espérant que, dans le futur, les historiens se demandent de quel héros de la maison de Northumberland il s'agissait. Un an plus tard, en octobre 1812, le destin frappait de nouveau en emportant le jeune Wallace.

En mars 1816, Scott fit l'acquisition de Maida, le plus fameux de ses chiens. Il le décrit comme un croisement entre le loup et le lévrier écossais, long d'environ six pieds du bout du museau jusqu'à la queue avec une hauteur et une force en proportion. Maida pouvait manger à table sans mettre ses pattes sur la nappe. Il était très doux et populaire avec les enfants. Il devint rapidement le favori de Scott qu'il suivait partout. Cette force de la nature, aussi large qu'un poney Shetland, était cependant terrifiée par Hinze, le chat préféré de la maison :

> Puss [surnom de Hinze] le contrôle complètement, insiste sur tous ses droits de préséance, et griffe avec impunité la truffe d'un animal qui réduirait un loup en poudre et clouerait un cerf au sol sans la moindre difficulté. J'ai entendu mon ami émettre quelques hurlements pitoyables – et je vous assure qu'il ne s'agissait pas d'une plaisanterie – le tout causé par sa peur de passer à côté de Puss assise sur les marches de l'escalier.

Maida était admiré comme le plus beau chien du pays. Les artistes se pressaient pour en faire le portrait, seul ou en compagnie de son maître. La star finit par se lasser :

> Le pauvre Maida, pendant quelque temps, servit de modèle avec beaucoup de calme. Il se soumettait aux exigences des artistes en adoptant les poses qu'ils souhaitaient. Mais à la longue, perdant patience, il finit par montrer les plus indiscutables signes de déplaisir dès qu'il voyait des crayons ou une palette, et s'il n'était pas à ce moment-là sous le contrôle d'une autorité qu'il n'osait pas mettre en question, il se levait et allait se réfugier dans l'étable[1].

La famille Scott incluait, du temps de Maida, d'autres chiens distingués : un petit lévrier appelé Hamlet en raison de son pelage très noir, l'épagneul Finette, le dandie dinmont terrier Spice, et

1 Lettre à Sir Robert Peel, 12 juillet 1824.

Urisk, le Highland terrier de Lady Scott. Une autre chienne dandie dinmont terrier dénommée Ginger s'ajouta à la troupe. Cette dernière mit totalement sous sa coupe la pauvre Urisk, dont le mode de vie luxueux et efféminé avait domestiqué le caractère fier et sauvage.

Maida rendit son dernier soupir en octobre 1824 :

> Le vieux Maida est mort tranquillement sur sa paille la semaine dernière après un bon dîner. Ce qui, compte tenu de son affaiblissement physique, fut plutôt un soulagement. Il est enterré sous un monument sur lequel l'épitaphe suivante a été gravée :
> *Maidae marmorea dormis sub imagine Maida*
> *Ad januam domini sit tibi terra levis*[1].

L'épitaphe peut se traduire ainsi : « Sous la forme sculptée que jadis tu portais, dors en paix, Maida, à la porte de ton maître. »

Les morts rapprochées de ses chiens et les chagrins occasionnés suscitèrent chez Scott quelques réflexions sur la durée de vie de ces animaux :

> Je me suis souvent demandé pour quelle raison les chiens avaient des vies si courtes. Je suis convaincu que c'est par compassion pour le genre humain ; car, si nous souffrons autant après avoir connu un chien pendant dix ou douze ans, qu'en serait-il si ces animaux vivaient deux fois plus longtemps ?

Sir Walter remplaça Maida par le puissant Nimrod, un lévrier écossais. Le premier exploit majeur du nouveau venu fut le meurtre d'Hinze :

> Hélas mon pauvre chat Hinze, ma relation et en quelque sorte mon ami de quinze ans, a été croqué d'un coup de mâchoire par Nimrod. Que pourrais-je lui dire si ce n'est ce que Brantôme lança à un « fouiller » qui avait eu trop de réussite dans un duel : « Ah mon grand ami vous avez tué mon autre grand ami. » Il est parfois bon d'avoir lu des livres insolites, ils vous fournissent toujours des situations similaires à celles qui vous affligent[1].

1 Lettre à Charles Scott, 22 octobre 1824.
2 Lettre à John Richardson, 6 décembre 1828.

Il s'avéra que ce fut Hinze qui avait provoqué l'énorme Nimrod. Un rival bien plus redoutable fut introduit au début de l'année 1830 en la personne de Bran, un autre lévrier écossais. Nimrod tenta immédiatement de lui faire reconnaître sa supériorité physique. Bran, plus jeune, résista aux assauts du tueur de Hinze. La médiation du fouet de Scott permit une réconciliation provisoire des combattants. Un nouveau duel, plus féroce encore, opposa les deux titans quelques mois plus tard. Cette fois le vétéran dut s'incliner. Seule l'intervention musclée de quelques spectateurs lui évita une fin tragique.

Le romancier le plus célèbre de son temps rendit l'âme le 21 septembre 1832. Ses chiens n'ont hélas laissé aucun témoignage sur l'étendue de leur chagrin. On peut penser que l'espérance de vie moyenne de l'homme a été établie à un niveau suffisamment élevé pour que les chiens éprouvent rarement la douleur de voir disparaître leur maître.

Le poète et ses chiens

Alphonse de Lamartine (1790-1869), dans *Jocelyn*, a écrit quelques-uns des plus beaux vers de la langue française consacrés aux chiens. Dans la grotte des Aigles, Jocelyn, alors qu'il songe à Laurence, se rappelle le lévrier de son enfance :

Une levrette blanche, au museau de gazelle,
Au poil ondé de soie, au cou de tourterelle,
À l'œil profond et doux comme un regard humain :
Elle n'avait jamais mangé que dans ma main,
Répondu qu'à ma voix, couru que sur ma trace,
Dormi que sur mes pieds, ni flairé que ma place.
[...]
Le fidèle animal à mon bruit s'élançait,
Se jetait sur mes pieds comme sur une proie,
M'enfermait en courant dans des cercles de joie,
Me suivait dans la chambre au pied de mon fauteuil,
Paraissant endormi, me surveillait de l'œil.
Là, le son de ma voix, la plainte inachevée,
Ma respiration plus ou moins élevée,
Le moindre mouvement du pied sur le tapis,
Le clignement des yeux sur le livre assoupis,

Le froissement léger du doigt entre la page,
Une ombre, un vague éclair passant sur mon visage,
Semblaient dans son sommeil passer et rejaillir,
D'un contre-coup soudain la faisaient tressaillir :
Ma joie ou ma tristesse, en son œil retracée,
N'était qu'un seul rayon d'une double pensée.
Elle mourut, encor son bel œil sur le mien.
Que de pleurs je versai ! Je l'aimais tant ! Eh bien [...][1]

Des années plus tard, après la séparation avec Laurence, la plus grande joie de Jocelyn, quand il retourna à Valneige, fut de retrouver son chien Fido :

O mon chien ! Dieu seul sait la distance entre nous ;
Seul il sait quel degré de l'échelle de l'être
Sépare ton instinct de l'âme de ton maître ;
Mais seul il sait aussi par quel secret rapport
Tu vis de son regard et tu meurs de sa mort,
Et par quelle pitié pour nos cœurs il te donne,
Pour aimer encor ceux que n'aime plus personne.
Aussi, pauvre animal, quoique à terre couché,
Jamais d'un sot dédain mon pied ne t'a touché ;
Jamais, d'un mot brutal contristant ta tendresse,
Mon cœur n'a repoussé ta touchante caresse.
Mais toujours, ah !, toujours en toi j'ai respecté
De ton maître et du mien l'ineffable bonté,
Comme on doit respecter sa moindre créature,
Frère à quelque degré qu'ait voulu la nature.
Ah ! mon pauvre Fido, quand tes yeux sur les miens,
Le silence comprend nos muets entretiens ;
Quand, au bord de mon lit épiant si je veille,
Un seul souffle inégal de mon sein te réveille ;
Que, lisant ma tristesse en mes yeux obscurcis,
Dans les plis de mon front tu cherches mes soucis,
Et que, pour la distraire attirant ma pensée,
Tu mords plus tendrement ma main vers toi baissée ;
Que, comme un clair miroir, ma joie ou mon chagrin
Rend ton œil fraternel inquiet ou serein,

1 *Jocelyn*, troisième époque, La Grotte aux Aigles (janvier 1794).

> Que l'âme en toi se lève avec tant d'évidence,
> Et que l'amour dépasse encor l'intelligence ;
> Non, tu n'es pas du cœur la vaine illusion,
> Du sentiment humain une dérision,
> Un corps organisé qu'anime une caresse,
> Automate trompeur de vie et de tendresse !
> Non ! quand ce sentiment s'éteindra dans tes yeux,
> Il se ranimera dans je ne sais quels cieux.
> De ce qui s'aima tant la tendre sympathie,
> Homme ou plante, jamais ne meurt anéantie ;
> Dieu la brise un instant, mais pour la réunir ;
> Son sein est assez grand pour nous tous contenir[1] !

Le lecteur de ces poèmes ne sera guère surpris d'apprendre que Lamartine avait une passion pour la race canine. Comme l'écrit un de ses biographes « peu d'hommes ont autant aimé les chiens que lui ou les ont mieux compris ». En 1815, lors de son bref exil en Suisse, Lamartine connut Zerbois qui le marqua profondément comme il le raconta beaucoup plus tard dans ses *Mémoires inédits* (Paris, 1909, pp. 286-295) :

> Je continuai à vivre seul dans ma maisonnette vide, avec les animaux muets, mes compagnons. Ah ! que j'aurais été heureux si la Providence m'eût accordé un chien ! Il m'en vint un d'un château voisin de Narnier, qui s'attacha à moi, parce que je le caressais chez la batelière et qu'il me vit seul dans ma masure. Partout où il y a un malheureux, Dieu envoie un chien. Je l'ai éprouvé vingt fois depuis. L'homme ne le voit pas toujours [...] Depuis que ce chien m'eut adopté, ma solitude cessa. Il ne me quittait plus ; nous nous aimions, nous nous promenions, nous dormions ensemble. Il m'avait deviné comme je l'avais compris. J'avais un ami et une amie chez le batelier ; l'amie c'était sa fille.

Avec le chien et la fille du batelier, Lamartine passa à Narnier les semaines les plus belles de sa vie. Mais les meilleures choses ont toujours une fin, parfois même une fin tragique :

> Comme je devais aller à Chambéry par Genève, le batelier et sa fille vinrent me dire adieu. Le père devait rétablir le foin dans ma chambrée, pendant que sa fille, pour abréger mon chemin par terre, me conduirait sur le lac jusqu'au cap de Bellegarde où je la

1 *Jocelyn*, neuvième époque, Valneige (12 octobre 1800).

> laisserais. Je m'embarquai donc vers les sept heures du matin et nous lançâmes l'esquif en pleine eau. Mais à peine avions-nous fait trois cents toises qu'en jetant mon regard du côté de ma maison isolée, je crus apercevoir quelque chose de noirâtre qui nageait avec effort dans notre sillage. Je reconnus mon chien Zerbois, ce fidèle ami qui, après notre départ du rivage, croyant que nous allions revenir, avait vu que nous doublions le cap à gauche et n'avait pu résister au besoin de suivre son maître à la côte opposée. Il avait mal calculé ses forces, sa respiration bruyante nous arrivait de lame en lame par sanglots. Nous suspendîmes à l'instant nos rames, et, retournant la proue vers Narnier, nous nous efforçâmes de nous rapprocher de lui ; mais il était trop tard, et quand nous lui tendîmes le manche de la rame, il ne put le prendre et se noya, épuisé d'efforts. Nous ne jetâmes au fond de la barque qu'un cadavre inanimé dont les yeux nous regardaient encore.
>
> La fille du batelier pleura à sanglots ce fidèle ami mort de tendresse. Elle me promit de l'ensevelir sous la porte de la maison des douaniers à son retour.

Une fois établi, Lamartine vécut le plus souvent en compagnie d'une demi-douzaine de lévriers le suivant comme son ombre. Nous devons à J.-M. Dargaud, son ami le plus intime, une description saisissante du bel Alphonse lorsqu'il le vit pour la première fois, le 10 septembre 1831 :

> Nous nous étions à peine rejoints sous le porche que nous aperçûmes M. de Lamartine. Après avoir franchi la barrière, légèrement courbé sur sa jument blanche, il venait au petit galop, suivi d'un groom sur un cheval blanc et précédé de six levrettes, blanches aussi, qui caracolaient, Fido en avant, avec un superbe chien de Terre-Neuve mêlé à cet escadron rapide. Ce fut comme une apparition des contes persans et c'était une réalité[1].

Les lévriers dormaient avec Lamartine, se promenaient avec lui, sautaient sur ses genoux, sûrs d'être caressés. Ils étaient ses compagnons de table favoris. Le poète, n'aimant pas la viande, la laissait à ses chiens. Ces derniers avaient un don particulier pour gratter à sa porte quand il chassait l'inspiration. Mais ne pouvant rien leur refuser, il les

1 Jean Des Cognets, *La Vie intérieure de Lamartine*. Paris, 1913, p. 181.

laissait toujours entrer. Fido fut sans conteste le chien préféré de Lamartine comme il le confia à Dargaud :

> De tous mes chiens, celui que j'ai le plus aimé et dont la mort m'a le plus affligé, c'est Fido. Cette mort m'a arraché un morceau du cœur[1].

Fido mourut en avril 1851 après une lente agonie, comme le raconte Charles Alexandre, un temps secrétaire particulier de Lamartine :

> Lamartine est triste, son meilleur ami est mort, Fido, son chien bien-aimé. C'était un fils du chien de Jocelyn. Ce charmant lévrier, de fine race, à l'exquise élégance, était l'ami intime du poète, le compagnon fidèle...
> Pendant la maladie de Fido, il l'a recueilli sur son lit. Il versait lui-même le lait à sa gorge malade, donnait les remèdes, hélas ! impuissants, charmait ses douleurs sous ses caresses. Fido fixait sur lui ses beaux yeux souffrants, et le maître se détournait, à tout moment, pour arrêter sur Fido ses regards tristes. Sa bonté adoucissait l'agonie du pauvre chien mourant. Il y avait entre eux un courant de tendresse mystérieuse. Ischia se dressait inquiète, debout contre le lit, et flairait son cher Fido. Les bêtes ont l'instinct de la mort, et s'émeuvent comme nous du mal de ceux qu'elles aiment. Le poète veillait le chien mourant, l'humble créature, comme Michel-Ange son serviteur Urbin[2].

Il reste une petite énigme concernant Fido. Dargaud mentionne Fido lors de sa première rencontre avec Lamartine en septembre 1831. Charles Alexandre situe la mort de Fido en avril 1851. Donc soit Fido a vécu plus de vingt ans, ce qui n'est pas impossible, soit Dargaud ou Alexandre a la mémoire qui flanche, soit il y eut deux chiens nommés Fido.

La ménagerie de Monte-Cristo

Alexandre Dumas (1802-1870), qui adorait les animaux, leur a consacré un livre, *Histoire de mes bêtes*. Cet ouvrage, qui n'est sans

1 *Ibid.*, p. 208
2 Charles Alexandre, *Souvenirs sur Lamartine*, Paris, 1884, p. 265-266.

doute pas le chef-d'œuvre de Dumas, a le mérite de bien montrer la sympathie et la compréhension qu'il manifestait pour les animaux. Dumas a souvent vécu au milieu d'une véritable ménagerie. Il a possédé des chats (Mysouff I et II, Hippolyte et Anatole), des singes (le Dernier des Laidmanoir, Potish, Mlle Desgarcins), des chevaux, un faisan doré (Lucullus), un héron (Charles Quint), des coqs (César et Malbrouck), un vautour (Jugurtha appelé plus tard Diogène), un perroquet vert et jaune (Papa Évrard), et beaucoup d'autres oiseaux... et, bien sûr, de nombreux chiens.

Pyrame, un grand chien marron, apparaît sur la scène vers 1820. Il avait été donné à Dumas en même temps qu'un renard appelé Cartouche par allusion à ses instincts de vol. Cartouche et Pyrame, initialement amis, devinrent rapidement des rivaux dans la conquête du butin. Dumas fut à même de comparer les mérites intellectuels respectifs du chien et du renard.

> À propos de cette captivité, je fus à même d'apprécier la supériorité de l'intelligence du renard sur celle du chien. Tous deux étaient gourmands à la troisième puissance, avec cette différence que Pyrame était plus glouton, et Cartouche plus friand.
>
> Quand chacun d'eux tendait sa chaîne dans toute sa longueur, il pouvait atteindre à la distance de quatre pieds, à peu près, de l'ouverture de leur niche. Mettez dix pouces pour la longueur de la tête de Pyrame, quatre pouces pour le museau pointu de Cartouche, et vous aurez ce résultat qu'en tendant sa chaîne, Pyrame pouvait atteindre un os à quatre pieds six pouces de sa niche, et Cartouche exécuter la même opération à quatre pieds quatre pouces de la sienne.
>
> Eh bien, si je mettais cet os à six pieds, c'est-à-dire hors de la portée de l'un et de l'autre, Pyrame se contentait de tendre sa chaîne de toute la force de ses robustes épaules ; mais, ne pouvant la rompre, il demeurait les yeux sanglants et fixes, la gueule ouverte et baveuse, essayant de temps en temps, par des cris plaintifs, de conjurer la distance, ou, par des secousses désespérées, de briser sa chaîne.
>
> Si on ne lui eût pas ôté l'os, ou si on ne le lui eût pas donné, il fut devenu hydrophobe ; mais il n'eût jamais, par un moyen ingénieux, amené à lui cette proie qu'il ne pouvait atteindre.
>
> Quant à Cartouche, c'était autre chose. Les premiers essais étaient les mêmes, et par conséquent aussi infructueux que ceux de Pyrame. Mais ensuite il réfléchissait, passait une de ses pattes sur son museau puis, tout à coup, comme illuminé par une idée subite, il se

> retournait, ajoutant la longueur de son corps à la longueur de sa chaîne, attirait l'os dans le cercle de sa royauté, à l'aide d'une de ses pattes de derrière, se retournait, prenait l'os, et rentrait dans sa cabane, d'où il ne le rejetait que net et poli comme de l'ivoire.
> Pyrame vit dix fois Cartouche opérer cette manœuvre ; Pyrame poussait des rugissements de jalousie en écoutant les dents de son camarade crier sur l'os que celui-ci était en train de ronger ; mais jamais, je le répète, Pyrame n'eut l'intelligence d'en faire autant que lui, et de se servir de sa patte de derrière, comme d'un croc, pour attirer la pâture placée hors de sa portée.
> Dans mille autres cas, l'intelligence de Cartouche était supérieure, comme dans celui-ci à l'intelligence de Pyrame, quoique son éducabilité demeurât toujours inférieure. Mais on sait une chose, c'est que, chez les animaux, comme chez les hommes, l'éducabilité, non seulement n'est pas toujours, mais même n'est presque jamais en harmonie avec l'intelligence[1].

La rivalité entre Cartouche et Pyrame se termina néanmoins à l'avantage de ce dernier. Cartouche, ayant rompu sa chaîne, tua dix-sept poules et deux coqs dans la cour du voisin Mauprivez. Son crime ne resta pas impuni : « Dix-neuf fois homicide ! il fut impossible de faire valoir en sa faveur des circonstances atténuantes : il fut condamné à mort, et exécuté. »

Pyrame s'est surtout distingué par une gourmandise incontrôlable qui donna lieu à quelques mésaventures gastronomiques.

Des crocs de fer desquels pendaient des morceaux de viande ornaient la devanture de l'étal du boucher Mauprivez. Cherchant à attraper un mou de veau, Pyrame fut pris comme un poisson à un hameçon. Dumas eut grand peine à l'extirper du crochet. Un peu plus tard, il revint chez lui le derrière criblé de plombs, un garde l'ayant surpris en compagnie d'un chevreuil à moitié dévoré. Huit jours après, Pyrame rentra à la maison, un couteau de boucherie enfoncé dans la cuisse et un morceau de mou de veau à la bouche. Le boucher Mauprivez put récupérer son couteau, mais non le mou de veau déjà mangé. Dumas, devant l'hostilité générale suscitée par Pyrame, chercha un moyen de s'en débarrasser. En 1823, un Anglais, sans doute amateur de chiens troués, accepta de lui acheter Pyrame 5 napoléons, lui permettant de payer son tailleur Bamps.

1. A. Dumas, *Mémoires*, Paris, Bouquins/Robert Laffont, tome I, pp. 485-486.

Quelques années après la vente de Pyrame, Dumas fit l'acquisition du pointer Pritchard qui bénéficia du titre de chien favori. Pritchard était un « chien avec des oreilles presque droites, des yeux de couleur moutarde, à longs poils gris et blancs, portant un magnifique plumet à la queue ». À part ce plumet, ajoute Dumas, « c'était un assez laid animal ». Le pointer était souvent qualifié de brigand ou de gredin par son maître. Tout comme Pyrame, Pritchard n'avait pas un sens élevé de la propriété des autres. Et sa gourmandise était incontrôlable. D'où bien sûr un grand nombre de méfaits, se soldant parfois par du plomb dans l'arrière-train ou des inconvénients similaires, qu'il serait fastidieux de raconter en détail. Pritchard en revanche avait un sens de l'hospitalité très développé. Dumas nous raconte comment Pritchard ramenait de nouveaux pensionnaires dans son château de Monte-Cristo où il habita de 1847 à 1851 :

> Il s'asseyait au beau milieu de la route de Marly, allait à tout chien qui passait, avec ce grognement moitié menaçant, moitié amical, qui constitue la manière de s'aborder des chiens, souhaitait le bonjour au nouveau venu en lui flairant sous la queue, et se prêtait sans répugnance aucune à la même cérémonie.
> Puis, quand la sympathie s'était développée à l'aide de ces attouchements, la conversation s'engageait à peu près en ces termes :
> – As-tu un bon maître ? demandait le chien étranger.
> – Pas mauvais, répondait Pritchard.
> – Est-on bien nourri chez ton maître ?
> – Mais, on a la pâtée deux fois par jour, des os au déjeuner et au dîner, et, pendant le reste de la journée, ce qu'on peut voler à la cuisine.
> Le chien étranger se léchait les babines.
> – Peste ! disait-il, tu n'es pas malheureux !
> – Je ne me plains pas, répondait Pritchard.
> Puis, voyant que le chien étranger devenait pensif :
> – Te plairait-il, lui disait Pritchard, de dîner avec moi ?
> Les chiens n'ont pas, dans ce cas, la sotte habitude qu'on les hommes, de se faire prier.
> Le convié acceptait avec reconnaissance, et, à l'heure du dîner, j'étais fort étonné de voir entrer, à la suite de Pritchard, un animal que je ne connaissais pas, qui s'asseyait à ma droite, si Pritchard s'asseyait à ma gauche, et qui allongeait sur mon genou une patte solliciteuse, de manière à me prouver que les meilleurs rapports lui avaient été faits sur ma charité chrétienne.

> Invité sans doute par Pritchard à passer la soirée avec lui, comme il y avait passé la journée, le chien restait, trouvait le soir qu'il était trop tard pour retourner chez lui, se couchait à un endroit ou à un autre sur le gazon, et passait là sa grasse nuit.
> Le matin, au moment de s'en aller, le chien faisait trois ou quatre pas vers la porte, se ravisait, disait à Pritchard :
> – Est-ce que ce serait bien indiscret si je restais dans la maison ?
> Pritchard répondait :
> – Avec certains ménagements, tu pourras parfaitement faire croire que tu es le chien du voisin ; au bout de deux ou trois jours, on ne fera plus attention à toi, et tu seras de la maison, ni plus ni moins que ces fainéants de singes qui ne font rien de la journée, que ce gourmand de vautour qui ne fait que manger des tripes, et que ce piaulard d'ara qui crie toute la journée sans savoir ce qu'il dit.
> Le chien restait, se dissimulait le premier jour, me faisait la révérence le second, sautait après moi le troisième, et il y avait un hôte de plus dans la maison[1].

Monte-Cristo compta jusqu'à 14 résidents canins, permanents ou temporaires. Après Pritchard, le plus notoire fut sans doute Mouton qui intégra la ménagerie Dumas avant l'acquisition de Monte-Cristo. Il servit de modèle au chien Allan dans *Le Bâtard de Mauléon.*

> Derrière eux s'élança un chien bondissant. C'était un de ces vigoureux mais sveltes chiens de la Sierra, à la tête pointue comme celle d'un ours, à l'œil étincelant comme celui du lynx, aux jambes nerveuses comme celles du daim. Tout son corps était couvert de soies fines et longues qui faisaient chatoyer au soleil leurs reflets d'argent[2].

Mouton était un animal particulièrement querelleur. Il se bagarra souvent avec Pritchard. Mais il est plus connu pour son combat féroce avec Alexandre Dumas. Alors que ce dernier travaillait au *Bâtard de Mauléon*, plus particulièrement l'épisode du combat d'un chien contre un Maure, Mouton s'acharnait à déterrer un dahlia du jardinier Michel. Dumas attendit de terminer son épisode pour lui régler son compte :

---

1 *Histoire de mes bêtes*, Paris, 1878, pp. 268-270.
2 *Ibid.*, p. 73.

Et je sortis, en effet, sans rien dire à personne, m'avançant tout doucement vers Mouton, et m'apprêtant à lui donner le plus rude coup de pied que je pourrais lui allonger avec un escarpin dans la partie qu'il me présentait. Or, la partie qu'il me présentait, c'était la partie postérieure. Je visai du mieux que je pus, et lui allongeai le coup de pied promis. Pour avoir porté un peu bas, le coup de pied, à ce qu'il paraît, n'en avait pas été moins douloureux. Mouton fit entendre un grognement sourd, pivota sur lui-même en me regardant avec des yeux sanglants, fit deux ou trois pas en arrière et s'élança à ma gorge. Par bonheur, j'avais compris ce qui allait se passer, et j'avais eu le temps de me mettre en défense ; c'est-à-dire qu'au moment où il s'élançait sur moi, j'étendais les deux mains vers lui.

Une de mes mains, la droite, se trouva dans sa gueule ; l'autre, la gauche, rencontra son cou.

Alors, j'éprouvai une douleur que je ne saurais comparer qu'à celle que cause une dent qu'on vous arrache ; seulement, la douleur d'une dent arrachée dure une seconde : la douleur que j'éprouvais dura cinq minutes.

C'était Mouton qui me broyait la main.

Pendant ce temps, je lui serrais le cou.

J'avais parfaitement compris une chose : c'est que, le tenant au pharynx, ma seule chance de salut était de serrer toujours et de plus en plus, jusqu'à ce que la respiration lui manquât.

C'est ce que je faisais.

Par bonheur, j'ai la main petite mais solide ; ce qu'elle tient, à part l'argent, elle le tient bien.

Elle tint et serra si bien le cou de Mouton, que celui-ci commença de râler. C'était un encouragement, je serrai plus fort ; Mouton râla plus haut. Enfin, réunissant toutes mes forces pour une pression suprême, j'eus la satisfaction de sentir que les dents de Mouton commençaient à se desserrer ; une seconde après, sa gueule s'ouvrit, ses yeux roulèrent dans leur orbite, il tomba terrassé sans que je lui lâchasse le cou ; seulement; j'avais la main droite mutilée.

Je lui mis le genou sur la tête et j'appelai Alexandre.

Alexandre accourut.

J'étais ruisselant de sang.

Outre ma main mâchurée, l'animal m'avait, d'un coup de griffe, déchiré la poitrine, et le sang coulait par les déchirures[1].

1 *Ibid*, pp. 193-194.

Parmi les chiens notables de Monte-Cristo, mentionnons Portugo, un basset « à jambes torses, court, trapu, marchant sur le ventre, et qui, de son plus grand train, eût bien fait une lieue en une heure et demie, mais, comme disait Michel, la plus belle gorge du département de Seine-et-Oise[1]. » Portugo avait une somptueuse voix de basse qui, la nuit, se faisait entendre dans les environs ; c'était une voix « à réjouir saint Hubert dans son tombeau ».

Et n'oublions pas l'épagneul Caro, le faux épagneul king-charles Tombo, le caniche Phanor et Turc.

Dumas quitta définitivement Monte-Cristo, criblé de dettes, en 1851. Il dut réduire son écurie canine. Peu après, il acquit Flore et Catinat. Flore, mariée à Pritchard, disparut rapidement mordue, comme Eurydice, par une vipère. Catinat était un « vigoureux braque de trois ou quatre ans, étourdi, violent et querelleur[2] ». Catinat et Pritchard ne s'entendaient guère. Le combat final eut lieu en 1855 dans le petit hôtel de Dumas rue d'Amsterdam. Alerté par un grand vacarme, Michel se précipita vers l'écurie :

> J'entendis des lamentations indiquant qu'un grand malheur était arrivé.
>
> Au bout d'un instant, je vis reparaître Michel, sanglotant et tenant Pritchard, entre ses bras.
>
> – Tenez, monsieur, me dit-il, il n'y a plus de Pritchard ! voilà l'état où il l'a mis, votre beau chien de M. Devisme ! Ce n'est pas Catinat qu'il faut l'appeler, c'est Catilina.
>
> Je m'élançai vers Michel ; malgré les rages où il m'avait fait mettre quelquefois, j'avais une grande amitié pour Pritchard.
>
> C'était le seul chien chez lequel j'eusse trouvé l'originalité et l'inattendu qu'on trouve dans un homme d'esprit et de caprice.
>
> – Enfin, dis-je à Michel, qu'a-t-il ?
>
> – Il a qu'il est mort...
>
> – Mais non, Michel, pas encore.
>
> – Dans tous les cas, il n'en vaut guère mieux.
>
> Et il posa le pauvre animal à terre.
>
> La chemise de Michel était toute couverte de sang.
>
> – Pritchard ! mon pauvre Pritchard ! criai-je.
>
> Comme l'Argien mourant de Virgile, Pritchard rouvrit son œil moutarde, me regarda tristement et tendrement à la fois, allongea les

1 *Ibid*, pp. 273-274.
2 *Ibid*, p. 376.

quatre pattes, roidit son corps, poussa un soupir et expira. Catilina lui avait, d'un coup de dent, ouvert la carotide, et la mort avait été, comme on l'a vu, presque instantanée.

– Que voulez-vous, Michel !, repris-je, ce n'est pas un bon serviteur, mais un bon ami que nous perdons... Vous allez le laver avec soin, pauvre bête ! on vous donnera un torchon pour l'envelopper ; vous lui creuserez sa fosse dans le jardin, et nous lui ferons un tombeau sur lequel nous mettrons cette épitaphe :

Comme le grand Rantzau, d'immortelle mémoire,
Il perdit, mutilé, quoique toujours vainqueur,
La moitié de son corps dans les champs de la gloire,
Et Mars ne lui laissa rien d'entier que le cœur[1] !

Les chiens de Hurlevent

La providence est capricieuse. Délaissant les lois du hasard, elle décida de concentrer le génie littéraire sur les filles de l'austère révérend Patrick Brontë. En peu d'années elles produisirent quelques-uns des romans les plus fameux de la littérature mondiale. Nous devons à Emily (1818-1848) *Les Hauts de Hurlevent* et quelques-uns des plus beaux poèmes de la langue anglaise. Charlotte (1816-1855) est l'auteur, entre autres, de *Jane Eyre* et *Villette*. Anne (1820-1849), peut-être la moins douée des trois sœurs, a tout de même écrit *Agnès Grey* et *La Châtelaine de Wildfeld Hall*.

Les sœurs Brontë étaient connues parmi leurs voisins et amis pour leur amour des « créatures muettes ». Ceux qui ne respectaient pas les bêtes avaient peu de chance de trouver faveur auprès d'elles. Les chiens furent leurs compagnons indispensables et privilégiés lorsqu'elles composèrent leurs grands romans dans l'isolement du presbytère de Haworth, près de Leeds.

Le chien le plus étroitement associé à la tribu des Brontë est certainement le féroce Keeper. Entré dans la famille en 1837 ou 1838, il devint rapidement le favori d'Emily et réciproquement. Un lien indissoluble et profond s'établit rapidement entre eux. La sauvage et renfermée Emily, encore plus que ses deux sœurs, éprouvait un attachement quasi mystique pour les animaux. Selon certaines

1 *Ibid.*, pp. 380-381.

personnes qui la connurent, l'affection de l'exigeante Emily leur était davantage réservée qu'aux humains. Et parmi les animaux, les chiens jouissaient d'une position privilégiée, comme on peut s'en convaincre en lisant un passage d'une dissertation sur les chats composée par Emily quand elle étudia à Bruxelles en 1842 :

> Un chat est un animal qui a plus de sentiments humains que presque tout autre être. Nous ne pouvons soutenir une comparaison avec le chien. Il est infiniment trop bon : mais le chat encore qu'il diffère en quelques points physiques est extrêmement semblable à nous en disposition.

Un triste épisode révèle la force de caractère d'Emily et son attitude (trop) bienveillante vis-à-vis des chiens. Emily rencontra un jour un chien inconnu à l'air agité qui courait la tête basse et la langue pendante. Bien que suspectant qu'il put être enragé, elle lui offrit néanmoins de l'eau. Le chien la mordit au sang. Emily, rentrant calmement chez elle, prit un fer chauffé à blanc et l'appliqua sans broncher sur sa blessure. Jusqu'à ce que tout danger fût écarté, elle préféra taire l'incident à ses proches de peur de les affoler.

Keeper, un énorme chien au poil fauve, mi-bouledogue mi-mastiff, pouvait se comporter de manière brutale avec ceux qu'il soupçonnait de mauvaises intentions à son égard ou à celui de sa maîtresse. Elizabeth Gaskell, dans sa célèbre biographie de Charlotte Brontë, raconte comment Emily arriva à établir un contrôle presque absolu sur le sauvage molosse. Ce dernier, à peine arrivé dans le presbytère, commença à se conduire comme en pays conquis. Jusqu'alors, les chiens de Haworth avaient dû se plier à la discipline rigoureuse imposée par mademoiselle Branwell, la tante des sœurs Brontë qui régentait le presbytère depuis la mort de leur mère. Et mademoiselle Branwell, partisane de l'ordre et de la propreté la plus méticuleuse, n'était pas une amie des chiens mal élevés. Malheureusement, elle ne se sentait pas suffisamment téméraire pour expliquer au chien irascible les règles élémentaires du savoir-vivre. Mais Keeper exagérait vraiment. Il avait pris l'habitude de se vautrer sur les lits de la maison. Un jour de l'automne 1839, Tabby, la fidèle servante de la maison, courut annoncer à Emily que son favori, couvert de boue, se prélassait voluptueusement sur la couverture immaculée d'un lit qui n'était pas le sien. Emily réalisa que, si Keeper ne s'amendait pas, sa tante et Tabby allaient exiger son départ. Pâle, les lèvres serrées et le regard fixe, elle tira le chien grondant et réticent par la peau du cou et lui fit descendre les escaliers. Puis, devant Charlotte et Tabby pétrifiées de peur, elle asséna de ses petits poings une volée de coups sur la tête de Keeper. Le chien, surpris et impressionné par cette manifestation intrépide d'autorité, accepta sans broncher son châtiment. Après la punition, Emily soigna avec beaucoup d'attention ses yeux rouges et enflés. L'affection de Keeper pour sa maîtresse sortit renforcée de l'incident. Il accepta de se plier sans broncher à toutes ses volontés. À sa demande, il pouvait bondir et rugir comme un lion ou se faire aussi doux qu'un agneau. L'autorité d'Emily fut mise à l'épreuve en une autre occasion. On vint la prévenir que Keeper et un autre costaud du village étaient en train de s'entre-tuer. Emily, sans perdre son sang-froid, prit une boîte de poivre dans la cuisine et se rendit sans tarder sur les lieux du combat. Elle vit les deux titans s'entr'égorger devant toute la population canine du voisinage. Saupoudrant de poivre les yeux des deux molosses, elle réussit à les séparer.

Emily et Keeper ne se quittaient jamais. Elle aimait beaucoup lire, agenouillée sur le tapis avec son bras entourant le cou épais du grand chien. Ceux qui souhaitaient s'attirer les bonnes grâces d'Emily devaient gagner la sympathie de Keeper et tolérer une promiscuité parfois envahissante.

Emily mourut le 19 décembre 1848 des suites d'une maladie qu'elle refusa de soigner. Un de ses derniers actes, avant de rendre l'âme, fut de nourrir son chien. Lorsque Emily fut amenée dans sa dernière demeure, son père et Keeper marchèrent en tête du cortège juste derrière le cercueil. Keeper assista à la cérémonie religieuse à côté de la famille Brontë. Pendant plusieurs semaines, les habitants du presbytère entendirent, jours et nuits, les gémissements du malheureux chien, allongé à l'entrée de la chambre d'Emily. Jusqu'à sa mort il se rendit chaque jour dans cette petite pièce.

Keeper, sans sa maîtresse, vieillit rapidement. En 1850, un ami de la famille le décrivit comme un chien très âgé, édenté et aveugle. Il s'éteignit tranquillement après une brève maladie, en décembre 1851. Sa mort attrista beaucoup le révérend Brontë et Charlotte, les seuls survivants de la famille, ainsi que Flossy, l'épagneul noir et blanc au long poil soyeux. Flossy, qui habitait le presbytère depuis 1843, avait été la chienne d'Anne jusqu'à la mort de cette dernière en 1849. Elle suscitait la sympathie de tous par sa douceur et son caractère enjoué. Lorsqu'elle mourut en 1854, Charlotte écrivit qu'aucun chien n'eut une vie plus heureuse et une mort plus facile.

Charlotte, qui n'eut pas de chien vraiment à elle, hérita de ceux de ses sœurs. Elle mourut en mars 1855 peu de temps après son mariage. La providence, qui avait si généreusement accordé du génie littéraire aux sœurs Brontë, fut très pingre en ce qui concerne le bonheur et la santé.

Flush et Elizabeth

Les esprits trop sérieux et profonds penseront qu'écrire sur les chiens célèbres n'est qu'un exercice vain et futile. On pourra leur répondre qu'un écrivain aussi considérable que Virginia Woolf n'a pas jugé indigne de son immense talent de composer la biographie de Flush[1], l'épagneul de la grande poétesse anglaise Elizabeth Browning (1806-1861), née Barret. Que Virginia Woolf ait souhaité écrire la biographie d'un chien n'est pas aussi surprenant qu'il n'y paraît. Elle a souvent vécu avec des chiens et prenait plaisir à identifier ses proches et elle-même à des animaux. S'imaginer le monde avec les yeux d'un chien ne pouvait que la séduire. Il est facile de comprendre pourquoi elle a choisi Flush comme sujet. D'abord, Virginia a longtemps possédé un épagneul appelé Pinker (ou Pinka) dont elle et son mari furent très proches. Pinker servit, dans une certaine mesure, de modèle à Flush. Mais surtout la relation entre Flush et sa maîtresse fut d'une intensité et d'une richesse exceptionnelles. Dans de nombreuses lettres, Elizabeth Browning s'est longuement arrêtée, avec un style inimitable, sur la personnalité de Flush, ses faits et gestes, leur passion mutuelle. En dernier lieu, Flush fut le témoin, initialement réticent mais toujours privilégié, de la longue idylle entre Elizabeth et le poète Robert Browning, considérée, en Angleterre du moins, comme la plus belle histoire d'amour du XIXe siècle.

Virginia Woolf estime que Flush naquit au début de l'année 1842. Cela est certainement inexact. Flush est mentionné dès décembre 1840 dans la correspondance entre Elizabeth et Mary Russell Mitford, la femme de lettres de renom qui lui en fit cadeau. La lettre de remerciements envoyée par Elizabeth après avoir pris possession de son nouveau chien daterait du 21 janvier 1841 selon les éditeurs de la correspondance des Browning. On peut donc avancer avec un degré de certitude raisonnable que Flush naquit pendant l'été 1840 dans le petit

1 *Flush* (publié en 1933), traduit de l'anglais par Charles Mauron, Stock, 1979.

cottage où Miss Mitford vivait avec son père infirme. Virginia Woolf était-elle brouillée avec l'arithmétique ou l'histoire ? Disposait-elle de la correspondance d'Elizabeth datant de cette période ? Ces questions restent bien discutées. Lorsqu'elle prit possession de Flush, Elizabeth, âgée de 37 ans, était déjà une poétesse dont la réputation avait franchi les frontières. Tout comme ses frères et sœurs, elle habitait à Londres, 50 Wimpole Street (près d'Oxford Street), dans la maison de son père, un tyran égoïste qui ne concevait pas que ses enfants pussent souhaiter se marier. Un mal mystérieux confinait Elizabeth dans sa chambre. La mort récente par noyade de son frère chéri Edward, surnommé Bro, avait anéanti le peu qu'il lui restait de goût pour la vie. Ce fut donc chez une invalide déprimée que la gentille Mary Mitford déposa le jeune Flush au début de l'année 1841. Le petit épagneul au poil doré troqua, non sans mal, sa robuste et saine existence campagnarde pour une vie raffinée et sédentaire de chien de salon. Flush fut un rayon de soleil dans l'existence triste de la poètesse recluse. Devenant rapidement son compagnon indispensable et permanent, il lui redonna le goût de vivre.

> Si vous ne voulez pas voir Flush, vous ne pourrez pas me voir. Lui et moi sommes d'inséparables compagnons. Je lui ai voué pour toujours ma compagnie en échange de sa dévotion[1].

> En ce qui concerne Flush [...] qui m'aime autant que sa propre nature lui permet, [...] si je ne l'aimais pas, je ne pourrais rien aimer. De plus Flush possède une âme à aimer. Ne croyez-vous pas que les chiens aient une âme ? Je me propose d'écrire un traité sur cette question[2].

> Vous comprenez – n'est-ce pas – que Flush est mon compagnon de tous les instants, mon ami, mon amuseur, posant sa tête sur l'une des pages de mes folios tandis que je lis l'autre[3].

Flush, on l'aura deviné, était un chien unique, exceptionnel, surtout comparé à son père, le vulgaire Flush de Miss Mitford :

> Il n'y a jamais eu au monde un chien tel que mon Flush. [...] Ne le dites pas à Miss Mitford, mais son Flush ne doit pas être comparé au mien... sa nature est tout à fait canine et animale. Il est incapable du

1 Lettre à Hugh Stuart Boyd, 22 septembre 1844.
2 Lettre à Thomas Westwood, 18 novembre 1844.
3 Lettre à Hugh Stuart Boyd, 2 mars 1842.

raffinement hypercynique de mon Flushie. Je dois le répéter, il n'y a pas de chien similaire dans le monde, et il n'y en eut jamais, à l'exception de celui célébré par Platon. Je lui parle comme je le ferais à « l'animal à deux jambes qui raisonne » – la seule différence étant qu'il en a quatre, inutilement[1].

Flush était bien sûr un très joli chien.

Tout joli qu'il était quand il vint ici pour la première fois, il est maintenant encore plus joli et le devient de plus en plus chaque jour[2].

Son intelligence était exceptionnelle, il comprenait tout :

Même le docteur Scully a dit l'autre jour : « Vraiment ce chien semble comprendre chaque mot[3]. »

Mais la beauté devrait venir en dernier. Je vous assure que par son entendement et sa sensibilité il ne déshonore pas son haut lignage[4].

Mon Flush sans aucun doute comprend le langage articulé[5].

Il ne peut pas lire, la seule chose qui lui soit impossible[6].

Mlle Barret s'était mise dans la tête d'apprendre l'arithmétique à son chien. Elle lui apprenait à compter les gâteaux et d'autres objets d'intérêt pour Flush, ce qui faisait penser à sa famille qu'elle perdait la raison.

Flush était, on l'aura compris, un être excessivement raffiné, un vrai duc.

Pendant la journée, c'est le duc Flush plus que jamais. Je lui ai attribué le titre de duc Flush en raison de ses manières rococo. Si vous pouviez seulement le voir manger de la pintade à partir d'une fourchette en argent – non pas que je pousse sa Grâce à adhérer à l'école de la fourchette en argent – mais certainement le *savoir-vivre*

1 Lettre à Richard Hengist Horne, 8 juin 1844.
2 Lettre à Mary Russell Mitford, 5 août 1841.
3 Lettre à Septimus Moulton-Barret, 11-12 juin 1841.
4 Lettre à Mary Russell Mitford, 5 août 1841.
5 Lettre à Mary Russell Mitford, 21 novembre 1842.
6 Lettre à Benjamin Robert Haydon, 8 janvier 1843.

> qu'il a manifesté en cette occasion est suffisamment remarquable. Bien entendu il a cessé de manger des glaces en raison de la saison. Le substitut favori semble être le café ; mais pas le café versé dans une soucoupe, le café bu directement dans ma petite tasse à café, une de ces petites tasses à café si étroites que nous imaginerions, avec nos raisonnements limités, particulièrement peu adaptées à son nez. Néanmoins, le plaisir de sa Grâce est de faire comme les autres gens[1]...

Flush, désireux d'imiter sa maîtresse, consommait, malgré les brûlures occasionnées, du poulet au poivre de Cayenne et des gâteaux au gingembre. À Miss Mitford qui avait suggéré que Flush devait chasser et manger des lapins, Elizabeth répondit horrifiée :

> Cannibale Flush !! – Manger un lapin pas cuit ! Et vous encouragez une telle férocité animale !!! – Après tout mon Flush a beaucoup plus de raffinement et de goût. L'acte le plus sauvage jamais perpétré par mon Flush fut de tirer trois plumes du croupion d'un pigeon et le meurtre involontaire d'un tendre souriceau imberbe poussé trop brutalement hors de son nid, et pleuré avec honte et remords. Est-ce que je vous ai jamais dit combien il se sentit offensé quand on lui jeta par charité un morceau de viande crue ? Si son poulet et sa pintade ne sont pas découpés en morceaux infiniment petits, il tourne la tête et refuse de toucher à quoi que ce soit dans l'assiette. Mon Flush est *crème de la crème* ! – Quoi ! – Manger un lapin ? pas cuit ? dans les champs ? – Mon Flush ne mangerait même pas son plat favori, du gâteau éponge, dehors... ni même dans une boutique – pour rien au monde[2] !

Flush, qui avait une haute opinion de lui-même, pouvait se montrer dominateur, vaniteux, arrogant et méprisant :

> Ce matin, Henrietta et moi nous rendîmes comme d'habitude dans le magasin Hodgson's [...] Flush prit possession de toute la boutique, se permettant, avec tous les airs d'un propriétaire terrien, de crier après les vendeurs. *Nota bene* : Flush risque de gâcher ma popularité si je le prends avec moi trop souvent. Étant habitué à être César dans sa propre maison, le devenir partout est pour lui la chose la plus facile au monde[3] !

1 Lettre à Mary Russell Mitford, 4 novembre 1842.
2 Lettre à Mary Russell Mitford, 11 avril 1843.
3 Lettre à Robert Browning, 30 mai 1846.

> Flush possède une très haute opinion de sa propre importance, et bien qu'ayant beaucoup d'affection pour moi, la notion que je puisse lui donner des ordres lui est totalement étrangère [...] Ses yeux dorés expriment un superbe mépris quand je lui demande de faire quelque chose[1].
>
> Qui dit que la vanité, la coquetterie et l'affectation sont réservées à l'espèce humaine ? Pas moi depuis que je connais Flush[2].
>
> Si je le réprimande, il me tourne en dérision avec dédain. Mon frère George me dit que, lorsqu'en colère j'élève la voix, l'expression de profond mépris manifestée par Flush est *impayable*[3].

Flush aimait beaucoup être plaint : « Flush tire toujours le plus grand profit de ses malheurs. Il est un disciple de Byron, il se pose en victime[4]. »

Le petit chien qui aimait tellement susciter la pitié eut sans doute plus de malheurs qu'il n'en eût souhaité en septembre 1843, le *mensis horribilis* pour lui et sa maîtresse.

Elizabeth avait constaté que Flush n'était pas Turenne. Elle était même prête à admettre que c'était un pleutre. Assistant à une revue militaire à Hyde Park, le bruit, la foule et les soldats le firent se jeter dans les bras d'Alfred, un des frères d'Elizabeth. Reprenant ses esprits, il jugea plus prudent de rentrer à Wimpole Street avec toute la célérité que lui permettait ses petites pattes. Sa maîtresse en conclut que la « pride, pomp and circumstances of glorious war[5] » n'était pas du goût du duc Flush. Chez lui il ne s'aventurait guère en dehors de la chambre d'Elizabeth. Et il acceptait rarement de sortir sans être accompagné de sa maîtresse, d'Arabel, la sœur de cette dernière, ou de Miss Crow, la femme de chambre. Or, le 2 septembre 1843, l'inimaginable se produisit. Flush, le couard qui « ne comprenait pas la gloire d'un combat », pour des raisons défiant l'entendement humain, attaqua Catiline, l'énorme dogue de Cuba qui résidait également au 50 Wimpole Street. Voici comment Elizabeth raconta le drame à son amie Mary Russell Mitford :

1 Lettre à Robert Browning, 12 juin 1846.
2 Lettre à Mary Russell Mitford, 30 juin 1843.
3 Lettre à Mary Russell Mitford, 27 septembre 1842
4 Lettre à Robert Browning, 12 juillet 1846.
5 *Othello*, III, 3,354.

> Vous savez que sa grande joie et fierté sont de pouvoir se promener en compagnie des grands chiens Catiline et Resolute. Catiline est aussi sauvage que Cerbère, avec sa seule tête aussi grosse que tous les Cerbères réunis et ses crocs luisants et féroces. Mais Catiline, par condescendance ou magnanimité, traite généralement Flush avec douceur, ne faisant jamais plus, au comble de l'exaspération, que de le rouler dans la poussière. Ce qui, au pire, contraint Flush à prendre un bain. Mais, avant-hier soir, quelque chose d'indéterminé irrita Flush qui, se fiant à la sérénité habituelle de Catiline à son égard, se mit à grogner et aboyer après lui. Catiline ne répondit pas. Flush, aussi emporté par la passion que son adversaire était placide, se jeta sur lui, exactement comme je l'aurais fait avec un éléphant. Vous pouvez imaginer le résultat. En un instant Flush fut renversé et mordu profondément par les longues défenses de Catiline. Immédiatement après, il fuyait, plein de terreur, du champ de bataille. Mon pauvre, pauvre Flushie. Il était très déprimé, ne bougeant pas du sofa de toute la journée d'hier[1].

Un débat animé s'engagea dans la famille Barret sur les responsabilités respectives de chacun des combattants. Elizabeth, sans trop de conviction, défendit Flush : « Qu'on ne le traite plus de couard [...]. Je ne pense pas que c'était la faute de Flush. Flush est très gentil. Et Catiline est méchant. » On lui répondit : « Ce n'était pas du courage, mais seulement de l'insolence ! Il faisait trop confiance au caractère débonnaire de Catiline. » Trois jours après, nouveau drame. Les gladiateurs reprennent le combat. L'intervention d'un employé de la maison sauve Flush d'un destin aussi héroïque que tragique. Mais Flush et sa maîtresse n'étaient pas au bout de leur calvaire. Le 13 septembre, alors qu'il s'aérait en compagnie de Miss Crow, Flush fut « dognappé » par des voleurs de chiens professionnels. Le Londres du milieu du XIXe siècle, tout comme celui du roi Charles II, n'était pas un endroit sûr pour les chiens de bonne famille. Un instant de distraction et les quadrupèdes chéris étaient subtilisés pour être rançonnés ou revendus. Le gang des *dog-banditi*, appelé Fancy, gagnait environ 4 000 livres par an, une fortune à l'époque, avec cette activité. Elizabeth, profondément traumatisée, fut, pendant trois jours, incapable de dormir et se nourrir. Ce n'était pas seulement la perspective de perdre un être si cher qui la plongeait dans le profond

1 Lettre à Mary Russell Mitford, 4 septembre 1843.

désespoir. La pensée que Flush ne pouvait survivre livré à lui-même dans un monde aussi cruel et hostile l'accablait tout autant :

> Pour ma défense, je crois vraiment que ma détresse fut moins due à notre séparation qu'à la pensée qu'il brisait son cœur, abandonné dans le monde cruel. Auparavant, chaque fois qu'on l'empêchait de dormir sur mon lit, il passait la nuit en gémissant de façon pitoyable. Et il a souvent refusé de manger la nourriture provenant d'une main étrangère[1].

Les recherches furent longues, pleines d'imprévus, d'angoisse et de suspense. Finalement après des négociations difficiles avec le sinistre Mr Taylor, le chef des *dog-banditi*, Flush fut rendu à sa maîtresse d'origine contre le paiement de sept souverains. Les retrouvailles furent bien entendu des plus émouvantes :

> La joie de la rencontre entre Flush et moi serait un bon thème pour une ode grecque. Je vous le recommande. Elle pourrait prendre place à côté de la séparation épique d'Hector et d'Andromaque[2].

> Je l'entendis monter les escaliers en galopant... Je sentis ses bonds et caresses enthousiastes sur mon visage et mes mains. Chéri, petit Flushie adoré ! Il avait l'air dérouté... plein d'amour... rempli de la joie et de l'émerveillement de nous retrouver. Et je l'étreignis et l'embrassai partout plus de 20 fois[3].

Flush sera enlevé à deux autres reprises par le gang de Mr Taylor, la dernière fois le 2 septembre 1846, dix jours avant le mariage d'Elizabeth avec Robert Browning. Les *dog-banditi* ne furent pas, avec Catiline, les seuls ennemis de Flush. Il n'aimait guère les rares soupirants de sa maîtresse qui avaient pu, malgré les obstacles dressés par un père jaloux et égoïste, s'approcher d'elle. Comme le disait Elizabeth, Flush détestait tous ceux qui ne portaient pas de jupon. L'antipathie éprouvée envers ses rivaux pouvait à l'occasion se manifester par des morsures. John Kenyon, bien qu'il ne fût point un adversaire sérieux, eut à subir un tel traitement. Autrement redoutable allait s'avérer Robert Browning, le jeune et beau poète romantique, de six ans le cadet

1 Lettre à Hugh Stuart Boyd, 18 septembre 1843.
2 *Ibid.*
3 Lettre à Mary Russell Mitford, 16 septembre 1843.

d'Elizabeth. Robert, ou du moins son pantalon, ne put échapper aux petits crocs de Flushie. Robert, pour préserver une relation future, déconseilla des punitions trop sévères. Il préféra acheter la neutralité du petit épagneul par la distribution généreuse de ses gâteaux favoris.

Robert et Elizabeth se marièrent secrètement le 12 septembre 1846.

Après le mariage, Elizabeth, Robert et Flush partirent pour l'Italie. Une nouvelle ère commença pour chacun d'entre eux. Elizabeth et Robert continuèrent à s'aimer passionnément et à composer de beaux poèmes. La santé d'Elizabeth s'améliora beaucoup et elle put mener une existence presque normale jusqu'à sa mort en juin 1861 à Florence. De l'union d'Elizabeth et de Robert naquit, le 9 mars 1849, un fils prénommé Robert Wiedeman. Robert Wiedeman, plus communément appelé Pen ou Penini, passa la plus grande partie de sa vie en Italie, où il gâcha l'immense talent que ses parents avaient mis à sa disposition. Les amoureux de Venise seront sans doute intéressés d'apprendre qu'il vécut quelques années dans le superbe *Palazzo Rezzonico.* Flush dut partager l'amour d'Elizabeth avec Robert puis avec Pen, ce qui sans doute lui fit le plus grand bien. Robert et Flush devinrent les meilleurs amis du monde. Flush apprit avec mauvaise grâce la naissance de celui qu'il considérait sans doute comme un frère cadet. Mais Flush et Pen finirent par bien s'entendre. Flush put s'émanciper de l'amour obsessionnel de sa maîtresse. Loin des *dog-banditi* londoniens, il gagna sa liberté. Le duc Flush s'encanailla avec les bâtards et bâtardes italiens. Finalement, il devint presque un chien comme les autres. Flush, vieux et malade, rendit l'âme de 17 juin 1854 à Florence. Elizabeth, considérant le départ de son vieux chien malade comme un soulagement, supporta bien ce triste événement.

Néron et Agrippine

Après Flush, le chien le plus célèbre du monde littéraire anglais des années 1850 fut sans doute Néron. Ce petit chien blanc de race indéterminée appartenait à Jane Baillie Carlyle (1801-1866), l'épouse de l'illustre penseur Thomas Carlyle (1795-1881). Jane Carlyle n'eut pas comme seul mérite vis-à-vis de l'histoire d'avoir été pendant quarante ans l'épouse de l'un des intellectuels les plus influents de son temps. Beaucoup d'esprits distingués, qui la tenaient en haute estime, avaient l'habitude de visiter sa maison de Cheyne Row à Chelsea. La critique moderne considère que ses lettres comptent parmi les plus belles de la langue anglaise. Le Flush d'avant la liaison avec Browning et Néron ont plusieurs points communs. Ils furent tous les deux adorés par une maîtresse souffrante et dépressive dont ils constituèrent le réconfort et la raison de vivre principale. Ils furent tous les deux volés par les *dog-banditi* londoniens. Mais les ressemblances s'arrêtent là. Après la rencontre entre Elizabeth et Robert Browning, Flush fut le témoin d'une belle histoire d'amour tandis que Néron fut le spectateur privilégié de l'un des mariages les plus misérables de son temps. Si les spécialistes modernes, contrairement à Froude, l'ami et biographe de Carlyle, pensent que ce mariage fut consommé, ils estiment que l'expérience ne fut pas suffisamment plaisante pour donner aux époux l'envie de recommencer souvent. Monsieur Carlyle, d'humeur soit maussade soit massacrante, était trop absorbé par ses œuvres et sa relation, toute platonique, avec la belle, riche et spirituelle Lady Ashburton pour prêter beaucoup d'attention à sa femme.

Jane Carlyle rêvait d'avoir un chien sans oser en acheter un, de peur de contrarier son mari. Finalement, un ami grec de Jane, qui vivait à Manchester, prit l'heureuse initiative de lui en envoyer un. « Ce petit chien tout à fait ravissant et un peu étrange » s'installa dans la maison de Cheyne Row en décembre 1849. Miracle ! Monsieur Carlyle ne mit pas le nouveau venu à la porte :

> J'ai un petit chien ! et M.C. l'a accepté de bonne grâce ! – Il faut dire que lorsqu'il descend le matin avec un air sombre ou rentre, préoccupé, de sa promenade, la petite bête enthousiaste danse autour de lui sur ses pattes de derrière comme je devrais mais ne peux le faire, et il se sent flatté et surpris par ces sautillements inhabituels en son honneur et à sa gloire[1].
>
> Voilà enfin un petit réconfort, car c'est vraiment un réconfort d'avoir toujours présent quelque chose de vivant, de bonne humeur et qui m'aime. Ma crainte maintenant n'est plus que M.C. le chasse, mais que je suscite l'envie des voleurs de chiens du voisinage[2].

Jane Carlyle avait certainement raison de craindre les voleurs de chiens. Deux mois après son arrivée à Cheyne Row, Néron était subtilisé. Pendant les quelques jours de séparation, Jane fut si

1 Lettre à John Foster, 11 décembre 1849.
2 Lettre à John Carlyle, 10 décembre 1849.

affligée que Lady Ashburton la surnomma Agrippine. Quelques mois plus tard, Néron tomba par la fenêtre de la bibliothèque. Passant au travers des grilles pointues, il s'écrasa lourdement sur le trottoir. On craignit le pire. Mais aucun os n'étant brisé, Néron et Agrippine en furent quittes pour une grosse émotion. C'est à l'occasion de ces tragédies potentielles que madame Carlyle réalisa combien elle était attachée à son petit chien. La présence de Néron rendit l'atmosphère de la maison de Cheyne Row beaucoup moins sinistre. La santé de Jane Carlyle s'améliora rapidement. Elle reprit goût à la vie. Néron et elle devinrent rapidement des compagnons inséparables. Une lettre écrite peu après sa mort résume le rôle considérable de Néron :

> Personne à part moi ne peut avoir la moindre idée de ce que cette petite créature a représenté dans ma vie. Mon inséparable compagnon pendant onze ans, faisant toujours son petit maximum pour m'empêcher de me sentir triste et solitaire[1].

Néron remplaça le fils que Jane Carlyle n'eut jamais. Quand il mourut, elle le pleura comme s'il avait été son petit enfant.

Les relations entre Néron et Thomas Carlyle ne furent pas aussi idylliques. Certes le grand homme promenait le petit chien tous les soirs et s'occupait de lui avec le plus grand soin quand sa femme était absente. Cependant il ne pouvait s'empêcher de parler de lui avec une certaine condescendance et ne dédaignait pas la plaisanterie de collégiens comme sa femme le conta à son amie madame Knighton :

> Néron éprouve une affection extravagante pour moi mais très modérée pour Carlyle. Quand je rentre, après être sortie un moment, il sautille, gambade et se réjouit. Si C. est dehors, il jappe un petit peu à son retour, et puis c'est tout. Mais il ne peut pas espérer un meilleur traitement. C. prend plaisir à le torturer, ce qu'il appelle jouer avec lui. Il fait claquer les pinces de la cheminée devant son nez, et Néron n'aime pas cela. Une fois, il a même attaché à sa queue une boîte de conserve vide, envoyant le pauvre chien terrifié trottiner dans toute la maison. C'était très cruel de sa part d'agir ainsi – tout à fait cruel – et je le lui ai fait remarquer. Je

1 Lettre au docteur Barnes, 1er février 1860.

> lui ai dit que c'était un amusement indigne d'un philosophe – bas, dégradant.

Thomas Carlyle, à plusieurs reprises, jeta Néron dans la mer, ce que ce dernier n'apprécia guère. Il refusa pendant quelque temps d'aller se baigner avec lui. Il avait coutume de dire que Néron était un chien bien ordinaire, sans mérite ni talent particulier, ce qui chaque fois provoquait l'irritation de madame Carlyle.

Vers la fin de l'année 1859, une charrette de boucher passa sur le cou du malheureux Néron. Il survécut à l'accident. Mais âgé et asthmatique, il s'affaiblissait chaque jour. Quel sort devait-on réserver au pauvre chien ? Alexander Gilchrist assista à une conversation animée chez les Carlyle.

> Thomas – Jamais un chien n'a causé des ennuis aussi disproportionnés à son utilité et à sa valeur que Néron.
> Jane – C'est faux, cela a bien valu la peine.
> Thomas – Pas du tout. Son existence n'a aucun sens. Il faut le tuer par gentillesse.
> Jane – S'il veut être cru, il ne devrait pas lui faire de tendre discours dans le jardin quand il pense que personne ne l'écoute.

Le 31 janvier 1860, le docteur Barnes de King's Road, Londres, réussit à convaincre madame Carlyle de mettre un terme à l'agonie de Néron comme elle le raconta quelques jours plus tard à la nouvelle Lady Ashburton :

> La santé de mon petit chien a empiré rapidement au point que, m'a-t-on assuré, « les principes humanitaires les plus élémentaires demandent que l'on en finisse avec lui ». « Ma chère, insista M. C., c'est un Acte de Vertu Romaine qui vous est demandé ; aussi vous ne vous déroberez sûrement pas ! » Comme si les Actes de Vertu Romaine comptaient parmi les obligations les plus ordinaires d'une femme écossaise du XIXe siècle ! – Et moi qui n'ai absolument aucun goût pour la Vertu Romaine... Mais l'intervention de mon docteur, en visite à la maison, fut plus effective.

Le chien souffre le martyre, lui dit le docteur Barnes. Il serait bien égoïste de votre part de le laisser ainsi à l'agonie. Jane Carlyle est convaincue ; elle est bouleversée. Récompenser onze ans de fidélité et de dévotion par de l'acide prussique ! C'est trop horrible et injuste. Le docteur se propose de revenir dans quelques jours quand elle ne sera pas chez elle :

> Je dis au docteur que maintenant n'était pas pire que n'importe quel autre moment ; aussi demandai-je à Charlotte de faire sortir le petit chien. Je n'eus pas la force de le soulever pour le poser dans ses bras, mais j'embrassai sa pauvre petite tête. Et il lécha ma joue. Puis je courus m'enfermer dans ma chambre. Je me jetai sur mon lit et pleurai comme je n'avais pas pleuré depuis mon enfance [...] Heureusement, M. Carlyle était lui-même tout secoué par la mort du petit Néron de telle sorte qu'il fut bien incapable de me sermonner sur le caractère excessif de mon chagrin. Selon ses propres mots son cœur était « de façon tout à fait inattendue et incontrôlée déchiré en morceaux par la tristesse de la chose ». Sa reconnaissance lyrique de la « docilité, la loyauté, du sens du devoir et des mérites nombreux et indéniables de la pauvre petite créature », interrompue plus d'une fois par des pleurs entièrement humains, aurait pu apparaître à certaines personnes comme une chute des sommets philosophiques habituellement fréquentés par M. C. Quant à moi je l'aimai pour cela bien plus que pour toute la philosophie qui sortit jamais de sa tête[1].

L'auteur de la série sur les héros avait donc une réelle affection pour son chien. De même, ses proches s'aperçurent, quelques années plus tard, qu'il aimait profondément sa femme malgré son absence de manifestations extérieures d'amour et de tendresse. Quand elle mourut en 1866, il fut affecté au plus haut point et ne put rien écrire de valable pendant les quinze années qui lui restaient à vivre.

À nouveau Turk et Sultan

Dans beaucoup de ses romans, Charles Dickens (1812-1870) a dressé des portraits de chiens particulièrement subtils et touchants. Cela n'est guère étonnant compte tenu du grand intérêt que le romancier anglais portait à ces animaux.

1 Lettre à Lady Ashburton, 12 février 1860.

En 1842, Dickens revint de son voyage aux États-Unis en compagnie d'un petit épagneul blanc, Havanna (un terrier selon certains témoignages), que lui avait offert l'acteur Mitchell. Dickens choisit de l'appeler M. Snittle Timbery. Sa famille préféra Timber et c'est ce nom plus simple qui lui resta. Timber accompagna la famille Dickens dans tous ses déplacements à l'étranger, ce qui n'était pas toujours une sinécure. L'été italien constitua une épreuve particulièrement pénible pour le malheureux Timber. Malgré son poil rasé sur le corps qui faisait de lui une sorte de chien lion, la chaleur et surtout les mouches le rendaient fou. « Il ressemblait au fantôme d'un chien noyé sortant d'un étang après une semaine. » Son état pitoyable affectait beaucoup sa vanité. Il devint totalement déprimé. Mais il survécut malgré tout à ces terribles épreuves. De même il survécut, en France, au passage d'un troupeau de bœufs après être tombé du toit d'un fiacre. Timber mourut à Boulogne le 5 octobre 1855.

Après la mort de Timber, l'illustre écrivain acquit Turk, un bloodhound (chien de Saint-Hubert) et Linda, une femelle saint-bernard. Il eut beaucoup d'affection pour ces deux gros chiens braves et intelligents. Dickens avait été profondément marqué par l'attitude compatissante et altruiste de Linda et Turk quand, atteint de gelures à un pied, il dut se traîner dans la neige pour rentrer chez lui. Un jour, Turk déglutit plus de cinq mètres de vers qu'il exhiba fièrement, pensant que la famille Dickens pourrait en faire le meilleur usage. Il périt lors d'un accident de train.

Dickens aimait également beaucoup Mrs Bouncer, la chienne de sa fille Mary, dite Mamie. Les expressions et attitudes de ce loulou de Poméranie, qu'il jugeait grotesquement petit, l'amusaient énormément. Lorsqu'il écrivait à sa fille, il ne manquait jamais d'envoyer ses salutations respectueuses et dévouées à la microscopique Mrs Bouncer.

En septembre 1865, pour remplacer Turk, Percy Fitzgerald offrit au célèbre écrivain un mélange de bloodhound et de saint-bernard appelé Sultan. Son arrivée fit l'unanimité : « C'est un noble individu, il s'est intégré à la famille avec une grâce et une dignité qui dénote un gentleman[1]. » Mais l'enthousiasme général ne dura guère et Dickens devint l'unique ami du chien comme il l'admit après sa mort :

1 Lettre à Percy Fitzgerald, 23 septembre 1865.

> C'était le meilleur chien que j'ai jamais vu. Entre lui et moi régnait une parfaite compréhension. Mais, en utilisant une expression populaire, elle était tellement confidentielle qu'elle n'allait pas plus loin. Il sautait sur le reste de l'humanité avec la plus grande soif de destruction[1].

Sultan éprouvait une haine toute particulière pour les autres chiens et les gens en uniforme. Quand il faussait compagnie à son maître, il revenait, bien que muselé, la bouche en sang. Il avala, mais seulement temporairement, Mrs Bouncer. Un jour il se rua sur une compagnie de soldats en train de défiler. Une autre fois, il préféra attaquer deux policiers plutôt que le cambrioleur qu'ils essayaient d'arrêter. Mais en blessant une petite fille, Sultan dépassa les limites du tolérable :

> L'automne dernier, le grand chien, ayant saisi une petite fille (la sœur d'une des servantes) qu'il connaissait et devait respecter, fut fouetté par son maître et condamné à être fusillé le lendemain matin à sept heures. Il sortit joyeux en compagnie de la demi-douzaine d'hommes appelés pour cette opération, pensant certainement qu'ils partaient assister à la mort d'un inconnu. Mais en voyant dans la procession une brouette vide et un fusil à deux canons, il devint méditatif et regarda fixement celui qui portait le fusil. Une pierre adroitement lancée par le mécréant du village lui fit détourner la tête pendant un instant, et il tomba mort, atteint au cœur[2].

Malgré le ton détaché de sa lettre, Dickens fut très affecté par cette exécution. Sultan fut remplacé par Don, un grand terre-neuve. Linda et Don se plurent et eurent deux petits. Quand Dickens rentra chez lui en mai 1868 après un long séjour aux États-Unis, les jeunes terre-neuve le saluèrent comme ils le faisaient d'habitude. Linda et Mrs Bouncer, en revanche, devinrent quasiment hystériques de bonheur. Dickens fut bien sûr très ému. Mais qui ne l'aurait pas été ?

Les chiens de Guernesey

On rencontre dans de nombreux livres consacrés aux chiens l'histoire de celui de Victor Hugo appelé Baron. En 1841, le grand écrivain fit cadeau de Baron à son ami le marquis de Faletans alors de

1 Lettre à Percy Fitzgerald, 6 novembre 1866.
2 Lettre à M. de Cerjat, 1er janvier 1867.

passage à Paris. Ce dernier l'amena chez lui à Moscou. Deux mois plus tard, le petit chien s'enfuit de la demeure de son nouveau maître. Quelques semaines après, quelle ne fut pas la surprise de la cuisinière de Victor Hugo quand elle aperçut Baron couché sur le pas de la porte d'entrée. Cette histoire émouvante sert souvent à illustrer les pouvoirs mystérieux des animaux. L'auteur du présent ouvrage, après avoir consulté un nombre respectable de volumes sur Victor Hugo ou écrits par lui, avoue n'avoir pas découvert la moindre trace de Baron ou du marquis de Faletans. Mais il continue à chercher et ne désespère pas de trouver. En attendant, la question de l'existence de Baron reste ouverte.

On peut avec plus de certitude associer d'autres chiens à la vie de Victor Hugo. Écrivant à sa sœur, Mme Hugo note que la vie d'exil à Jersey (1852-1855) a amené une innovation sans précédent dans la famille Hugo : des chiens à la maison. Marine-Terrace, la maison de Jersey, en plus des Hugo et de leurs enfants, loge deux nouveaux arrivants : Chougna et Ponto. Dans son journal, Adèle Hugo immortalise une anecdote sur ces chiens racontée par sa mère (mai 1854).

> Nous avons recueilli Ponto et Chougna. Tous deux vivent ensemble, c'est tout simple. Ce qui est moins simple, le voici : Ponto ne peut pas voir une poule et le moindre poulet sans manger poule et poulet. Chougna est de même. Tous les jours ils vont tordre le col aux poulets de M. Rose, lequel se plaint amèrement de la férocité de nos chiens. Catherine, notre cuisinière, cadeau du général Le Flô, Catherine donc a une poule. Catherine, craignant que Chougna ne mange sa poule, la lui a montrée et lui a dit : Tu ne la toucheras pas.
>
> Chougna, obéissante, a respecté la poule, a protégé la poule, a aimé la poule, et a même couché fraternellement avec elle. Sur ce, Ponto est arrivé. Ponto, selon sa douce habitude, a voulu dévorer la poule. Chougna a mordu Ponto, pour lui apprendre à respecter sa nouvelle protégée.
>
> Ponto, corrigé, a fini par aimer tendrement la poule, et Chougna, Ponto et la poule vivent, mangent et couchent ensemble. La poule dort entre les deux chiens. Même maintenant elle a pris la douce habitude de s'endormir sous le cou de Chougna. Tous les matins, la poule pond deux œufs. Chougna et Ponto veillent à ce que personne n'emportent les œufs et les surveillent quand la poule est absente[1].

[1] *Le Journal d'Adèle Hugo*, Paris, Minard, 1984, tome III, pp. 231-232.

Victor Hugo s'attachera plus particulièrement à la chienne grise Chougna qui le suivra à Hauteville-House, la maison de Guernesey. Elle y mourut en novembre 1861. Dans son carnet intime, Victor Hugo notera, l'année suivante, le premier anniversaire de sa mort. Un peu plus tard, il la reverra en rêve. Dans *La Dernière Gerbe*, Victor consacra un poème à Chougna :

> Le soir, je m'assieds, grave au milieu de mes brutes,
> Ainsi qu'un chancelier dans la Chambre des lords,
> Et mon front a parfois un pli sévère. Alors,
> Ma chienne, la Chougna, qui n'est pas une bête,
> Approche, et sous mes mains fourre sa grosse tête,
> Et sentant qu'un sermon va venir, se tient coi.
> Et je lui prends l'oreille, et je lui dis : « Pourquoi
> Te comportes-tu mal, Chougna, devant le monde ?
> Pourquoi, quand nous sortons (il faut que je te gronde)
> Cours-tu, jappant, hurlant, à travers les buissons,
> Après les jeunes chiens et les petits garçons ?
> Pourquoi ne vois-tu pas un coq sans le poursuivre ?
> Si bien que, moi, j'ai l'air d'avoir une chienne ivre !
> Cela nous fait mal voir, les gens sont irrités ;
> Je te connais beaucoup de bonnes qualités,
> Mais, vraiment, quand tu sors, tu n'es pas raisonnable ! »

Mais le chien de Victor Hugo le plus connu est sans doute Sénat décrit par Paul Stapfer, qui fut un familier de Hauteville-House vers 1865, comme « un gros lévrier bâtard assez laid ». Mme Richard Lesclide, plus favorable, parle d'un « lévrier intelligent et fidèle ». Sénat, né sans doute en 1861, devint rapidement un personnage central dans la vie d'Hugo, surtout quand sa femme et ses fils décidèrent de quitter Guernesey. Sénat était très gâté par son maître qui ne lui refusait pas grand chose et souffrait ses privautés. L'importance de Sénat est bien reflétée dans la description d'un déjeuner à Hauteville-House :

> Comme il arrive toujours quand on n'a rien à dire, et de même qu'on aurait parlé d'enfant s'il y en avait eu dans la maison, on parla du chien, qui était devenu le personnage central par l'encombrante liberté de ses allures ; gambadant autour de la table, se fourrant dans toutes les jambes et posant sa tête sur tous les genoux[1].

1 Paul Stapfer, *Victor Hugo à Guernesey*, Paris, 1905, p. 100.

La symbiose entre le maître et son chien était telle que Sénat, à l'instar d'Hugo, pouvait ressentir des phénomènes paranormaux.

Victor Hugo offrit à Sénat un collier sur lequel, craignant que l'animal ne se perdît, il fit graver les vers suivants :

> Je voudrais bien chez moi que l'on me ramenât ;
> Mon état : chien ; mon maître : Hugo ; mon nom : Sénat

Ce ne fut pas le chien qui disparut mais, au bout de quelques jours, le collier, les Anglais étant particulièrement friands de souvenirs historiques. Un deuxième collier dura un mois. Le troisième, mieux surveillé, fut subtilisé au bout de six semaines. Victor Hugo, lassé, décida, avec raison, de faire confiance à son chien.

Lorsque, à partir de 1870, Victor Hugo vécut de moins en moins à Guernesey, Mme Chenay, sa belle-sœur et la régente de Hauteville-House, devint la véritable maîtresse de Sénat.

L'histoire suivante, racontée par Mme Richard Lesclide, montre que Sénat vieillissant, tout comme le grand poète, suscitait de grandes passions :

> Mlle de Saint-Victor [en visite à Hauteville-House] déclara tout à coup à Mme Chenay, la protectrice naturelle du bon vieux chien, que Sénat sentait mauvais, que c'était une sale bête, qu'elle en avait horreur et qu'elle ne comprenait pas qu'on l'admît dans la maison. Mme Chenay faillit étrangler d'indignation. Richard Lesclide défendit le pauvre animal au nom de son ancien maître, de son nom historique et de son grand âge. On le calomniait sûrement.
>
> – Aoh ! nô disait doucement Mlle Corbin qui avait toutes les indulgences, le pôvre bête il sentait rien.
> – C'est que vous avez le nez bouché ! criait Mlle de Saint-Victor exaspérée.
> Malgré ces protestations, Sénat resta cousu aux jupes de son ange gardien[1].

Les chiens illustres, tout comme les grands hommes, ne sont pas à l'abri des plus viles calomnies.

1 Mme Richard Lesclide, *Victor Hugo intime*, Paris, 1902, p. 101.

Gustave et Julio

À Trouville, en 1836, alors qu'il était âgé de quatorze ans et demi, Gustave Flaubert(1821-1880) tomba éperdument amoureux de la belle Élisa Schlesinger, de douze ans son aînée. Le jeune Gustave fut particulièrement ému et troublé quand il aperçut le sein nu d'Élisa qui allaitait sa fille Marie. À défaut d'avoir embrassé Élisa, il se rattrapa avec son chien Thabor (ou Néron selon Maxime du Camp), comme il le raconta à Edmond de Goncourt le 17 décembre 1873 :

> Il cherche à me prouver que personne au monde n'a été amoureux comme il l'a été une fois. C'est l'occasion pour lui de me rabâcher une histoire qu'il m'a déjà contée, histoire dans laquelle il risquait sa vie au milieu des précipices d'une falaise pour embrasser un chien de Terre-Neuve, nommé Thabor, à une certaine place, où sa maîtresse avait l'habitude de déposer un baiser.

L'amour fou de Flaubert pour Élisa, dénommé Maria dans les *Mémoires d'un fou,* ne serait-il qu'une fabrication romanesque comme le pense Jacques-Louis Douchin[1]?

Et si Douchin a raison, que faut-il alors penser du baiser ? Si le contact de Flaubert avec Thabor (ou Néron) fut au mieux très bref, telle ne fut pas la relation avec Julio. Après la mort de sa mère en avril 1872, l'illustre écrivain se retrouva seul dans la maison de Croisset. Pour vaincre sa solitude et son ennui, il se décida, non sans hésitation, à acquérir un chien :`

> J'ai vu chez Laporte, jeudi dernier, mon *chien* qui n'est pas du tout frisé comme je m'y attendais. C'est un simple levrier, couleur gris de fer, mais qui sera très grand. J'hésite à le prendre, d'autant plus que maintenant j'ai peur de la rage[2].

Les craintes de Flaubert se dissipèrent rapidement. Il attendit Julio avec impatience en pensant qu'il allait l'aimer beaucoup. Il ne se trompait guère :

> Ma seule distraction est d'embrasser mon pauvre chien, à qui

1 *La vie érotique de Flaubert*, Paris, Carrère, 1984.
2 Lettre à sa nièce Caroline, 1er septembre 1872.

> j'adresse des discours. Quel mortel heureux ! Son calme et sa beauté vous rendent jaloux[1].
>
> Le soir, quand je suis rentré ici, mon pauvre toutou m'a accablé de caresses. Je ne sais pas pourquoi je te dis tout cela, mais tu devineras la psychologie sous les faits[2].

Pendant huit ans, jusqu'à sa mort, Flaubert va vivre au milieu de ses livres et dans l'unique compagnie de son fidèle Julio. Au travers des lettres de son maître on peut établir une très brève chronique de la vie de Julio :

> Putzel [chien de Caroline] va très bien et me tient compagnie pendant presque toute la journée. Mais dès que je caresse Julio, elle entre en fureur. Hier, elle a sauté dessus comme un bouledogue et l'a mordu au museau. Julio n'a pas eu l'air de s'en apercevoir et est retourné se coucher sur le divan[3].
>
> Julio s'est uni morganatiquement à une jeune personne de la maison Davy, répondant au nom de Gilda. Je n'ai pas assisté au mariage[4].
>
> Les puces de Julio me semblent aussi importantes dans le monde que les trois quarts de l'espèce humaine[5].
>
> Le plus grand épisode (ou plutôt le seul) a été, ce matin, une dégueulade de Julio sur le tapis de la salle à manger[6].
>
> Mon pauvre Julio vit encore. On lui donne des lavements de vin et de bouillon et on va lui remettre des vésicatoires. Le vétérinaire, maintenant, ne serait pas étonné s'il en réchappait. Avant-hier, ses extrémités étaient froides, et nous le regardions croyant qu'il allait mourir. C'est exactement comme une personne ; il a de petits gestes d'une humanité profonde[7] !

1 Lettre à sa nièce Caroline, 27 septembre 1872.
2 Lettre à sa nièce Caroline, 25 octobre 1872.
3 Lettre à sa nièce Caroline, 18 juin 1873.
4 Lettre à sa nièce Caroline, 16 août 1874.
5 Lettre à sa nièce Caroline, 17 août 1876.
6 Lettre à sa nièce Caroline, 28 novembre 1878.
7 Lettre à sa nièce Caroline, 6 avril 1879.

Julio survécut à sa maladie. Son maître, en revanche, mourut un peu plus d'un an après. Nous ne savons pas ce qu'il advint de Julio après la mort de Flaubert.

3

PLUS PRÈS DE NOUS

Le chien névrosé d'André Gide

L'écrivain Porto-Riche offrit à André Gide (1869-1951) un chien de la même race que sa chienne Miquette. Le nouveau venu, que Gide appela Toby, fut très attiré par Miquette ainsi que par la chatte de l'écrivain, révélant une sexualité troublée :

> Bien qu'excité jusqu'à la frénésie par l'odeur de notre chienne en chaleur, il n'a jamais rien pu réussir avec elle, non plus du reste qu'avec quelque autre chienne que ce soit ; et non plus, il va sans dire, qu'avec notre vieille chatte, qui pourtant l'excitait autant qu'une chienne, et qui, de son côté, le provoquait et poursuivait tout comme s'il eût été un chat[1].

L'intérêt de Toby pour les femelles de la maison ne l'empêchait pas de tenter sa chance ailleurs. Miquette se comportait alors avec dignité, peut-être parce qu'elle connaissait les limites de son « mari » :

> J'ai dû aller, ce matin, rechercher Toby, qui, hier, s'était enfui chez les Dumont, attiré par leur chienne. Il s'est d'ailleurs laissé ramener sans résistance ; je n'ai même pas eu besoin de lui mettre la laisse. Miquette m'accompagnait, comme une légitime qui va chercher son mari chez une fille. Je serais curieux de savoir si les chiennes sont capables de

---

1 *Journal d'André Gide (1887-1925)*, Paris, Gallimard, 1996, p. 1019 (19 janvier 1917).

jalousie. J'en doute. Je pense que, même chez les oiseaux, la jalousie n'appartient qu'au mâle[1].

Devant les insuffisances de Toby, on chercha pour Miquette un autre partenaire. Mais Fellow, l'heureux élu, ne se montra guère plus à la hauteur que Toby :

> Plus d'une demi-heure la pauvre bête s'est épuisée en vains efforts ; il ne réussit pas mieux que Toby[2].

> Ramené Miquette à Fellow ; la chienne apporte toute la complaisance désirable et favorise même de son mieux ; mais l'autre s'obstine à côté, malgré ce que je fais pour l'aider[3].

Gide ne manqua pas de tirer les conclusions appropriées des difficultés et anomalies sexuelles de ses chiens :

> Je voudrais qu'il ne fût permis de se prononcer sur les questions sexuelles qu'à ceux qui ont eu l'occasion d'élever et de surveiller des animaux. Peut-être enfin consentiraient-ils à comprendre que ne sont pas moins *naturelles* que d'autres, bien des difficultés, des déviations, des irrégularités qu'ils s'obstinent à considérer « contre nature » et anormales[4].

En plus de ses problèmes sexuels, ou à cause d'eux, Toby était devenu un chien névrosé. Heureusement ou malheureusement pour lui, les psychanalystes, à l'époque, ne s'intéressaient guère aux chiens :

> C'était bien le chien le plus neurasthénique qu'il fût possible d'imaginer. Il avait toutes les phobies ; rasait les haies, les murs ; ne venait à vous que par le plus long ; était pris de vertiges en montant l'escalier ; n'osait manger qu'à l'abri des regards. Il adorait le sucre ; mais, lui en offrait-on un morceau, il le laissait tomber à terre et s'en allait dans un coin jouer au martyr. D'où impossibilité de le récompenser jamais ; inéducable, on ne l'eût tenu que par la faim, et encore... Je crois qu'il ne m'a jamais pardonné la cuillerée de café

1 *Ibid.*, p. 814 (21 juillet 1914).
2 *Ibid.*, p. 874 (4 octobre 1914).
3 *Ibid.*, p. 875 (5 octobre 1914).
4 *Ibid.*, p. 875 (5 octobre 1914).

> sucré que je lui avais fait prendre de force, dans les premiers jours, alors que je ne le connaissais pas encore et que je croyais pouvoir le mater. Mais le moindre semblant de coup le rendait hargneux ; ou bien il s'enfuyait au diable sitôt que je levais ma badine ; ou bien pissait sous lui. On ne pouvait le soigner pas davantage ; voulait-on lui enlever une tique, il fallait y mettre des gants ou, à lui, une muselière ; [...] Que de fois ne m'a-t-il pas mordu comme un fou ? [...]
> Il passait le plus long du jour assis, à la manière d'un macaque, sur les vertèbres lombaires, les jambes et tout le train de derrière paradoxalement ramenés entre les jambes de devant, et arborant le vit à hauteur de rosette et comme une légion d'honneur[1].

Toby mourut le 18 janvier 1917 après avoir refusé, pendant six semaines, de manger. Miquette mourut aveugle, sourde et affreusement gonflée en décembre 1920.

Les chiens de Colette

L'écrivain Colette (1873-1954) est, le plus souvent, considérée comme une maman-chat. Mais les chiens ont également joué un rôle important dans sa vie comme dans son œuvre. Pour Colette, les animaux ont des sentiments, des émotions, des intentions et des désirs tout à fait humains. Elle les comprend, leur parle, en les vouvoyant, comme à des êtres humains ordinaires.

Dans le village de Saint-Sauveur, Colette passa son enfance au milieu des chiens de sa mère, la belle Sido. Son père, le capitaine Jules-Joseph Colette ne s'intéressait guère aux animaux. Les lecteurs de *Sido* savent que ces derniers lui rendaient la pareille. Un jour, le chien Moffino, après avoir ignoré les ordres du capitaine lui enjoignant de grimper dans la voiture, obtempéra dès que Colette lui cria : « Eh ! Saute. » Le capitaine, secrètement humilié, se contenta de remarquer que ce chien était stupide. Les lecteurs de *La Maison de Claudine* connaissent également le chien Domino qui accompagnait Sido à la messe, au grand dam du vieux curé Millot. Ce dernier demanda un jour à Sido de faire sortir son chien de l'église parce qu'il avait grondé pendant l'élévation. La mère de Colette répliqua :

1 *Ibid.*, pp. 1018-1019 (19 janvier 1917).

> Mais certainement, il a grondé pendant l'élévation ! Je voudrais bien voir qu'il n'ait pas grondé pendant l'élévation ! Un chien que j'ai dressé moi-même pour la garde et qui doit aboyer dès qu'il entend une sonnette[1] !

Parmi les chiens qui ont marqué l'enfance de Colette, il convient de ne pas oublier la Toutouque. « Large et basse comme un porcelet de quatre mois », elle ressemblait davantage à un petit mastiff qu'à un bouledogue. Mais ses yeux étaient d'une beauté incomparable. Sa cordialité de nourrice et son humeur égale étaient particulièrement appréciées :

> Elle aboyait peu, d'une voix grasse et assourdie de dogue, mais parlait d'autre manière, donnant son avis d'un sourire à lèvres noires et à dents blanches, baissant, d'un air complice, ses paupières charbonnées sur ses yeux de mulâtresse. [...] Elle nous adopta tous dans son cœur, suivit ma mère à la boucherie, me fit un bout de conduite quotidienne sur le chemin de l'école[2].

Mais son vrai maître était le frère aîné qui l'avait sauvée, à la caserne, d'une mort annoncée. Elle l'aimait jusqu'à en devenir sotte :

> Elle se couchait sur le dos, offrait son ventre, clouté de tétines violacées, sur lesquelles mon frère pianotait, en les pinçant à tour de rôle, l'air du *Menuet* de Boccherini. Le rite commandait qu'à chaque pinçon la Toutouque jetât – elle n'y manquait point – un petit glapissement, et mon frère s'écriait, sévère : « Toutouque ! vous chantez faux ! recommencez[3] ! »

La Toutouque tomba amoureuse du setter d'un cafetier voisin, un grand chien doué d'un charme Second Empire. Ce dandy avait une compagne appelée Bianca. Un jour la Toutouque, désarmante de bonté et de douceur, se transforma en « une sorte de monstre jaune [...], masqué de noir, garni de dents, d'yeux exorbités, d'une langue violacée où écumait la salive » et déchira l'oreille de sa rivale Bianca.

Le chien le plus célèbre de Colette est certainement Toby-chien qui converse avec la chatte Kiki-la-Doucette dans *Dialogues de bêtes.*

1 *La Maison de Claudine*, Le livre de Poche, 1990, p. 105.
2 *Ibid.*, pp. 86-87.
3 *Ibid.*, p. 87

Toby-chien était un petit bouledogue français noir, sans nez, avec « des yeux limpides et un peu bridés, des oreilles comme des cornets acoustiques ». Colette a laissé quelques croquis particulièrement parlants du bouledogue au « museau difforme de monstre sympathique » :

> Toby charmant ange noir, crapaud carré, front de penseur, saucisson à pattes, gueule d'assassin sentimental, mon chéri, mon trésor !
> À cinq ans il conserve son âme enfantine où tout est pur, même le mensonge. Son cœur de bull cardiaque est toujours près d'éclater, mais il n'éclate pas. Il soupire mystérieusement comme son frère le crapaud, cet autre camard bringé aux beaux yeux [...].

Toby-chien fut avec Kiki-la-Doucette le compagnon et le réconfort de Colette pendant ses années de mariage difficile avec Willy. Enfermée avec sa chatte et son chien, Colette écrivait la série des *Claudine* tandis que Willy dépensait avec ses maîtresses les droits d'auteur des best-sellers publiés sous son nom.

Quand Willy et Colette se séparèrent en 1906, Toby-chien partit vivre avec une des secrétaires de Willy, ni Colette, ni son mari ne voulant priver le chien de la présence de l'autre. Colette fit alors l'acquisition de Poucette, une chienne bull au « museau de monstre japonais couleur de bronze » et Belle-Aude, une grande beauceronne. Contrairement à ce qui est indiqué dans *Dialogues de bêtes*, ce fut Poucette, et non Toby-chien qui joua, avec Colette, *En Camarades* à la Comédie Royale. Puis, à Poucette succéda Pati-Pati, une petite brabançonne qui, pour faire rire les inconnus, imitait l'aboiement du chien.

> Pati-Pati gonfle ses joues de poisson-lune, pousse ses yeux hors des orbites, élargit son poitrail en bouclier et profère à demi-voix quelque chose comme :
> – Gou-gou-gou...
> Puis elle rengorge son cou de lutteur, sourit, attend les applaudissements, et ajoute modeste :
> – Oa.
> Si l'auditoire pâme, Pati-Pati, dédaignant le *bis*, le comble en modulant une série de sons où chacun peut reconnaître le coryza du phoque, la grenouille roucoulant sous l'averse d'été, parfois le klaxon, mais jamais l'aboiement du chien[1].

1 *Ibid.*, p. 124.

Selon Claude Chauvière, secrétaire particulière de Colette vers 1930, Pati-Pati avait un museau de monsieur intelligent. À table, elle déjeunait avec sa maîtresse, hissée sur sa chaise, appréciant tous les mets, avec toutefois un faible pour les croûtes de fromage.

La vertu et la beauté de Pati-Pati devinrent si célèbres dans le XVIe arrondissement que Colette dut consentir à un mariage. L'heureux élu ressemblait à un « hanneton furieux ». L'entrevue, brève et sans lendemain, produisit néanmoins deux Pati-Pati. Comme sa maîtresse s'en aperçut rapidement Pati-Pati n'avait pas la fibre maternelle. Plus encore, elle n'aimait pas les animaux :

> Elle allaite assise, contraignant ses chiots à l'attitude du mécanicien aplati sous le tacot en panne. Elle allaite couchée en sphinx et le nez sur les pattes. – « Tant pis ! qu'ils s'arrangent ! » – et s'en va si le téléphone sonne, du côté de l'appareil, remorquant deux nourrissons ventousés à ses mamelles. Ils têtent, oubliés, vivaces, ils têtent, au petit bonheur, et prospèrent malgré leur mère et son humain souci – trop humain – de toutes choses humaines[1].

Colette aimait se promener en bicyclette au bois de Boulogne avec Bellaude sur ses hautes pattes et la minuscule Pati-Pati, au creux du panier ficelé sur le guidon. Dans les allées peu fréquentées, elle posait à terre l'impétueuse qui voulait dépasser à la course la grande Bellaude. Colette, montée sur sa bicyclette, donnait ses instructions : « Su' vot' d'oite, qu'on vous dit, su' vot' d'oite. » Les passants sidérés voyaient les chiennes obéir promptement.

La maladie emporta Pati-Pati. Les mauvaises langues prétendirent que sa fin avait été accélérée par la déception et la jalousie occasionnée par l'arrivée de Souci, la dernière chienne de Colette. Ce bouledogue français noir et blanc possédait « une mémoire subtile comme la plupart des chiens à gros cerveau rond ». Colette lui avait appris un nombre extravagant de mots, lui donnant parfois certains défauts de prononciation. « Frambouèeze » et « rrheuzin » la faisaient frétiller de plaisir tandis que framboise et raisin la laissaient de marbre. Selon Maurice Goudeket, le troisième mari de Colette, Souci, de nature assez menteuse, mentait mal.

> Il suffisait que Colette lui dise : « J'entends ce que vous pensez » pour que le chien avouât, baissât la tête, et se retirât sur le petit

1 *Ibid.*, p. 128.

fauteuil-crapaud qui lui est dévolu. D'autres fois, ayant quelques mauvais desseins, elle se prenait à boiter, ce qui la trahissait[1].

Souci mourut le 19 mars 1939, peu de temps après la chatte. Colette, qui se déplaçait difficilement, décida alors de renoncer aux bêtes.

Maeterlinck et ses comprimés d'amour

Pour Maurice Maeterlinck, le poète et dramaturge belge, prix Nobel de littérature en 1911, les chiens sont des comprimés d'amour. Un chapitre de *Bulles Bleues*[2] est consacré à ses concentrés d'amour favoris.

De son enfance, Maeterlinck se souvient de Black, ainsi nommé parce qu'il était d'un roux ardent piqueté de taches jaunes. Black, un chien grand et robuste, servait tour à tour de chien de garde et de chien de trait, une activité aujourd'hui interdite. Chaque soir, le jeune Maurice venait le détacher pour lui offrir une heure de récréation :

> Il m'écoutait approcher, en hurlant de joie, m'accueillait avec des transports bouleversants et, une main à la boucle de son collier, je ne savais comment de l'autre défendre mon visage de coups de langue enveloppants et impétueux.

Alors que Maeterlinck s'était absenté durant trois jours, on oublia de le détacher :

> En me voyant revenir, il eut une telle joie convulsive qu'il m'effraya. Il tourna sur lui-même, se redressa pour sauter sur moi, afin de m'embrasser une dernière fois et tomba pour ne plus se relever.

Maeterlinck demeure convaincu que Black mourut de bonheur.

Maeterlinck évoque également Gustave, un caniche extrêmement intelligent, de couleur café au lait, qui appartenait à son père. Gustave était réputé pour son intégrité scrupuleuse. Il ne touchait jamais aux morceaux de viande qui traînaient sur la table de la cuisine et, en

1 Maurice Goudeket, *Auprès de Colette*, Paris, Flammarion, 1956, p. 38.
2 *Bulles Bleues*, Monaco, Le Rocher, 1948, pp. 169-181.

l'absence de la cuisinière, empêchait toute personne intéressée de s'en approcher. Or, un beau jour, des côtelettes, des saucisses, des boudins, des ris d'agneau commencèrent à disparaître sans laisser d'adresse. Puis ce fut le tour de gros morceaux comme des gigots et des têtes de veau. Initialement, personne n'osa soupçonner Gustave en raison de son admirable réputation d'honnêteté. Mais le mystère s'épaississant, on demanda au jeune Maurice de surveiller les allées et venues du caniche. Par un trou dans une cloison, il vit Gustave subtiliser une côte de veau. Suivant sa piste dans l'herbe tendre, Maeterlinck aboutit dans une ferme voisine. Il ne mit pas longtemps à découvrir que Gustave offrait les morceaux de viande à la chienne de cette ferme : « La preuve était irrécusable, plus de doutes, Gustave avait une maîtresse qu'il entretenait luxueusement. Il était devenu voleur par amour. »

Devenu adulte, le poète posséda une gracieuse petite levrette surnommée Didi-pisse-partout « parce que très émotionnable, en ses moments de gratitude et de tendresse, elle aspergeait discrètement, à son insu, les parquets et les tapis ». Didi-pisse-partout avait un don inné pour une certaine forme de chant. Quand on lui demandait de chanter, « elle levait la tête, tendait le cou et poussait un *hououou* prolongé qu'elle tyrolinisait ». Didi la Cantatrice mourut également d'une maladie de cœur.

Maeterlinck se souvient également d'un gros chien hirsute, d'une race nordique indéterminée, qu'un ami norvégien devant s'établir en Angleterre lui avait laissé. Le lendemain de l'arrivée du nouveau-venu, Maeterlinck l'invita à l'accompagner dans sa maison de campagne. Il devait, pour s'y rendre, prendre un petit bateau faisant un service régulier entre Gand et Terneuze en Hollande. Le chien resta malheureusement sur le quai. Le capitaine refusant de faire demi-tour, Maeterlinck pensa qu'il ne reverrait sans doute jamais son malheureux compagnon d'un jour. Quelle ne fut pas sa surprise, lorsqu'il rentra chez lui le soir même, de retrouver son ami à quatre pattes qui l'attendait tranquillement sur le seuil de sa porte. Le chien avait pu, traversant toute la ville, retrouver une demeure qu'il connaissait. Les retrouvailles ne furent pas accompagnées des manifestations de joie traditionnelles tellement prisées par Maeterlinck. L'écrivain fut accueilli « avec une aménité tempérée de réserves qui interrogeaient l'avenir ». Le chien ne supporta pas le climat du Midi où il avait été amené. Il mourut de tuberculose à Nice.

Bien des années après les aventures de Gustave et Didi, Maeterlinck acquit le chien qu'il aima le plus et qui l'aima le plus.

> C'était un minuscule griffon bruxellois à poils longs, toujours en désordre, qui lui donnaient l'air d'un chrysanthème de bronze, la plus hirsute des dernières créations de l'horticulture. Il regardait le monde à travers ses cheveux. A cause de son front bombé et de sa barbe en désordre, nous l'avions d'abord appelé Socrate, puis Verlaine.

Ces deux derniers noms ne correspondant pas à la nature légère et enjouée du griffon bruxellois, il fut finalement appelé Kiki. Kiki était devenu borgne, un colley jaloux ayant sournoisement arraché l'un de ses yeux sous la table. Il faillit également périr écrabouillé par deux lévriers russes possédés par Maeterlinck et qui avaient décidé de jouer au rugby avec lui. La vocation de Kiki était d'exprimer son amour.

> Il n'avait qu'une mission, un but, un mobile, une raison d'être : aimer l'homme. Ce n'était pas un chien, c'était un cœur à quatre pattes, un comprimé d'amour, tant de cœur dans une si petite chose ! Les instants où il ne pouvait vous témoigner sa tendresse, sa fidélité, son dévouement, le don total de soi, étaient visiblement pour lui des minutes pénibles et mortes. [...] Un sourire, un regard, une main qui se rapprochait le jetaient dans l'extase. Ne sachant que faire, il s'anéantissait à vos pieds et l'on sentait qu'il eût été heureux de mourir pour prouver qu'il ne vivait que pour vous.
> Il aimait tous les humains, mais je ne sais pourquoi, sans que je l'eusse mérité, par un caprice de la prédestination, il m'avait élu entre tous. Je n'étais pas son homme mais Dieu.

Kiki s'éteignit dans les bras de son Dieu bouleversé.
Maeterlinck écrivit également un petit essai consacré à son petit chien Pelléas qui mourut à l'âge de six mois.

Edith Wharton et ses pékinois

La célèbre romancière américaine Edith Wharton (1862-1937) vécut toute sa vie avec des chiens, des pékinois le plus souvent. Leur importance se manifeste par la position qu'ils occupent dans la liste des priorités établie un jour par Edith Wharton :

> – Justice et ordre
> – Chiens

– Livres
– Fleurs
– Architecture
– Voyage
– Une bonne plaisanterie – cela devrait peut-être venir en premier.

L'observateur de la vie d'Edith Wharton remarque surtout la présence des chiens au moment de leur mort qui ne manque pas d'affecter profondément l'écrivain. Parmi les plus regrettés, mentionnons les pékinois Mimi, Miza, Choumal et Linky. Mimi mourut en 1902. En janvier 1906, on dut chloroformer Miza, sa compagne pendant treize ans. L'année 1930 fut attristée par la mort de Choumal à la suite d'une grave infection. 1937, année noire, vit la disparition de Linky en avril et celle de sa maîtresse, quatre mois plus tard. Juste après la mort de Linky, Edith Wharton écrivait à son filleul Bill Tyler :

> Ils rencontrèrent jadis un garçon qui comprenait ce que les oiseaux disaient ; j'ai toujours été ainsi avec les chiens, depuis ma plus tendre enfance. Nous communiquons réellement et personne n'eut jamais de choses aussi gentilles à dire que Linky.

Paix à son âme

Francis Jammes (1868-1938) consacra un poème très émouvant à la mémoire de son chien disparu[1].

> Mon humble ami, mon chien fidèle, tu es mort
> de cette mort que tu fuyais comme une guêpe
> lorsque tu te cachais sous la table. Ta tête
> s'est dirigée vers moi à l'heure brève et morne.
>
> Ô compagnon banal de l'homme : Être béni !
> toi que nourris la faim que ton maître partage,
> toi qui accompagnas dans leur pèlerinage
> l'archange Raphaël et le jeune Tobie...
>
> Ô serviteur : Que tu me sois d'un grand exemple,
> ô toi qui m'as aimé ainsi qu'un saint son Dieu !

1 Dans *Clairières dans le Ciel*, Paris, Mercure de France, 1906, pp. 191-192.

Le mystère de ton obscure intelligence
vit dans un paradis innocent et joyeux.

Ah ! faites, mon Dieu, si Vous me donnez la grâce
de Vous voir face à Face aux jours d'Éternité,
faites qu'un pauvre chien contemple face à face
celui qui fut son dieu parmi l'humanité.

Maître et chien

Thomas Mann (1875-1955), le grand écrivain allemand, est plus connu comme l'auteur des *Buddenbrook*, de *La Montagne magique* ou de *Mort à Venise* que de *Maître et chien*[1]. Pourtant, le récit consacré à son chien Bauschan et à leur relation est loin d'être une œuvre marginale. Sa rédaction occupa Thomas Mann pendant la plus grande partie de l'année 1918. Rarement le physique, les attitudes, les gestes, les expressions et le comportement d'un chien n'auront été décrits avec une précision aussi clinique. En 1916, alors qu'il habitait Munich, près de l'Isar, Thomas Mann fit l'acquisition de Bauschan afin de remplacer le vieux Percy qu'il avait dû faire abattre en raison d'une maladie de peau défigurante et de sa sénilité avancée. Lorsqu'il le vit pour la première fois, « l'animal n'était qu'un frêle squelette composé d'une cage thoracique et d'une colonne vertébrale, habillées d'un pelage hérissé et perchées sur quatre échasses ». L'animal dégageait « une nuance d'acrimonieuse mélancolie ». Les enfants Mann, mais aussi leurs parents, furent touchés par « cette image de misère à quatre pattes ». Ils décidèrent d'acheter le chien qui portait alors le nom peu approprié de Lux.

Deux ans plus tard, au moment de la rédaction de *Maître et chien*, Bauschan était devenu un « bon et beau chien » bien que peu orthodoxe d'après les critères de pureté canine :

> C'est un chien d'arrêt allemand à poil court – si l'on veut bien ne pas prendre ce terme dans son acception la plus rigoureuse, mais plutôt *cum grano salis* ; car Bauschan n'est pas un chien d'arrêt de tout point conforme au canon ni à la stricte observance. Il est d'abord un peu

1 Les passages cités proviennent de la traduction française de Denise van Moppès (Thomas Mann, *Romans et Nouvelles III*, « La Pochotèque », Le Livre de Poche, 1996).

> trop petit – il est, j'y insiste, d'une taille nettement inférieure à celle du chien d'arrêt – sans compter que ses pattes de devant ne sont pas tout à fait droites, mais légèrement arquées, ce qui ne répond qu'approximativement à l'idéal d'une race pure. Sa légère tendance aux fanons – je veux dire à ces bajoues un peu pendantes qui donnent tant de dignité – lui sied à merveille ; mais des éleveurs impitoyables la trouveraient défectueuse, car on m'a dit que chez le chien d'arrêt la peau du cou doit être lisse et tendue sur la gorge. La couleur de Bauschan est très belle. Sa robe est d'un brun roux, tigré de noir. Mais il s'y mêle beaucoup de blanc, qui prédomine même au poitrail, aux pattes et sous le ventre, tandis que son nez court semble avoir été plongé dans le noir. Sur son crâne large et sur ses oreilles fraîches, le noir forme avec le roux un très joli dessin velouté, et ce qu'il y a de plus plaisant, c'est la touffe, l'épi, le plumet de poil blanc qui marque le milieu de son poitrail et s'y tient droit comme le piquant des anciennes cuirasses[1].

« La variété un peu capricieuse » de son pelage ainsi que les « touffes de poil pendant aux commissures des lèvres et sous la gueule » empêchaient de classer Bauschan dans une espèce bien définie. Malgré les défauts qui auraient disqualifié Bauschan aux yeux d'un puriste, c'était un chien intelligent et viril :

> Surtout ses yeux, en effet, sont beaux, intelligents et doux, bien qu'un peu vitreux et saillants. L'iris est du même roux que la robe ; mais il se réduit à un anneau étroit, grâce à la puissante dilatation de la pupille noire et miroitante, et d'autre part sa coloration déborde sur le blanc de l'œil et s'y fond. L'expression de la tête, une expression d'intelligence et de probité, révèle une virilité morale à laquelle correspond la structure du corps. Le thorax bombé, dont les côtes se dessinent vigoureusement sous la peau lisse et souple, les flancs creux, les jambes nerveuses, les pieds solides et bien conformés ; tout parle de vaillance et de vertu virile, d'un sang chasseur et paysan[2].

Au physique peu aristocratique de Bauschan correspondait un caractère simple et « populaire » que son maître se plaisait à comparer à celui de Percy. Tandis que Bauschan jouissait d'une parfaite santé intellectuelle, Percy, comme beaucoup de chiens de race aristocratique,

---

1 *Maître et chien*, pp. 12-13.
2 *Ibid.*, p. 13.

« a été toute sa vie un fou, un détraqué, le type du déséquilibre décadent ». Les démonstrations d'affection de Bauschan, âme simple et populaire, restaient modérées contrairement à celles, hystériques, de Percy. Les deux chiens manifestaient également des comportements opposés face à la douleur :

> Si Bauschan a la rudesse du peuple, il a comme lui le goût de se plaindre, alors que son noble prédécesseur unissait à plus de délicatesse et à de plus grandes capacités de souffrir, une âme incomparablement plus ferme et plus fière, et, malgré sa folie, surpassait de beaucoup en maîtrise de soi ce petit paysan. Ce n'est pas pour prêcher ici une doctrine aristocratique, c'est dans l'intérêt de la vérité seulement, que je souligne ce mélange de rudesse et de mollesse, de délicatesse et d'endurance[1].

Bien que redoutant le fouet de cuir tressé de son maître, Percy en supportait sans crier les coups violents ; Bauschan, quant à lui, se mettait à hurler dès que Mann levait le bras. Il ne manifestait « aucun sens de l'honneur, aucune exigence envers lui-même ».

Thomas Mann qualifie *Maître et chien* d'idylle. Mais il s'agit d'une idylle un peu particulière. Il n'y avait aucune égalité entre les parties ; chacun restait à sa place. L'écrivain était le maître incontesté et, quelle que fut l'autonomie dont disposait Bauschan, il devait finalement obéir. Pas de sensiblerie ou de tendresse exagérée, Mann souhaitait maintenir ses distances avec l'animal dont l'attachement à toute épreuve pouvait devenir une gêne :

> Il y a là chez le chien un instinct patriarcal de très antique origine et qui le détermine, au moins dans les races les plus viriles, celles qui vivent en plein air, à voir et à révérer dans l'homme, dans le chef de la famille et de la maison, le maître absolu [...]. C'est dans cet esprit que Bauschan m'a traité presque dès le premier jour, attachant sur ma personne le regard d'un vassal fidèle, comme pour me demander des ordres que je préférais ne pas donner, car il fut vite évident que l'obéissance n'était pas son fort ; il ne me lâchait pas d'une semelle, tant il semblait convaincu qu'il était dans l'ordre sacré des choses que nous ne fussions pas séparés. [...] Mais le respect de la vie est un sentiment trop vif pour que même la

1 *Ibid.*, p. 32.

> présence d'un chien ne suffise à nous gêner s'il s'agit vraiment d'être seul ; de plus Bauschan me gênait matériellement aussi[1].

Bauschan, notamment, empêchait le grand écrivain de se concentrer et effaçait parfois, de ses pattes velues, son encre fraîche. Le séjour dans la maison, à quelques exceptions près, lui fut donc interdit. Malgré ses réserves sur le caractère de Bauschan et son désir de maintenir quelque distance entre eux, on sent que Thomas Mann éprouvait beaucoup d'affection pour son chien :

> C'est une impression étrange, rassurante et joviale que de le sentir assis sur mon pied qu'il imprègne de sa chaleur fiévreuse. Je me sens le cœur plein de gaieté et de sympathie comme presque toujours en sa compagnie ou quand je le regarde[2].

Comme des êtres plus ordinaires, l'écrivain austère prenait du plaisir à faire joujou avec son chien :

> Quand je lis, assis sur une chaise dans l'angle du mur du jardin ou dans l'herbe, le dos appuyé à un arbre favori, j'aime à interrompre mes occupations intellectuelles pour causer et jouer un peu avec Bauschan. Ce que je lui dis ? D'habitude je lui dis son nom, le son qui le touche le plus parce que c'est lui qu'il désigne, et qui a sur lui une action électrisante ; je stimule et j'excite en lui le sentiment de sa personnalité en lui certifiant, en lui inculquant qu'il s'appelle et qu'il est Bauschan ; et pour peu que j'insiste, j'arrive à lui communiquer une véritable extase, une sorte d'ivresse de son identité ; il se met à tournoyer sur lui-même, tout en haletant d'orgueil, et pousse vers le ciel des aboiements joyeux et sonores. Ou bien nous nous amusons : je lui tape sur le nez et il tâche de happer ma main comme une mouche. Cela nous fait rire tous les deux – oui, Bauschan même rit et c'est pour moi qui ris aussi le spectacle le plus étrange et le plus touchant qui soit au monde[3].

L'activité principale de Bauschan, sa vocation pour ainsi dire, était la chasse. Il guettait avec impatience et fébrilité le moment où son maître sortirait de la maison. Soit l'écrivain tournait à gauche en

1 *Ibid.*, p. 24.
2 *Ibid.*, p. 17.
3 *Ibid.*, p. 39.

direction de l'arrêt du tramway afin de se rendre en ville, et le chien, déçu, ne le suivait pas. Soit il tournait à droite pour aller vers la campagne, et Bauschan commençait à vivre à la perspective de sa partie de chasse. C'est pendant ces promenades de chasse que l'intimité et la complicité entre l'écrivain et son chien étaient les plus étroites. Bauschan chassait et son maître regardait. Il chassait les lièvres, les perdrix, les mulots, les taupes, les canards, les mouettes et parfois même les faisans et les chevreuils. Inutile de dire que le chien n'avait guère de succès. De temps à autre, par hasard, il lui arrivait d'attraper et de déchiqueter un malheureux mulot. Bauschan, en dansant triomphalement autour de son maître, attendait ses félicitations. « Un fameux chien que j'ai là ! » disait l'écrivain en ajoutant : « Un assassin et un cannibale, voilà ce que tu es ! » À ces mots, la danse joyeuse de l'animal redoublait d'intensité.

Thomas Mann réalisa l'importance que Bauschan tenait dans son existence quand il dut le confier à une clinique vétérinaire en raison de saignements mystérieux. Avec l'internement de Bauschan, l'écrivain avait pensé jouir d'une indépendance salutaire qu'il n'avait pas connue depuis longtemps. Mais très vite ses promenades solitaires devinrent sans intérêt :

> C'était commode, calmant, et cela avait le charme de la nouveauté. Mais faute du stimulant habituel, je n'allais presque plus me promener, ma santé en souffrait ; et comme mon état devenait singulièrement semblable à celui de Bauschan en cage, je fis cette constatation très morale que la chaîne de l'affection était plus favorable à mon propre bien-être que l'égoïste liberté dont j'avais eu le désir[1].

Les saignements se révélèrent sans gravité et Bauschan put rapidement reprendre ses promenades avec son maître. Bauschan mourut en 1920, atteint d'une pneumonie ; son maître dut le faire piquer.

Un ménage à trois

Gertrude Stein (1874-1946) et Alice B. Toklas (1877-1967), depuis leur rencontre en 1907 jusqu'à la mort de Gertrude, ont vécu au cœur de la vie intellectuelle parisienne. En 1929, le caniche blanc Basket, en joignant ce ménage un peu particulier, est devenu une

1 *Ibid.*, p. 71.

vedette à part entière du monde intellectuel et artistique de son temps. Souvent photographié et peint, sa popularité a presque égalé celle de la brillante et fantasque Gertrude Stein. Alice Toklas avait désiré posséder un caniche blanc depuis qu'elle avait lu *The Princess Casamassima*, un roman d'Henry James. Alice et Gertrude, à l'exposition canine de la porte de Versailles, s'achetèrent « un caniche blanc de deux mois que nous appelons Basket afin d'aller avec elle [la maison de Bilignin près de Belley] et avec nous[1] ». Elles choisirent le nom de Basket parce qu'Alice disait qu'il devrait porter un panier de fleurs dans sa bouche. Basket devint rapidement le chouchou du ménage. Il fut aussi extrêmement populaire auprès de leurs amis et des enfants de Belley et Bilignin qui l'appelaient Monsieur Basquette. Gertrude était fascinée par le chien qui, prétendait-elle, l'avait transformée en une personne canine. Elle disait également qu'en l'entendant boire son eau, elle avait compris la différence entre un paragraphe et une phrase[2]. En prenant connaissance des réflexions de sa sœur sur l'influence littéraire de Basket, Léo Stein en conclut qu'elle avait perdu la tête. Basket était un chien intelligent à qui ses maîtresses avaient appris plusieurs tours. Gertrude Stein, après sa brouille avec Hemingway, aimait agiter un mouchoir devant le nez du chien en ordonnant : « Joue le rôle d'Hemingway ! Sois féroce ! » Excité, le chien sautait et aboyait.

Selon le jeune écrivain américain Paul Bowles, qui visita Alice et Gertrude dans leur maison de Bilignin, Alice, chaque matin, lavait Basket dans de l'eau sulfurée pendant une heure. Cela n'enchantait guère Basket qui criait et gémissait comme un bébé. Après le bain, Paul Bowles était chargé de participer au séchage du caniche. Alice et Gertrude lui demandaient de courir le plus vite possible autour de la maison. Basket s'élançait alors à sa poursuite jusqu'à ce qu'il séchât. Basket eut également un petit compagnon en la personne de Byron, un chihuahua offert par Picabia. Basket, initialement très jaloux, s'accommoda finalement du nouveau venu. Byron mourut en 1932 et fut remplacé par Pépé. Le chien Pépé est un des personnages de *A Wedding Banquet*, un ballet de Gertrude Stein et Lord Gerald Berners, représenté pour la première fois à Londres en 1937. En novembre 1938, une affreuse tragédie frappa Alice et Gertrude, Basket mourut à l'âge de dix ans :

1 Lettre à Carl Van Vechten du 15 avril 1929.
2 « Une phrase n'est pas émotionnelle, un paragraphe l'est. »

> Je ne vous ai pas écrit récemment parce que Basket est mort et, comme Rose dans l'histoire, nous avons simplement pleuré et pleuré et pleuré. Nous allons un peu mieux maintenant quoiqu'encore très mal, et maintenant nous ne savons pas trop quoi faire. Le Vet qui également aimait Basket dit que nous devrions avoir un autre [caniche] qui ne sera jamais Basket mais une sorte de consolidation, et qu'il devrait lui ressembler le plus possible. Daniel-Rops dit la même chose. Pablo [Picasso] dit le contraire[1].

Picasso leur conseillait d'acquérir un lévrier afghan similaire au sien. Annonçant que « le roi est mort vive le roi », elles décidèrent de suivre l'avis de Daniel-Rops et du vétérinaire en faisant l'acquisition d'un caniche blanc très semblable au défunt et qu'elles appelèrent Basket II. Basket II, considéré comme le bébé de Basket, gagna rapidement l'affection de ses deux maîtresses. Seul Pépé ne se réjouit guère de l'arrivée du caniche. Il avait espéré qu'avec la mort de son vieux rival il n'aurait plus à partager les faveurs et l'amour d'Alice et de Gertrude. Il fit une crise de rhumatisme. Tout le monde discuta longtemps des mérites et atouts comparés de Basket I et Basket II. On reconnut que Basket II sautait plus haut que son prédécesseur. Le nouveau venu, contrairement à Basket I, aimait bien grignoter les mouchoirs, draps, vêtements et chaussures d'Alice et de Gertrude. Basket II fut également populaire avec les peintres et les photographes.

Pépé mourut pendant l'hiver 1942, piqué par un vétérinaire près de Bilignin. Basket II, après la mort de Gertrude en 1946, vécut frugalement avec Alice dans l'appartement de la rue Christine à Paris. Devenu pratiquement sourd en 1951, il perdit la vue l'année suivante. Il mourut le 24 novembre 1952. Pour la première fois depuis 1907, Alice B. Toklas ne s'occupait plus de personne.

Agatha Christie et l'OFD

Contrairement à Hercule Poirot et Miss Marple, Agatha Christie (1890-1976) vécut entourée de chiens.

La jeune Agatha Miller était âgée de cinq ans quand ses parents lui offrirent son premier chien, un Yorkshire terrier. Elle fut si émue et

1 Lettre à Carl Van Vechten du 25 novembre 1938.

pleine de bonheur qu'elle n'osa pas s'en approcher et partit en courant se cacher dans les toilettes. Après quelques jours, le chien et la petite fille firent enfin connaissance. Ils devinrent rapidement inséparable. Mr Miller avait appelé le chien George Washington. Sa fille décida que Tony était un nom plus approprié. Le chien le plus souvent associé à Agatha Christie est Peter, le terrier qu'elle donna à sa fille Rosalind. Il joua un rôle particulièrement crucial pendant la période de dépression, à partir de 1926, occasionnée par la mort de sa mère et la défection de son mari Archie Christie. Peter devint, dans ces moments pénibles, son compagnon préféré et sa principale source de consolation, de réconfort et d'amour. En 1928, Agatha Christie dédia son roman *Le Mystère du train bleu* aux « two distinguished members of the OFD, Carlotta and Peter » (deux membres distingués de l'OFD, Carlotta et Peter). Carlotta Fisher était sa secrétaire particulière et Peter son chien. OFD est le sigle de l'« Order of Faithful Dog » (ordre du chien fidèle) qui récompensait les proches d'Agatha Christie ayant pris son parti quand son mari la quitta. La reine du roman policier resta très attachée à son chien. Le moindre accident, la maladie la plus bénigne la mettaient au comble de l'anxiété. Lorsqu'on découvrit une grosseur suspecte dans son épaule, Agatha exprima son désespoir dans une lettre adressée à son deuxième mari, l'archéologue Max Mallowan. Il ne pouvait comprendre la nature de son attachement pour Peter, écrivit-elle, car il n'avait jamais traversé des épreuves aussi terribles avec un chien comme unique soutien. La grosseur, heureusement, n'était pas maligne et Peter récupéra rapidement. Il mourut plusieurs années après, en 1938.

Très affectée, Agatha Christie attendit trois ans avant de se procurer un nouveau chien. James, malheureusement pour un chien d'écrivain, ne supportait pas le bruit des machines à écrire. James fut remplacé par Teacle auquel succéda Bingo, le dernier chien d'Agatha. Ce dernier, quelque peu névrosé, mordait tous les mollets qui passaient près de lui. Les jambes de Max se couvrirent rapidement de cicatrices. La seule personne épargnée était bien sûr sa maîtresse qu'il adorait et qui le lui rendait bien.

Voyager avec Charley

En septembre 1960, l'écrivain américain John Steinbeck (1902-1968) décida de partir à la découverte de l'Amérique profonde. Ses succès littéraires l'avaient éloigné de cette Amérique qu'il avait bien connue dans sa jeunesse. Avait-elle changé ? La reconnaîtrait-il ? Pendant onze semaines, l'auteur des *Raisins de la colère*, en compagnie de son chien Charley, traversa l'Amérique en tous sens dans sa camionnette aménagée nommée Rossinante d'après le cheval de Don Quichotte. Steinbeck revint désenchanté. L'Amérique qu'il avait tant aimée avait bien changé, et le plus souvent pas dans le bon sens. Il ne la comprenait plus. Mais le voyage ne fut pas que déception. Steinbeck ramena avec lui un projet de livre publié l'année suivante. *Travels with Charley*[1], le dernier grand livre de Steinbeck, devint immédiatement un best-seller faisant de Charley un des chiens les plus célèbres des États-Unis.

Steinbeck eut l'idée d'emmener Charley afin de se sentir moins seul. Il sollicita l'accord de sa femme qui n'y vit que des avantages. « Quelle bonne idée ! Si tu as des problèmes, Charley pourra aller chercher de l'aide. » « Mais Charley n'est pas Lassie », répondit l'écrivain.

Charley n'était peut-être pas Lassie. Mais ce n'était pas n'importe qui non plus. Charley, un grand caniche de couleur dite « bleue » était un vieux gentleman français. Sous le vrai nom de Charles le Chien, il naquit à Bercy, dans la banlieue parisienne, et fut dressé en France. Bien que connaissant un peu d'anglais caniche, il obéissait surtout aux ordres donnés en français. C'était un chien raffiné aux manières irréprochables. Quand son poil était bien soigné, Charley, malgré son âge, apparaissait comme un chien élégant et distingué :

> Car, lorsqu'il est lavé, tondu et coiffé, il est aussi satisfait de soi qu'un homme habillé par un bon tailleur, ou une femme vernie de frais dans un institut de beauté. Ses pattes bien peignées étaient nobles choses, sa cape de fourrure bleu argenté, celle d'un gandin, et il tenait le pompon de sa queue comme le bâton d'un chef d'orchestre. Une belle moustache, taillée et peignée avec soin, lui donnait l'apparence d'un dandy français du XIXe siècle et, par la même occasion, dissimulait ses dents irrégulières[2].

Cette dentition désordonnée était le seul défaut physique qui avait empêché Charley de participer aux concours canins. Ses dents de travers lui permettaient cependant de prononcer la lettre F. Le mot « Ftt » signifiait qu'il voulait faire ses petits besoins. Charley avait

---

1 Récemment publié en français sous le titre *Voyage avec Charley* (traduit par Monique Thies, Phébus, 1995).
2 *Voyage avec Charley*, p. 125.

également quelques problèmes avec sa hanche. Petit, il s'était cassé la hanche après avoir été heurté par une voiture. Devenu vieux, elle le faisait souffrir quand il était fatigué. Cela le contraignait à effectuer quelques circonvolutions avant de pouvoir se coucher, d'où son surnom de « caniche tourneur ».

Steinbeck ne regretta sûrement pas d'avoir pris Charley avec lui. D'abord, même s'il n'était pas Lassie ou Rin Tin Tin, il offrait malgré tout un peu de sécurité. Certes, Charley était davantage un diplomate qu'un guerrier. Il préférait la négociation à la bataille. Avec raison d'ailleurs puisque ses talents de lutteur étaient des plus médiocres. Sa seule expérience en ce domaine, lorsqu'il affronta un congénère peu enclin à la négociation, se solda par la perte d'un bout d'oreille. Malgré tout, Charley, en raison de son rugissement léonin, était un chien de garde efficace, du moins pour les intrus ignorant qu'il était incapable de s'extirper d'un cornet de papier avec ses dents.

Le diplomate Charley se révéla fort utile comme ambassadeur. Lorsque Steinbeck désirait lier connaissance avec des inconnus, il envoyait Charley en éclaireur. Le caniche sympathisait avec les inconnus. Steinbeck, faisant mine de retrouver son chien perdu, pouvait alors facilement engager la conversation.

Le chien fut certainement un compagnon précieux pour lutter contre la solitude des grands espaces américains. Charley et Steinbeck, il est vrai, s'entendaient fort bien. L'écrivain ne considérait pas son caniche comme un petit enfant, mais comme un chien, avec ses qualités et ses défauts. Steinbeck avait d'ailleurs horreur de l'espèce très répandue des « amoureux des chiens » qui reportent toutes leurs frustrations sur leur animal chéri.

> Cet amoureux des bêtes s'adresse en langage de bébé à des animaux mûrs et réfléchis et leur attribue des tendances pleurnichardes jusqu'à faire du chien son *alter ego*. Ces gens, avec ce qu'ils s'imaginent être de la gentillesse, sont capables d'infliger de longues tortures à un animal, lui déniant tout désir naturel et toute possibilité de s'accomplir, jusqu'à ce que l'animal, pour peu qu'il soit doté d'un caractère faible, cède et devienne un paquet de nerfs, gras et asthmatique[1].

Charley avait également une aversion profonde pour ce type d'individu :

1 *Voyages avec Charley*, p. 173.

> Lorsqu'un étranger bêtifie avec Charley, celui-ci l'évite. Charley n'est pas un homme mais un chien et il apprécie cet état de chose. Il préfère rester un chien de première catégorie que de devenir un homme de seconde classe[1].

Charley, en tant que chien, avait ses points forts mais aussi ses limites :

> Je sais, d'expérience, que, dans beaucoup de domaines, Charley est plus intelligent que moi, même si, dans d'autres, il est d'une ignorance insondable. Il ne sait ni lire ni conduire une voiture, et n'entend strictement rien aux mathématiques. Mais, dans sa façon impériale de flâner et d'oindre un terrain, il n'a pas d'égal. Bien sûr, ses horizons sont limitées, mais quelle ampleur ont les miens[2] ?

Le chien pouvait pratiquement lire les pensées de son maître. Il anticipait ses mouvements et ses décisions.

Malgré tout, Steinbeck, vaincu par l'ennui, ne pouvait s'empêcher de dialoguer avec Charley comme avec un être humain. À une différence près, cependant. Steinbeck n'obtenait pas de réponse. Les réflexions du grand écrivain sur l'avenir de l'Amérique, offertes en exclusivité avant publication du livre, laissaient Charley de marbre ou le faisaient dormir.

> Sur la grand-route proche de Toledo, j'eus avec Charley une conversation touchant aux racines. Il écouta, mais ne répondit pas[3].

> Je me surpris à parler tout haut à Charley. Il apprécie l'idée mais la pratique l'endort[4].

Voyager avec Charley garantissait son pesant de surprises et d'émotions.

Dans le New Hampshire, peu après le début du voyage, les instincts amoureux du vieux caniche provoquèrent un incident qui eût pu fort mal tourner. Steinbeck était assis près de la chaussée,

1 *Ibid.*, p. 173.
2 *Ibid.*, pp. 41-42.
3 *Ibid.*, p. 111.
4 *Ibid.*, p. 140.

feuilletant une revue, quand s'arrêta une voiture luxueuse conduite par une dame dont la corpulence n'avait d'égale que la vulgarité. Un loulou de Poméranie de sexe féminin, tout aussi vulgaire et gras que sa maîtresse, sortit de la limousine. Charley, émergeant de derrière une boîte à ordures, trouva la créature totalement irrésistible. Son sang français ne faisant qu'un tour, il lui manifesta sa galanterie de la façon la plus explicite. La grosse dame, poussant un cri de lapin blessé, jaillit de la voiture. Elle aurait ramassé sa petite chérie pour la serrer sur sa poitrine si elle avait pu se baisser suffisamment. Faute de quoi elle se contenta de gifler le galant qui répliqua en lui mordillant la main. Steinbeck, ayant pris la main meurtrie, constata qu'elle n'avait subi aucun dommage sérieux. Ce ne fut pas l'opinion de la chienne rondouillarde qui, pour venger sa maîtresse, mordit l'écrivain jusqu'au sang. Charley, trouvant la scène absurde, s'esquiva pour reprendre l'arrosage de la boîte à ordures. Steinbeck, avec l'aide d'une bouteille de cognac, sut convaincre la partie adverse de cesser les hostilités.

Charley put manifester un peu plus tard son agressivité latente. Steinbeck, bien que peu attiré par les parcs nationaux, avait néanmoins décidé de visiter celui de Yellowstone, dans les montagnes Rocheuses. À l'entrée du parc, un jeune gardien lui conseilla de surveiller son chien et de le tenir en laisse à cause des ours. Steinbeck lui répondit que, Charley étant un pacifiste qui respectait tous les animaux, les ours n'avaient donc rien à craindre. « Mes craintes ne concernent pas les ours, répliqua le jeune homme en éclatant de rire, mais votre chien. Les ours sont devenus très intolérants vis-à-vis des chiens. Et ils peuvent les pulvériser en un instant. » À moins d'un mile de l'entrée du parc, Steinbeck vit un ours qui trottinait vers Rossinante. Charley, à la vue de l'ours, se mit à hurler de rage. Retroussant ses babines, il exhiba ses mauvaises dents qui pouvaient à peine briser un biscuit et insulta l'ours éberlué. Steinbeck préféra accélérer avant que l'animal insulté ne s'en prenne au chien insolent. La vision d'autres ours réveillant également les instincts de tueur du pacifique Charley, l'écrivain fit demi-tour et se dirigea aussi vite que permis vers la sortie du parc.

Comme tout vieux gentleman français qui se respecte, Charley souffrait de la prostate. Son mal empira pendant le voyage. Il ne pouvait plus évacuer sa vessie. Steinbeck dut se transformer en vétérinaire amateur pour soulager l'infortuné caniche pendant une crise particulièrement douloureuse. À Spokane, sur la côte pacifique, un vétérinaire alcoolique fut incapable de traiter l'animal. Un arrêt forcé de quatre jours à Amarillo (Texas) permit à un spécialiste plus compétent de guérir Charley.

La traversée de la Louisiane se passa sous le signe du racisme. Au moins vingt fois, des passants ou des employés de parkings et stations d'essence prirent Charley, assis à côté de Steinbeck, pour un Noir :

> – Eh bien mon vieux ! J'ai cru que vous aviez un nègre là-dedans. Mais c'est un chien ! J'ai vu sa grande gueule et j'ai cru que c'était une gueule de nègre[1] !

Rien de tel pour refroidir l'atmosphère. Dans la petite ville d'Houma, Steinbeck assista à des incidents raciaux provoqués par la politique gouvernementale de déségrégation dans les écoles. Des mégères blanches hystériques couvraient d'injures obscènes des petits enfants, des Noirs comme des Blancs, qui se rendaient dans la même école. L'écrivain fut profondément troublé par ce spectacle, peu à l'honneur du genre humain, qui suscita également le mépris de Charley.

> Charley ne connaît aucun de nos problèmes. Il n'appartient pas à cette espèce suffisamment intelligente pour décortiquer l'atome mais trop peu pour vivre en paix avec elle-même. Il ignore les problèmes raciaux, ne s'occupe pas du mariage de sa sœur. Tout au contraire. Un jour, Charley tomba amoureux d'une demoiselle basset, liaison racialement inconcevable, physiquement ridicule et mécaniquement impossible. Charley dédaigna tous ces problèmes. Il était profondément épris et tira le meilleur parti des choses.
>
> Il serait difficile d'expliquer à un chien les mobiles bons et moraux d'un millier d'êtres humains réunis pour injurier un minuscule échantillon d'humanité. J'ai surpris dans les yeux d'un chien un regard, vite effacé, de mépris étonné, et je suis convaincu qu'au fond, les chiens prennent les hommes pour des piqués[2].

Steinbeck, écœuré et fatigué, fonça chez lui presque sans s'arrêter. Pour la plupart des lecteurs de *Travels with Charley*, le caniche cesse d'exister à la fin du voyage. En fait, Charley vécut encore un peu plus de deux années. En septembre 1962, Steinbeck donna des nouvelles de son chien dans une lettre destinée à Otto Lindhart, son éditeur danois :

1 *Ibid.*, p. 232.
2 *Ibid.*, p. 247.

> Charley va bien, mais il devient vieux. La hanche qu'il s'était cassée tout petit le gêne considérablement, particulièrement quand le temps change. Mais le matin il se sent encore jeune.

À la fin du moins d'avril de l'année suivante, Steinbeck annonça la mort de Charley à son ami le docteur Montgomery :

> La semaine dernière fut une semaine triste. Charley le chien mourut, laissant, bien qu'ayant fait le plein d'années, un trou profond. Il est mort de ce que, chez un être humain, on appellerait probablement une cirrhose. Cette dégénérescence et généralement attribuée à un excès d'alcool. Mais Charley ne buvait pas, ou s'il le faisait, c'était dans le plus grand secret.

Steinbeck, avant l'arrivée de Charley, avait possédé plusieurs chiens. Mentionnons seulement un setter nommé Toby qui se signala en commettant le crime que les écrivains redoutent le plus. Il réduisit en l'état de confettis la moitié d'un manuscrit de son maître. Cela coûta à Steinbeck deux mois de travail supplémentaires.

Lévinas et Bobby

Dans un court essai[1], le philosophe Emmanuel Lévinas évoque le souvenir d'un chien qu'il connut alors qu'il était prisonnier de guerre en Allemagne :

> Nous étions soixante-dix dans un commando forestier pour prisonniers de guerre israélites, en Allemagne nazie. Le camp portait – coïncidence singulière – le numéro 1492, millésime de l'expulsion des juifs d'Espagne sous Ferdinand V le Catholique. L'uniforme français nous protégeait encore contre la violence hitlérienne. Mais les autres hommes, dits libres, qui nous croisaient ou qui nous donnaient du travail ou des ordres ou même un sourire – et les enfants et les femmes qui passaient et qui, parfois, levaient les yeux sur nous – nous dépouillaient de notre peau humaine. Nous n'étions qu'une quasi-humanité, une bande de singes. Force et misère de persécutés, un pauvre murmure intérieur nous rappelait notre essence raisonnable. Mais nous n'étions plus au monde [...].

1 « Nom d'un chien ou le droit naturel », dans *Difficile Liberté*, Paris, Albin Michel, 1963.

> Et voici que, vers le milieu d'une longue captivité – pour quelques courtes semaines et avant que les sentinelles ne l'eussent chassé – un chien errant entre dans notre vie. Il vint un jour se joindre à la tourbe, alors que, sous bonne garde, elle rentrait du travail. Il vivotait dans quelque coin sauvage, aux alentours du camp. Mais nous l'appelions Bobby, d'un nom exotique, comme il convient à un chien chéri. Il apparaissait aux rassemblements matinaux et nous attendait au retour, sautillant et aboyant gaiement. Pour lui – c'était incontestable – nous fûmes des hommes.

Pour Lévinas, il faudrait chercher l'ancêtre de Bobby parmi les chiens évoqués dans le livre biblique de l'Exode.

> Alors Moïse dit : « Ainsi parle Yahvé : Vers le milieu de la nuit je parcourrai l'Égypte, et tous les premiers-nés mourront dans le pays d'Égypte, aussi bien le premier-né de Pharaon qui doit s'asseoir sur son trône, que le premier-né de la servante qui est derrière la meule, ainsi que tous les premiers-nés du bétail. Ce sera alors, dans tout le pays d'Égypte, une grande clameur, telle qu'il n'y en eut jamais et qu'il n'y en aura jamais plus. Mais chez tous les Israélites, pas un chien ne jappera contre qui que ce soit, homme ou bête, afin que tu saches que Yahvé discerne Israël de l'Égypte. »
>
> Exode XI, 4-7[1].

Pour Lévinas, ces chiens de la Bible, tout comme leur descendant Bobby, attestaient la dignité de la personne.

1 Dans la traduction de la *Bible de Jérusalem*.

D'autres maîtres distingués

1

CHIENS DE SAVANTS

Newton

Le plus célèbre des chiens de savant est sans doute Diamond (Diamant), qui appartenait au grand physicien Isaac Newton (1642-1727). Diamond est passé à la postérité pour avoir, en renversant une chandelle, déclenché un incendie qui détruisit le traité scientifique sur lequel son maître travaillait. Newton, déprimé par cette perte, dut consacrer quelques mois supplémentaires à l'achèvement de cette œuvre. En réalité, Newton n'eut probablement jamais de chien et si un incendie se produisit dans son bureau il ne causa aucun dommage sérieux. Si Newton finit en retard, ce fut en raison d'une maladie. L'histoire de Diamond a probablement été inventée à la fin du XVIIIe siècle. Elle a été reprise dans beaucoup d'ouvrages consacrés à Newton.

Darwin observe

Charles Darwin (1809-1882), le père de la théorie de l'évolution, a toujours considéré les chiens et leur élevage comme une activité de la plus haute importance pour ses travaux scientifiques. Mais son intérêt ne fut pas seulement de nature scientifique puisque plusieurs chiens ont également gagné son affection.

Francis Darwin, dans *The Life and Letters of Charles Darwin*, consacre plusieurs pages aux chiens de son père. Il souligne que, dès sa plus tendre enfance, Darwin sut comment s'attirer, à leurs dépens, l'affection des chiens de ses sœurs et de son cousin W. D. Fox. Le chien de ce dernier avait pris l'habitude de se glisser dans son lit à l'époque où il étudiait à Cambridge. Avant son fameux voyage sur le *Beagle*, Darwin possédait un chien qui lui était tout particulièrement dévoué. Le comportement du chien, lorsqu'il revint cinq ans plus tard, confirma certaines de ses idées sur les animaux comme il l'indiqua dans *La Descendance de l'Homme*[1] :

> Les animaux sont doués d'une excellente mémoire portant sur les personnages et les lieux. J'ai eu un chien très sauvage et qui avait de l'aversion pour toute personne étrangère dont j'ai mis la mémoire à l'épreuve après une absence de cinq ans et deux jours. Je me rendis près de l'écurie où il se trouvait et l'appelai suivant mon ancienne habitude ; le chien ne témoigna aucune joie, mais me suivit immédiatement en m'obéissant comme si je l'avais quitté depuis un quart d'heure seulement.

Francis Darwin se souvenait de deux chiens qui comptèrent beaucoup dans la vie de son illustre père. Le premier était un grand retriever noir et blanc appelé Bob.

Mais le favori de Darwin fut sans doute Polly, une chienne fox-terrier blanche. Polly permit également à son maître de tester et confirmer ses théories. En effet, une brûlure avait laissé sur son dos une marque sur laquelle le poil qui avait repoussé était roux et non blanc. Comme le père de Polly avait le poil roux, Darwin pensait que ce phénomène venait à l'appui de sa théorie génétique de la pangénésis. Polly appartenait initialement à Henrietta, une des filles de Darwin. Lorsqu'elle épousa Richard Litchfield en 1871, Henrietta laissa sa chienne aux bons soins de son père ravi. Elle prit l'habitude d'accompagner son maître dans ses promenades quotidiennes. Elle hésitait parfois à le suivre quand le temps était pluvieux. Mais rendue un peu honteuse par son manque de courage, elle finissait généralement par le rejoindre. Polly devenait déprimée et maussade lorsque l'on sortait les valises de Darwin. En revanche, elle reprenait vie quand le bureau de son maître était mis en ordre en vue d'un retour prochain. Darwin la traitait avec beaucoup d'affection et de tendresse. Bien rares étaient les choses qu'il lui refusait. Polly, il est vrai, savait par des expressions appropriées susciter les réponses souhaitées. On dut mettre fin à ses jours peu après la mort de Darwin.

---

1 Traduit par E. Barbier, Paris, 1891, p. 77.

Freud et ses chow-chows

Sigmund Freud (1856-1939) avait presque 70 ans quand il commença à explorer l'inconscient des chiens. Comme beaucoup de psychanalystes, il se passionna pour ses nouveaux patients. Anna Freud, sa fille, disciple, confidente et infirmière, est la mieux placée pour témoigner de l'intérêt de son père vieillissant pour les chiens :

> L'intérêt de Freud pour les chiens fut tardif. Il commença dans les années 1920 avec une relation fondée sur un respect mutuel avec un grand berger allemand qui n'était pas sans danger [...]. Il devint plus profond et se transforma en une tendre sollicitude pour un animal qui fut acquis à Paris spécialement pour lui [...]. Ce que Freud appréciait particulièrement en ses chiens était leur grâce, leur dévotion et leur loyauté : ce qu'il louait – comme un grand avantage par rapport aux humains – était l'absence de toute ambivalence. « Les chiens, disait-il souvent, aiment leurs amis et mordent leurs ennemis, tout à fait à l'opposé de gens qui sont incapables d'un amour pur et doivent toujours mélanger l'amour et la haine dans leurs relations[1].

Le grand berger allemand était noir et s'appelait Wolf. Freud l'offrit en 1925 à Anna, qui habitait chez lui, afin de l'accompagner pendant ses promenades en forêt. Le chien était en principe destiné à la fille, mais ce fut surtout le père qui en profita. Il est vrai que Wolf entra dans la famille Freud à un moment particulièrement propice. En effet, depuis deux ans, le père de la psychanalyse avait largement perdu le goût de la vie. La découverte de son cancer de la bouche et surtout la mort de Heinerle, son petit-fils adoré, l'avaient profondément affecté. Les conflits de personnes et d'idées à l'intérieur du mouvement psychanalytique n'avaient certainement pas arrangé les choses. Wolf trouva vite sa place, très importante, dans le cœur de Freud. Dans une lettre de 1927, ce dernier assimilait l'amour pour les chiens à celui pour les enfants.

> Comment se fait-il que ces petits êtres [les enfants] nous procurent tant de bonheur ? Car nous avons appris sur eux beaucoup de choses qui ne correspondent pas à nos idéaux et nous devons les considérer

1 Introduction à la traduction allemande, par Anna et Sigmund Freud, du livre de Marie Bonaparte, *Topsy, chow-chow au poil d'or*.

> comme de petits animaux ; mais les animaux, bien sûr, sont également une source de joie. Ils sont beaucoup plus attrayants que les adultes, compliqués et à plusieurs niveaux. J'en fait maintenant l'expérience avec Wolf qui a presque remplacé Heinerle[1].

Anna avait coutume de dire à son père qu'il avait transféré sur Wolf la passion qu'il éprouvait pour elle. Wolf s'intégra totalement à la famille Freud. Sigmund et Anna le traitaient comme un enfant gâté. Ils le faisaient largement participer au repas familial au grand dam de la très bourgeoise madame Freud. En 1926, Wolf présenta un poème à Freud à l'occasion de son anniversaire, inaugurant ainsi une longue tradition. Notons toutefois qu'en 1930, en l'absence des chiens de la maison, une tortue fut chargée d'offrir le poème annuel. Wolf pouvait se montrer agressif. En 1927, il mordit Ernest Jones, un disciple de Freud et son futur « biographe officiel ». Dans une lettre, Freud nota qu'il ne punit le chien qu'à contrecœur, Jones ayant bien mérité son sort. Wolf mourut en 1936.

En 1927, Dorothée Burlingham, une amie américaine de Freud, lui offrit une chienne chow-chow appelée Lin Yug. Son premier chien à lui tout seul. Lin Yug, malheureusement, passa sous un train en août 1929. Freud fut sérieusement affecté par cette fin tragique. Il remarqua que la peine qu'il ressentit ressemblait, sinon en intensité du moins en qualité, à celle éprouvée après la mort d'un enfant. Il attendit quelques mois avant de remplacer Lin Yug par sa sœur Jofi. Jofi devint rapidement le compagnon de tous les instants. Elle assistait aux séances d'analyse. Sa chienne possédant une excellente notion du temps, Freud sentait rarement le besoin de consulter sa montre. Après une heure, Jofi, en se levant, signalait au client que la séance était finie. Freud admettait, avec une certaine satisfaction, qu'il lui arrivait de se tromper d'une minute, mais toujours en sa faveur. Jofi était d'un grand réconfort dans ses nombreux moments d'intense souffrance. « Si seulement, écrivit Freud à Marie Bonaparte en 1936, vous aviez vu la sympathie qu'elle me témoigna pendant ces journées infernales, comme si elle comprenait tout. »

De 1935 à 1938, Freud s'intéressa beaucoup à un autre chow-chow, appelé Topsy, qui appartenait à sa grande amie Marie Bonaparte. En 1935, cette dernière apprit que son chien chéri souffrait d'un cancer de la bouche. Des applications de rayons X à l'Institut Curie parvinrent cependant à guérir un mal initialement

1 Lettre à Lampl, 22 février 1927.

jugé presque incurable. De mai 1935 à juin 1936, Marie Bonaparte écrivit un livre consacré à son chien. Cet ouvrage, une sorte de méditation sur la maladie, l'amour et la mort, fut publié en 1937 sous le titre *Topsy, chow-chow au poil d'or*. Freud, à qui Marie Bonaparte avait montré le manuscrit, lui transmit par écrit sa réaction très favorable :

> J'aime le texte ; il est, de façon si émouvante, réaliste et vrai [...]. Il donne vraiment les raisons pour lesquelles on peut aimer avec une intensité surprenante un animal comme Topsy (ou Jofi) : son affection, sans ambivalence, la simplicité de sa vie dégagée du conflit presque insoutenable avec la civilisation, la beauté d'une existence complète en elle-même. Et malgré la nature différente de son développement organique, une sensation de relation intime – un sens indéniable d'appartenance mutuelle – existe néanmoins entre nous[1].

Il est facile de comprendre pourquoi Freud se sentit si concerné par le livre de Marie Bonaparte. Freud l'apprécia tellement qu'il en commença une traduction en allemand en 1935 et 1936. Il la termina, avec l'aide d'Anna, en 1938, juste avant son départ définitif pour Londres à la suite de l'annexion de l'Autriche par Hitler.

Jofi fut moins chanceuse que Topsy. Elle mourut en janvier 1937 quelques jours après une opération chirurgicale. Freud confia son désarroi à son ami Arnold Zweig :

> Il s'agit d'une sensation hautement curieuse ; sa présence semblait aller tellement de soi, et soudainement elle n'est plus. Mettant de côté le deuil, cela est très irréel et on se demande comment on peut s'y habituer [...]. Bien évidemment on ne raye pas d'un coup de plume sept ans d'intimité[2].

Jofi fut remplacé par Lün. Elle avait été initialement offerte à Freud en même temps que Jofi. Mais la méchanceté de Jofi à l'égard de Lün avait contraint Freud à la confier à des amis. Il la jugeait très intelligente et plus affectueuse que Jofi avec la plupart des gens. Lün suivit la famille en Angleterre. Freud et sa chienne furent malheureusement séparés pendant les six mois de quarantaine imposés par la réglementation anglaise. Mais le vieux savant, dès que sa santé le

1 Lettre du 6 décembre 1936.
2 Lettre du 10 février 1937.

permettait, se précipitait au chenil de Ladbroke Grave pour visiter Lün. Mr Kevin F. Quin, le responsable du chenil, a décrit pour la presse anglaise l'une de ces visites :

> C'était difficile de dire qui était le plus heureux. Je n'ai jamais vu autant de bonheur et de compréhension dans les yeux d'un animal [...]. Il [Freud] joua avait elle, lui parla en employant toutes sortes de mots affectueux pendant une bonne heure. Et malgré la longueur du voyage pour un homme de son âge, il affirma sa résolution de visiter Lün aussi souvent que possible.

La quarantaine s'acheva le 6 décembre 1938. La presse se joignit à Freud pour célébrer l'événement. Mais le docteur n'avait plus que 9 mois à vivre. Et ces 9 mois furent tout particulièrement horribles. Pendant les dernières semaines, sa bouche était devenue un amas de chairs mutilées, dégageant une odeur si fétide que même la fidèle Lün répugnait à s'approcher de lui. Il demanda à son médecin d'abréger son martyre et s'éteignit le 9 septembre 1939.

2

Compagnon d'atelier

Si les hommes et femmes de lettres n'ont guère hésité à écrire sur leurs chiens préférés, les peintres ont été plus réticents à les représenter dans leurs tableaux. Et quand ils l'ont fait, il n'est pas toujours facile de s'en apercevoir.

Dans un tableau de Théobald von Oër représentant la visite de Giovanni Bellini à l'atelier d'Albrecht Dürer (1471-1528), on peut apercevoir un bichon maltais. Il est très possible que Dürer, qui a souvent représenté des bichons dans ses tableaux et gravures, ait possédé un chien de cette race. Dans l'*Érection de la Croix*, le célèbre tableau de Rubens (1577-1640) que l'on peut admirer dans la cathédrale d'Anvers, on note la présence d'un épagneul dans un coin inférieur du tableau. Il s'agit très probablement du chien de Rubens. Goya (1746-1828) a peint beaucoup de ses modèles en compagnie d'un bichon maltais. Le chien qui apparaît dans les portraits de son fils ou dans celui de sa belle-fille Doña Gumersinda Goicoechae lui appartenait peut-être.

Le gardien de Cellini

Nous sommes un peu mieux renseignés sur le chien de Benvenuto Cellini (1500-1571), grâce aux Mémoires que l'illustre sculpteur a eu la générosité de laisser à la postérité. Le duc Alessandro de Medici lui offrit un superbe chien de chasse qu'il appela Baruccio. Baruccio se rendit célèbre lorsque un voleur s'introduisit dans le magasin d'orfèvrerie de Cellini. Le chien après avoir vainement essayé d'attirer l'attention des employés qui habitaient dans la maison, tenta lui-même d'arrêter le cambrioleur. Mais celui-ci parvint à s'échapper, emportant avec lui nombre d'objets précieux. Peu de temps après, Baruccio reconnut le voleur qui venait d'être appréhendé pour un autre méfait. Cellini put ainsi récupérer ses pièces d'orfèvrerie.

Hogarth et son carlin

Le premier chien de peintre véritablement célèbre est sans aucun doute Trump, le carlin de William Hogarth (1697-1764). Un de ses tableaux les plus connus, aujourd'hui à la Tate Gallery de Londres, représente le grand peintre anglais avec son chien. Trump est moins ramassé que les carlins actuels, et son museau est plus allongé. Le peintre a peint son fidèle compagnon avec le plus grand soin, lui attribuant autant d'importance qu'à lui-même. Les critiques de l'époque ne manquèrent pas de remarquer l'étonnante et troublante ressemblance entre le peintre et son carlin. Les mêmes mâchoires fortes et protubérantes, les similarités dans le nez et le regard suggèrent une identité de caractère marquée. La grande affection de Hogarth pour Trump et leur ressemblance le fit surnommer le peintre carlin. Quelques années après l'élaboration de cet autoportrait, le révérend Charles Churchill publia un pamphlet en vers contre Hogarth. Le peintre répliqua avec une gravure modifiée de son autoportrait avec Trump. Le peintre est remplacé par un ours caricaturant Churchill et l'on voit Trump uriner sur le pamphlet. La gravure est intitulée *The Bruiser C. Churchill* (« La brute C. Churchill »). À la mort de Trump, Hogarth acquit Crabs, un autre carlin. Mme Hogarth, elle, préférait les épagneuls. Son chien le plus connu s'appelait Pompey. Un petit détail, le ménage Hogart n'eut jamais d'enfants.

Picasso et ses chiens

Peu de peintres ont été si étroitement associés à des chiens que Picasso (1881-1973). Les chiens ont tenu une place considérable à la fois dans son œuvre et dans sa vie privée. Non seulement Picasso a parfois peint ou dessiné ses chiens, mais encore les personnages de certains tableaux montrent une ressemblance frappante avec le chien favori du moment. Picasso éprouvait une grande fascination pour les chiens et réciproquement. Mais il ne se comportait ni en papa-chien tendre et « cuculisant » ni en maître autoritaire. Sa relation avec ses chiens était intuitive et laconique, similaire à celle des animaux entre eux. Les chiens comprenaient instinctivement ce que le peintre désirait d'eux. Picasso, dans ses rapports avec ses chiens, évoquait à beaucoup de ses proches une sorte de magicien contrôlant le monde animal. Ses chiens jouissaient de la plus grande autonomie. Ils avaient le plus souvent accès à son atelier. À ses amis qui craignaient qu'ils pussent y causer des dégâts coûteux, Picasso répondait qu'ils savaient exactement ce qu'ils pouvaient toucher.

Une huile de 1895 représente Clipper, le premier de ses chiens dont Picasso nous ait laissé le portrait. On remarque immédiatement la vivacité du sympathique petit bâtard. Quand il vint s'installer définitivement à Paris en 1904, Picasso emmena avec lui son chien Gat. Notons que *gat* signifie chat en catalan. Peu après son arrivée à Paris, il fit l'acquisition de Féo (laid en espagnol) et Frika. Picasso a laissé plusieurs dessins de ces animaux. Frika, un mélange d'épagneul breton et de berger allemand, devint sa favorite. Sauf quand il fit une « fugue » avec Eva Gouel, Frika ne quitta jamais son maître. Frika mourut en 1913, année particulièrement triste pour le peintre puisqu'elle vit également la mort de son père et le début de la maladie qui allait emporter Eva quelques années après. Cinquante ans plus tard, Picasso se souvenait encore avec émotion de Frika et de sa mort.

Le lévrier afghan Kasbek est sans doute le chien le plus connu de Picasso. Kasbek tenait un rôle vedette dans les soirées qui se déroulaient dans l'atelier de Picasso pendant l'Occupation. Roland Penrose, ami et biographe du peintre, évoque la « dignité orientale somnolente du gracile animal et la vivacité avec laquelle il se réveillait tout à coup[1] ». Le photographe Brassaï, un familier de Picasso dans les années 1940, décrit Kasbek comme « un chien étrange, toujours silencieux et on dirait triste » qui « allonge son maigre corps réduit presque à la carcasse et aussi ses délicates, interminables pattes dans une attitude sculpturale[2] ». Picasso attirait l'attention du célèbre photographe sur les poses que Kasbek prenait :

> Avez-vous remarqué qu'il peut prendre des poses si extraordinaires

1 Roland Penrose, *Picasso*, traduit de l'anglais par Jacques Chavy et Paul Peyrelevade, Paris, Flammarion, 1982, p. 364.
2 Brassaï, *Conversations avec Picasso*, Paris, Gallimard, 1964, p. 114.

qu'on pense à tout autre chose qu'à un chien ? Regardez-le sous cet angle. Ne ressemble-t-il pas plutôt à une grande raie qu'à un chien ? Pour Dora, il évoque une crevette géante... Man Ray en avait fait quelques photos... Peut-être en ferez-vous aussi[1]...

Kasbek, contrairement à la plupart des lévriers afghans, n'était pas couvert de longs poils. Il appartenait à une espèce très rare en France, attirant ainsi l'attention des passants :

> Tellement rare que, lorsque je [Picasso] me promène avec lui, tous les gens le regardent et me demandent sa race... Un jour, à Royan, au début de l'Occupation, un officier allemand m'a accosté. Je me demandais ce qu'il me voulait... Or, il désirait simplement connaître la race de Kasbek. J'ai respiré. Marcel, qui promène souvent les chiens, se plaint qu'on l'assiège de questions. Aussi lui ai-je dit : « Marcel, une fois pour toutes, quand on vous interroge sur la race de mon chien, dites aux gens que c'est un... basset charentais... Ça leur donnera un tel choc qu'ils ne demanderont plus rien[2]... »

Le profil allongé et fin de Kasbek a certainement influencé les portraits peints par Picasso, comme le souligne Roland Penrose :

> Il [Kasbek] ne quittait jamais son maître et son profil au museau aigu et sensible se retrouva alors pendant plusieurs années parmi les têtes humaines qu'inventait Picasso. Le fait est que Picasso me dit un jour en plaisantant que ses deux principaux modèles, avant et pendant la Seconde Guerre mondiale, furent Kasbek et Dora Maar[3].

D'ailleurs, certains portraits de Dora Maar montrent une ressemblance curieuse avec le museau du lévrier afghan.

Le boxer Yan remplaça Kasbek en 1949. Dans plusieurs tableaux et dessins de Picasso, la tête ronde et le museau aplati du boxer Yan influencent visiblement la représentation du visage de ses enfants. Dans la propriété *La Californie*, à Cannes, Yan avait l'habitude de présenter un caillou aux invités de Picasso afin qu'ils le lançassent. Le chien, tout naturellement, courait alors le récupérer et le rapporter pour un nouveau lancer. Picasso conseillait à ses hôtes de ne pas

1 *Ibid.*, p. 114.
2 *Ibid.*, p. 114.
3 Roland Penrose, *op. cit.*, p. 365.

initier un tel jeu avec le chien car ils ne pourraient jamais l'arrêter. Un jour que le peintre Édouard Pignon essayait en vain de dessiner Yan qui bougeait sans cesse, Picasso eut l'idée de tenir un caillou devant le nez du boxer. Ce dernier, s'attendant à ce que son maître lançât la pierre, n'esquissa pas un geste, permettant à Pignon de réaliser son croquis. Yan adorait uriner sur les statuettes de bronze qui ornaient l'escalier de *La Californie* donnant sur le jardin. Picasso estimait que le liquide jaune donnait au bronze une patine et une couleur incomparables.

Le teckel Loump, offert par le photographe David Douglas Duncan, rejoignit Yan et la famille Picasso vers 1957. Le grand boxer et le petit teckel aimaient beaucoup jouer ensemble. Ils se sautaient dessus et se roulaient par terre au milieu des poteries, céramiques et tableaux sans jamais, miraculeusement, causer le moindre dégât. Loump est représenté dans certaines des variations sur le thème des *Ménines* de Vélasquez peintes par Picasso en 1957. Signalons toutefois que le chien des *Ménines* n'est pas un teckel mais un énorme mastiff.

Le dalmatien Perro (« chien » en espagnol) rejoignit cette joyeuse troupe un peu après l'arrivée de Loump. Le superbe dalmatien n'avait pas été élevé suivant les règles de l'art. Il pissait absolument partout, sauf là où il devait, c'est-à-dire sur les troncs d'arbres et les murs extérieurs. Picasso s'accommodait fort bien de ces mauvaises habitudes reconnaissant, philosophe, qu'il fallait bien que le chien fasse quelque part. Il était tout de même irrité quand il choisissait ses toiles comme lieu du délit. À Vauvenargues, Picasso représenta Perro dans plusieurs tableaux dont *Composition au dalmatien*.

Picasso, bien qu'ayant recommandé à Gertrude Stein de ne pas posséder deux fois le même type de chien, acquit un autre lévrier afghan vers la fin de sa vie.

3

LES CHIENS QUI DONNENT LE *LA*

Peu de chiens de compositeurs sont entrés dans l'histoire. Il est vrai que ces petits animaux à la voix peu mélodieuse sont rarement en mesure d'inspirer leur maître. Si le compositeur allemand Karl Friedriech Abel (1719-1787) n'est plus guère connu que par les musicologues, beaucoup peuvent admirer sa chienne spitz grâce à de superbes tableaux du peintre anglais Thomas Gainsborough. Abel passa la plus grande partie de sa vie professionnelle en Angleterre où il fut un compositeur et un joueur de viole de gambe fort prisé. Gainsborough, qui était son ami, en peignit le portrait. On peut voir dans ce tableau sa chienne allongée à ses pieds. En échange de leçons de viole de gambe, Gainsborough en fit également le portrait en compagnie de ses petits. *Pomeranian Bitch and Puppy*, un des plus beaux tableaux de chiens du XVIIIe siècle, peut être admiré à la Tate Gallery de Londres.

Drames canins, héros germaniques

Richard Wagner (1813-1883), le grand compositeur allemand, ne concevait pas la vie et le bonheur sans un chien à ses côtés. Il projeta même d'écrire, à l'usage de sa famille, une histoire de ses chiens. Un tel livre nous aurait sans doute beaucoup appris sur la personnalité du musicien. Dès sa plus tendre enfance, Wagner a cherché à gagner l'affection des chien. Avec sa demi-sœur Cäcilie, il essayait de sauver les chiots indésirables que l'on voulait noyer. Un jour, sa mère l'autorisa à garder un des miraculés. Malheureusement, le chien, en l'absence des enfants, sauta par la fenêtre et se fractura le cou. Cette mort hanta Wagner pendant très longtemps. En 1834-1835, quand il habitait Marbourg, où il dirigeait l'orchestre d'une compagnie théâtrale, Wagner possédait un chien appelé Rüpel qui ne le quittait jamais. Le caniche brun assistait même aux répétions de l'orchestre jusqu'au jour où ses aboiements intempestifs et critiques lui interdirent l'entrée de la salle. Cela ne l'empêcha pas, lors d'une représentation théâtrale, de monter sur la scène à la recherche de son maître. Ce dernier, qui se désaltérait à la buvette du théâtre, eut toutes les peines du monde à lui faire quitter la scène. En 1839, pendant son sejour à Riga, Wagner se lia d'amitié avec un superbe terre-neuve nommé Robber et appartenant à un marchand local. Il finit par recueillir chez lui ce chien qui ne le lâchait pas d'une semelle. Wagner, en compagnie de sa femme Minna et de Robber, quitta Riga en catimini afin d'échapper à ses créanciers. S'enfuir de Russie sans passeport n'était pas chose facile et le voyage fut rempli de péripéties rocambolesques. La petite troupe aboutit à Paris après un bref passage à Londres. Le séjour parisien fut plein de désillusions. Parmi elles, la disparition, volontaire ou non, de Robber au cours de l'année 1840. Un an plus tard, Wagner aperçut son chien dans la rue. Il l'appela. Robber sembla le reconnaître, mais ne bougea pas. Chaque fois que Wagner s'approchait, le chien s'éloignait. Après une longue poursuite dans la nuit et le brouillard, le musicien abandonna tout espoir de récupérer son chien. Il mit le refus de Robber sur le compte des quelques raclées qu'il lui avait jadis infligées. Mais peut-être qu'il avait tout simplement trouvé ailleurs un gîte et un couvert plus confortables et assurés.

En 1842, Wagner, désabusé, quitta Paris pour Dresde. Là il fit l'acquisition de l'épagneul Peps, sans doute son chien le plus célèbre. Mais Wagner ne fut guère enthousiaste comme le montre une lettre du 11 septembre 1842, adressée à Cäcilie et à son mari Eduard Avenarius.

> Nous sommes forcés de nous contenter de chiens dans la mesure où nous n'avons toujours aucune chance d'avoir une descendance humaine ; nous venons juste d'en avoir un autre, âgé de seulement six semaines, un petit animal amusant applelé *Peps* ou *Striezel* [...]. Il est meilleur que le vieux *Rober* [*sic*] ; mais c'est un mauvais signe que nous soyons toujours obligés de nous contenter de créatures si stupides. Je préférerais beaucoup avoir un petit Max [fils des Avenarius].

Ces pensées moroses et un peu insultantes pour Peps furent de courte durée. Wagner devint rapidement gâteux de son petit chien. Visitant Wagner à Zurich en 1853, Franz Liszt le vit, vingt fois dans la journée, se rouler par terre, caressant son chien et lui sussurant des paroles incohérentes. Peps avait des prétentions musicales. Il s'installait sur un tabouret situé près du piano de son maître quand ce dernier composait ses opéras. Il fallait de toute urgence partir à sa recherche s'il n'était pas là quand Wagner commençait à travailler. Un jour, le lieutenant Müller, un admirateur de Wagner, se mit à chantonner un air de *Rienzi*. Le chien, atterré par la pitoyable prestation du lieutenant sans voix, se mit à gémir. Wagner dut consoler et rassurer son pauvre chien à l'oreille si musicale. « Je songe à préparer Peps pour *Lonhengrin* », écrivit Wagner à sa demi-sœur.

Peps devint célèbre dans toute l'Europe. Lors d'un concert à Londres en juin 1855, la reine Victoria demanda à l'illustre compositeur des nouvelles de son chien. Peps allait beaucoup moins bien que son maîte ne le pensait puisqu'il mourut un mois après, le 10 juillet. Wagner, bouleversé, raconta à son ami Ferdinand Praeger les circonstances de sa mort dans une lettre datée du 15 juillet 1855 :

> Mais comme il est étrange que le même incident nous soit arrivé à tous deux et au même moment ! Vous vous souvenez que je comptais voir Peps, mon vieux chien fidèle. Et bien, il tomba malade peu de temps avant mon arrivée. Malgré cela, il m'accueillit avec la plus grande joie et sa santé commença, peu après, à s'améliorer quelque peu. Nous avions déjà fixé le jour de notre départ pour Seelisberg où, comme je vous l'avais écrit, je devais me rendre avec ma femme, mon chien et mon oiseau. Soudainement, des symptômes inquiétants se manifestèrent chez Peps, ce qui fit retarder notre voyage de deux jours afin de prendre soin du pauvre chien mourant. Jusqu'à la fin, Peps m'a témoigné un amour si touchant qu'il me fendait presque le cœur, il maintenait ses yeux fixés sur moi et, bien qu'il m'arrivât de m'éloigner de lui de quelques pas, il continuait à me suivre des yeux. Il mourut dans mes bras pendant la nuit du neuf de ce mois, expirant sans un bruit, calmement et pacifiquement. Le lendemain, à midi, nous l'avons enterré dans le jardin à côté de la maison. J'ai pleuré sans arrêt, et j'ai, depuis lors, ressenti une douleur et un chagrin amers pour le cher ami des treize dernières années, celui qui a toujours travaillé et marché avec moi. Cela m'a clairement appris que le monde existe seulement dans nos cœurs et notre esprit. Que

> votre jeune chien subisse le même sort presqu'au même moment m'a profondement affecté. J'ai souvent pensé à Gypsy et souhaité l'avoir emmenée avec moi, et maintenant que cette fougueuse créature est également morte de façon si soudaine !! Il y a quelque chose de terrible dans tout cela !!! Et, malgré tout, certains tourneraient en dérision nos sentiments[1].

À Peps succéda, peu après, Fips, cadeau de Mathilde Wesendonck, la très chère amie du compositeur. Fips remplaça parfaitement Peps comme on le constate dans une lettre du 22 juillet 1860, adressée à Mathilde Wesendonck :

> Et laissez-moi aussi vous rappeler le souvenir d'un ami très différent. Vous pouvez rire, mais je parle d'un ange que j'ai toujours à mes côtés : une créature d'une bonté inébranlable qui ne me regarde jamais sans me submerger sous un véritable torrent de joie et de caresses. Il s'agit du petit chien que vous m'avez jadis envoyé sur mon lit de malade ! L'affection de cet animal incomparable à mon endroit est difficile à décrire. Chaque soir je me perds avec lui dans le bois de Boulogne.

Fips mourut accidentellement, à Paris, en juin 1861. À Fips succéda le pointer Pohl qui mourut en janvier 1866. Russurmuck (ou Russ), un terre-neuve, remplaça Pohl. En 1868, Wagner fit l'acquisition définitive de Cosima von Bülow, née Liszt, qui vint habiter avec lui et avec qui il se maria deux ans plus tard. Outre Russ, le ménage Wagner posséda de nombreux chiens dont les plus notables furent les pinschers Kos et Fitzo et les terre-neuve Marke et Brange.

Russ fit bénéficier ses maîtres d'un large échantillon d'émotions fortes qui sont familières aux possesseurs de chiens. Le journal de Cosima Wagner en offre un aperçu :

> 8 octobre 1870 : le chien tombe à l'eau au moment où la famille embarque sur un bateau. Finalement, Wagner, sanglotant, réussit à récupérer l'animal.
> 2-3 septembre 1871 : Russ est empoisonné.
> 4 juillet 1872 : Russ se bat avec un autre chien. Wagner, en tirant l'énorme chien par la queue, arrive à séparer les combattants.
> 4 mai 1874 : Russ se blesse sérieusement. Wagner craint pour sa vie.

1 Praeger F., *Wagner as I Knew Him*, Londres, 1892, p. 272.

Le 28 novembre 1873, le compositeur rêva que son chien était mort. Ses caresses parvinrent cependant à le faire bouger. L'amour arrivera-t-il à faire revivre l'animal ? Wagner fut réveillé avant de connaître la réponse. Russ mourut pour de bon le 2 mai 1875 sans que l'amour de son maître ne pût y faire grand-chose. Toute la famille Wagner fut bien entendu très affligée. Wagner rêva plusieurs fois de son chien par la suite. Kos avait été offert à Cosima par son précédent mari Hans von Bülow en 1866. Le 30 mai 1869, alors qu'il se bagarrait avec un autre chien sur une voie ferrée, Kos fut sauvé d'une mort certaine par son maître. Rapide comme l'éclair, Wagner réussit à faire bouger le chien juste avant le passage d'un train. La locomotive effleura le grand musicien et son chien. Cosima, qui assistait à la scène, fut très éprouvée. Ça ne fut qu'un bref répit. Kos, dont la santé fragile n'avait cessé de préoccuper Richard et Cosima, rendit l'âme le 20 juillet 1871. Wagner, qui admirait l'intelligence du pauvre animal, pleura.

Fitzo, qui resemblait à Kos comme deux gouttes d'eau, intégra la famille en octobre 1871. Cinq mois plus tard, l'infortuné chien périssait écrasé par une locomotive. Wagner n'était pas là pour veiller sur lui. Pendant quelques jours, Cosima cacha ce drame à son mari. Quand finalement il l'apprit, il devint très triste et déprimé.

Peu après la mort de Russ, Wagner se procura deux superbes terre-neuve appelés Marco et Blanca. Il décida de leur donner les noms plus wagnériens de Marke et Brange. Ils furent, tout particulièrement Marke, ses compagnons de vieillesse. Ils se signalèrent à Bayreuth en tuant les chats du voisinage et en perturbant la chasse aux lièvres. Lorsque Brange mourut en avril 1880, Cosima essaya encore de dissimuler le plus longtemps possible cette nouvelle à son mari.

La grande sympathie de Wagner pour les chiens n'était pas sans risque. En février 1862, le compositeur s'installa à Biebrich, près de Mainz, afin de terminer les *Maîtres chanteurs*. Il loua trois pièces dans la maison d'un architecte dont le bouledogue couvert de puces et pitoyable suscita sa compassion. Ils devinrent rapidement amis. Le bon Samaritain ne fut guère récompensé. En juillet, alors qu'il tenait la tête du chien tandis qu'un domestique le lavait, il fut mordu au doigt. Le doigt enfla tellement que Wagner dut cesser de composer pendant deux mois. À bout de ressources, Wagner reprit ses activités de chef d'orchestre, repoussant encore l'achèvement de son opéra.

Divas italiennes

Giuseppe Verdi (1813-1901), l'illustre compositeur d'opéra italien, fut un grand amateur de chiens. On lit parfois que Verdi offrait la primeur de ses nouvelles mélodies à son épagneul Lulu afin d'obtenir son opinion. Cela est sans doute exagéré. Il est en revanche certain que Lulu accompagna souvent son maître aux répétitions de *Simon Boccanegra.* Dans sa propriété de Santa Agata, Verdi possédait de puissants chiens de garde qui comptaient parmi ses compagnons favoris. Il érigea dans le jardin de la propriété un petit monument à la mémoire de l'un d'eux avec l'inscription suivante : « Mon vrai et fidèle ami. » Ces grands chiens ne faisaient par toujours preuve de la plus extrême délicatesse envers les étrangers. Un jour, ils chassèrent une bande de musiciens itinérants venus jouer en l'honneur du maestro quelques-uns de ses célèbres airs d'opéra.

Titania est peut-être le chien de plus célèbre du monde musical italien. Elle appartenait au compositeur Pietro Mascagni (1863-1945), l'auteur de l'opéra *Cavalleria Rusticana,* un des chefs-d'œuvre du vérisme. L'écriture de *Cavalleria Rusticana* donna beaucoup de mal au jeune Mascagni. Un profond découragement le saisit alors qu'il avait presque fini l'opéra. Jamais, pensa-t-il, il ne pourrait achever l'œuvre dans les délais prescrits. Mais Titania était là comme il le raconte dans son autobiographie :

> Heureusement, il y a une *bête* pour chacun : ma Titania, ma petite chienne chérie, si intelligente, sauta sur mes cuisses et commença à m'embrasser et à me raconter une foule de choses dans son jargon infantile (elle avait un peu plus de deux ans), y compris le fait que je l'avais négligée. Je dois avouer, cependant, que, initialement, j'aurais pu la saisir par le collier et la jeter par la fenêtre. Néanmoins, ses jappements me calmèrent et j'essayai de traduire ses pleurnichements et supplications. Au début je pensai qu'elle chantait *Caruli* de Mo. Costa, mais je réalisai alors que *Caruli* était une chanson heureuse... J'écoutai attentivement et il me sembla qu'elle chantait l'air de Santuzza [personnage de *Cavalleria Rusticana*]... Pauvre bête ! Elle connaissait déjà mon opéra et j'étais ému... Mais après réflexion, j'essuyai les larmes qui n'avaient pas encore mouillé mes yeux et complétai mes pensées tout haut ; en effet, ce sera sûrement un chien qui chantera ma musique [...] Et finalement j'en vins à comprendre

> ce que Titania voulait me dire. Elle qui avait vu ma gêne et mon humiliation me remit sur le chemin de la raison, et dans son regard, dans ses baisers, dans ses jappements je lisai un reproche, un espoir et un encouragement[1].

Pendant sept jours consécutifs, Mascagni travailla de seize à dix-huit heures par jour. Il termina à temps le 26 mai 1889. On lit parfois que Tatiana inspira l'air de Santuzza. Si ce fut le cas, Mascagni ne s'en rendit certainement pas compte.

1 Autobiographie de Mascagni dans la traduction anglaise de D. Stivender (Londres, Kahn et Averill, 1988, pp. 50-51).

4

Dans la lumière des étoiles

Les chiens semblent constituer un attribut indispensable des stars et des divas. Dans un univers où la sincérité et la fidélité sont plutôt des défauts, on comprend que ces animaux soient particulièrement appréciés. La divine Sarah Bernhardt (1844-1923) adorait s'entourer d'une véritable ménagerie. Ses chiens Minuccio, Bull et Fly, son perroquet Bizibouzou ainsi que son singe Darwin l'accompagnèrent en Angleterre. Ce n'était sans doute pas suffisant puisqu'elle y acheta un guépard, un chien loup et six caméléons. Elizabeth Taylor, peut-être la dernière des grandes stars de cinéma, a, depuis son enfance, vécu au milieu de nombreux animaux, y compris des chiens. D'autres grandes vedettes ont surtout consacré leur affection à des chiens. Nous avons choisi d'évoquer les chiens illustres de quelques-unes de ces stars.

Les boxers aboient

Dans leur corbeille de mariage, en mai 1945, Humphrey Bogart (1899-1957) et Lauren Bacall trouvèrent un bébé boxer : Bogart décida de l'appeler Harvey, comme le grand lapin invisible du film du même nom où figure James Stewart. Bogie disait que Harvey était invisible car on ne le voyait jamais quand on avait besoin de lui. Notons que Harvey, pour la même raison, fut l'un des surnoms qu'il donna à Lauren Bacall quand ils commencèrent à se fréquenter. Néanmoins, le chien invisible dut leur plaire suffisamment puisqu'ils décidèrent de lui acheter une compagne nommée Baby. Harvey et Baby eurent plusieurs chiots dont un, appelé George, demeura chez le célèbre couple. Les Bogart adoraient les trois boxers. Humphrey était même prêt à se montrer héroïque pour les sauver. Ainsi, en 1948, il tua un serpent à sonnette qui avait mordu l'un de ses chiens. En revenant de chez le vétérinaire, il tua avec sa carabine un chat sauvage qui en menaçait un autre. Mais il lui arrivait de perdre patience. Excédé, il criait alors à son domestique : « Débarrassez-moi de ces horribles chiens et laissez-moi boire en paix. »

En 1952, la famille Bogart s'installa dans une luxueuse résidence d'Holmby Hills, entre Beverly Hills et Bel Air, au milieu d'autres célébrités richissimes. Les trois boxers ne facilitèrent pas une entente cordiale avec les voisins. Les chiens passaient le plus clair de la nuit à se courir après dans le jardin et à aboyer chaque fois qu'ils entendaient le bruit d'une voiture. Les voisins, qui auraient certainement préféré dormir, n'arrêtaient pas de se plaindre. Humphrey, qui défendait, comme un article de la Constitution, le droit de ses chiens à aboyer la nuit, refusait de prendre la moindre mesure. De plus, les charmants boxers aimaient bien nager dans la piscine du voisin et mordre son chien. N'en pouvant plus, tout le voisinage se ligua contre Bogie. La menace d'un procès le convainquit d'enfermer ses chiens la nuit.

Les chiens pouvaient également constituer une source de gêne pour les hôtes de la famille Bogart. Ils s'assoupissaient volontiers le soir au milieu du salon, forçant les invités, par leurs ronflements sonores, à élever fortement la voix. En outre, leur propreté laissant à désirer, certaines odeurs peu plaisantes se faisaient parfois sentir.

Les toutous de La Callas

Une grande diva enrobée dans un manteau de vison beige, tenant dans ses bras un petit chien et assaillie par des armées de photographes et de fans frénétiques, cela n'existe pas seulement dans les films d'Hollywood. Vous connaissez cette diva, c'est la plus grande, il s'agit bien sûr de Maria Callas (1923-1977). Elle est au sommet de son art et de sa gloire, le petit caniche s'appelle Toy. Toy et Maria sont inséparables. La nuit, Maria Callas apprend ses rôles dans son lit avec Toy blotti dans ses bras et Gianbattista Meneghini, son mari, assoupi à ses côtés. Quand Maria et Meneghini divorcent, Toy suit sa maîtresse chez le milliardaire Aristote Onassis. Mais les deux chiens principaux de l'ère Onassis seront les caniches Djedda et Pixie, offerts par l'armateur grec. La diva n'est plus au mieux de sa forme musicale, mais diva elle reste. En visite à New York pour donner des leçons de chant, elle s'ennuie à mourir. Elle fait venir ses chiens par avion pour égayer son séjour. Djedda et Pixie consolent Maria lorsque Ari lui préfère, pour un temps seulement, Jackie Kennedy, la femme-trophée la plus recherchée. Après la mort d'Onassis, la cantatrice n'a personne d'autre à aimer que ses chiens Djedda et Pixie. La promenade des deux caniches avenue Georges-Mandel constitue la principale activité physique de la diva et l'attraction majeure du quartier. Mais les chiens ne suffisent plus à lui donner le goût de vivre. Elle meurt en 1977 à 54 ans.

La grande prêtresse et ses chiens

Pour certains acteurs, le désir de posséder un chien est sans doute plus influencé par des questions d'image que par une réelle affection pour ces animaux. Tel n'est sûrement pas le cas de Brigitte Bardot dont l'amour des animaux est un des traits les plus caractéristiques de sa personnalité, comme elle le souligne dans ses Mémoires :

> Je ne vous apprendrai rien en vous disant que j'adore les animaux, et les chiens en particulier. Cet amour n'a fait que croître tout au long de ma vie, car je me suis rendu compte qu'un chien ne vous trahissait jamais, qu'il vous aimait quoi qu'il vous arrive, qu'il était fidèle, à vos côtés, dans les pires moments. On n'a que de bons souvenirs avec un chien, on peut compter sur sa tendresse, sur son affection, sur sa présence. Un chien ne boude pas, il vous fait la fête quand il vous retrouve, il n'a pas de rancune[1].

Le cocker noir Clown fut le premier chien à appartenir en propre à Brigitte Bardot. Roger Vadim le lui offrit peu de temps après leur mariage en décembre 1952, afin de lui tenir compagnie lorsqu'il travaillait ou jouait au poker la nuit. Brigitte Bardot dormait avec Clown lové contre elle, ce qui rendait les absences répétées de son époux plus faciles à supporter. Cinq ans plus tard, en 1957, le chien

1 Brigitte Bardot, *Initiales B. B.*, Paris, Grasset, 1996, p. 147.

unique eut une petite sœur appelée Guapa (« joli » en espagnol). B. B. fit son acquisition en Espagne alors qu'elle tournait *Les Bijoutiers du clair de lune*. Un ami de l'actrice l'avait sauvé des mains de méchants garnements qui s'amusaient à le pendre au bout d'une corde.

> Comment pouvait-on chercher à tuer un petit animal aussi inoffensif ? Mon cœur et ma gorge en étaient serrés. Je pris la petite chose blanche, tachetée de noir, dans mes bras. Je plongeai mes yeux dans ses yeux noisette, ses yeux doux et profonds, implorants et craintifs. Je lui dis que je l'aimais, et que désormais, il ne lui arriverait plus rien de triste, que je l'adoptais. C'était une petite chienne, style papillon. Je la trouvai jolie et l'appelai « Guapa ». C'est ainsi que commença une histoire d'amour qui dura quinze longues années[1].

Guapa et B. B. devinrent rapidement inséparables : « Je n'étais plus jamais seule, je dormais contre son petit corps tout chaud, nous partagions tout... » Clown, jaloux, ne réserva pas à Guapa l'accueil le plus chaleureux quand elle s'installa dans l'appartement de l'avenue Paul-Doumer à Paris. Mais leurs relations s'améliorèrent rapidement et Clown engrossa Guapa. L'accouchement eut lieu sur le lit de Brigitte Bardot :

> Sur mon lit, Guapa souffrait les douleurs de l'accouchement. Elle me regardait implorante, confiante, offerte à cette intolérable souffrance qui ne cesserait qu'avec les vies nouvelles qui sortiraient de son corps. [...] Je me retrouvais contre son petit corps meurtri et accouchais avec elle, près d'elle, l'aidant, l'aimant, la caressant, l'assistant. [...] Nous avons eu trois beaux bébés[2].

Les bébés furent baptisés Lido, Bluebell et Première. Quelques mois plus tard, Brigitte et Guapa décidèrent, en pleurant, de confier leurs bébés à des amis. Deux ans plus tard, c'était au tour de Brigitte Bardot de subir les douleurs de l'accouchement. Clown, rendu nerveux par la naissance du petit Nicolas Charrier et l'agitation qui s'ensuivit, se mit à mordre tout le monde. Sa maîtresse se résigna à s'en séparer et le mit en pension chez un ami. Brigitte Bardot, n'ayant pas à l'époque la fibre maternelle, concentra toute son affection sur Guapa au grand dam de Jacques Charrier, son mari :

1 Brigitte Bardot, *op. cit.*, p. 146.
2 *Ibid.*, p. 171.

> Seule ma Guapa m'apportait toute la vraie tendresse, la chaleur, la spontanéité que j'attendais tant. Jacques, me voyant câliner ma chienne, faisait des allusions mal placées, trouvant que cet amour aurait dû être donné à mon fils. Mais voilà, Guapa se foutait éperdument des microbes, des virus, des maladies, je pouvais me repaître de sa chaleur, de son corps, de ses yeux sans que personne ne s'interpose[1].

Jusqu'à sa mort en 1970, Guapa fut la chienne favorite de Brigitte Bardot. Elle a peut-être procuré à sa célèbre maîtresse la stabilité affective que ses maris et amants successifs ne surent lui offrir.

B. B. posséda beaucoup d'autres chiens. Mentionnons brièvement les plus notables.

Kapi « un croisé loup-chacal, qui montrait les dents et avait au fond de l'œil une lueur jaune inquiétante[2] » fut acquis afin de garder La Madrague, la propriété de Saint-Tropez. Kapi se révéla un chien plus redoutable pour les amis de sa maîtresse qu'il mordit presque tous, y compris M. Marette, ministre des P.T.T., que pour les cambrioleurs :

> Il laissa gentiment les voleurs cambrioler à maintes reprises *La Madrague*, ayant probablement été élevé dans le culte du socialisme, et trouvant normal que chacun ait sa part du gâteau[3].

Tout aussi redoutable fut le berger allemand Charly. Charly, qui appartenait à Alain Delon, avait subi un grave traumatisme en voyageant dans la soute d'un avion pendant 24 heures. Alain Delon, qui ne savait trop qu'en faire, envisageait l'euthanasie. Brigitte Bardot sauva Charly en l'adoptant. Ce fut le coup de foudre réciproque et le début d'une grande mais courte histoire d'amour que ni Guapa, ni Bob Zagury n'apprécièrent particulièrement. Charly commença ses méfaits en entamant sérieusement le mollet de Valéry Giscard d'Estaing, ce qui n'empêcha pas la naissance d'une longue amitié entre le futur président et la belle actrice. Peu après Charly dévora vivant Nénette, le mouton que B. B. avait sauvé de l'abattoir. En pleurs, elle se sépara du tueur.

En 1966, une visite dans un vieux refuge pourri de Gennevilliers où croupissaient des centaines de chiens et de chats oubliés permit à

1 *Ibid.*, p. 272.
2 *Ibid.*, p. 231.
3 *Ibid.*, p. 232.

la star d'enrichir sa ménagerie. Elle porta d'abord son attention sur deux chiens blessés et souffrants qu'elle dénomma Foutue et Bonheur. Le nom de Foutue allait lui porter malheur. Elle mourut quelques jours plus tard. Bonheur put survivre à ses blessures mais resta boiteux. Il vécut quinze années heureuses à *La Madrague* où, surnommé Talleyrand, il devint populaire chez les humains et les chiens du voisinage. B. B. fit également sortir de l'enfer de Gennevilliers cinq chiennes qu'elle baptisa Patapon, Barbichue, Barbara, Diane et Bijoufix.

Brigitte Bardot envoya ses nouvelles petites filles dans sa propriété de Bazoches, près de Paris. Elles furent toutes tuées, dans des circonstances mystérieuses, sans doute par des chasseurs.

Parmi les autres chiens de l'actrice, mentionnons en passant Prosper, Hippie, Nini et Pichnou qui connurent des destins plus ou moins heureux.

À la fin de l'année 1973, la grande star abandonna le cinéma pour entrer « dans la religion des animaux ». Ses Mémoires ses terminent à ce moment-là. Par respect pour sa vie privée et par déférence pour les objets de son culte, nous ne parlerons pas des chiens qui partagèrent son intimité après cette date.

Inconnus célèbres

De nombreux chiens ont acquis une certaine notoriété non en raison de leur excellence ou de la gloire de leur maître, mais du fait de quelque hasard archéologique ou parce qu'ils ont servi de modèle ou ont été célébrés par un artiste ou un poète.

1

Vestiges antiques

Les meilleures autorités nous apprennent que le chien fut la première espèce animale domestiquée par l'homme. Cela se produisit vers la fin de la dernière période glacière. La plus ancienne trace d'un chien domestique est une mandibule provenant d'une tombe du paléolithique tardif trouvée à Oberkassel en Allemagne. Elle serait vieille de 14 000 ans. De nombreux ossements vieux d'environ 12 000 ans ont été découverts au Moyen-Orient. Ils se rencontrent dans des sites correspondant à une période culturelle appelée le Natoufien. Cette culture se caractérise notamment par l'utilisation de flèches munies de petites pointes en pierre. Les chiens devaient sans doute aider les humains à chasser. De cette époque, on a retrouvé sur le site d'Ein Mallaha, en Israël, une tombe contenant le squelette d'un homme avec à ses côtés celui d'un chiot de quatre à six mois. De la même époque, datent les ossements d'un homme et de deux chiens découverts dans une autre tombe en Israël. Les ossements de cette époque montrent que l'espèce canine n'était alors guère différenciée. Ce n'est plus le cas de l'Égypte ancienne qui nous a laissé de nombreux vestiges canins.

Tout comme leurs pharaons, les Égyptiens moyens appréciaient beaucoup les chiens. Dans les tombes de l'ancien et du moyen Empire, les archéologues ont retrouvé de nombreuses scènes, peintes ou sculptées, représentant des chiens. Environ 80 chiens portant un nom ont été identifiés. Noir, Bon Berger, Brave Antilope, Inutile comptent parmi les noms rencontrés. La tombe d'un fonctionnaire de la XVIIIe dynastie (-1539 à -1293), retrouvée à Thèbes, contient une paire de colliers de chien finement décorés. Le nom d'une chienne, Taentniouet (Elle de la ville), était inscrit sur l'un d'eux. Un petit sarcophage du moyen Empire destiné à une chienne présente l'inscription suivante : « La bien-aimée de sa maîtresse, Aya. » Les exemples pourraient se multiplier notamment pendant la période romaine où les sarcophages de chiens sont particulièrement nombreux.

Dans le *Satiricon*, le célèbre roman de Pétrone, Trimalchion introduit auprès de ses invités Scylax, son énorme chien de garde. Son ami Crœsus incite Margarita (Perle), sa petite chienne noire et obèse, à attaquer Scylax. Margarita est presque déchirée en lambeaux par le féroce adversaire. Le nouveau riche Trimalchion possédait également un petit chien de salon dont l'effigie devait être placée au pied de sa statue funéraire. À la droite de cette dernière devait être érigée la statue de sa femme Fortunata accompagnée de son petit chien. L'archéologie, confirmant le récit de Pétrone, nous montre l'importance de la gente canine dans le monde gréco-romain. Une mosaïque représentant un chien féroce a été trouvée à Pompéi. Elle porte l'inscription « *cave canem* » (« prends garde au chien »). Beaucoup de chiens ont laissé une empreinte anonyme dans les déluges de cendre qui ont enterré Herculanum et Pompéi. Ce n'est pas le cas du chien dont le squelette a été découvert à Herculanum au-dessus de celui d'un enfant de 10 à 12 ans. Une inscription sur un collier en argent massif trouvé près des ossements du chien indique qu'il s'appelait Delta et appartenait à un certain Sévérinos. On a retrouvé dans l'Empire romain de nombreux monuments funéraires où des chiens sont représentés. Ainsi, à Mytilène, on a identifié la tombe d'un petit chien nommé Parthénope. Son portrait est sculpté sur la partie supérieure de la tombe. Une épitaphe explique que Parthénope a mérité ce monument en raison de sa dévotion à son maître. À Pergame, sur la stèle funéraire du gladiateur Chresteinos, on peut voir, gravé dans la pierre, le portrait de son petit chien Moudron. Nous connaissons l'épitaphe de Myia, une chienne douce et gentille qui dormait sur la poitrine de son maître. Nous pouvons également lire l'épitaphe d'une chienne de chasse gauloise appelée Margarita. Elle était belle et chassait avec courage. Elle pouvait presque parler. Elle mourut en accouchant. Une autre inscription nous décrit le chagrin du maître de Patrice. En larmes, il a porté vers sa dernière demeure la petite chérie qu'il avait caressée dans ses bras pendant quinze ans. Il ne pourra plus la couvrir de baisers et la blottir joyeusement contre son cou. En son genre, elle était aussi intelligente qu'un être humain. Assise sur ses genoux, elle partageait son repas.

Jean-Jacques Rousseau et Sultan en 1765. Gravure d'après Ch. Mayer. © Roger-Viollet.

Pritchard, le chien d'Alexandre Dumas.

Dessin de Keeper par sa maîtresse Emily Brontë.

Portrait de Lamartine et Fido par Mme de Lamartine. © Tallandier.

Elizabeth Barrett Browning avec Flush.

Colette et Souci. © AKG.

Edith Wharton et ses pékinois. © AKG.

Gertrude Stein et Basket. © Keystone.

Hogarth et son carlin Trump par Hogarth, 1745. Tate Gallery, Londres. © AKG.

Wagner et son chien Pohl, 1865. © Tallandier

Bouboule, par Toulouse-Lautrec, 1897. Musée Toulouse-Lautrec, Albi. © AKG.

Rin Tin Tin et James Brown. © AKG.

Panik Pah, le chien rescapé de R. E. Peary.

Lassie. © AKG.

Brigitte Bardot et Clown. © Keystone.

Quand, fatigué, il rentrait chez lui, elle lui exprimait tout son amour.

Plus connues sont les chiennes Issa et Lydia, célébrées dans les fameuses épigrammes du poète latin Martial. Issa, la chaste et tendre petite chienne, appartenait à Publius dont elle faisait les délices :

> Issa est plus agaçante que le moineau de Catulle, Issa est plus pure que le baiser de la colombe, Issa est plus tendre que toutes les jeunes filles, Issa est plus précieuse que les pierreries de l'Inde ; la petite chienne Issa fait les délices de Publius. Quand elle se plaint, on croirait qu'elle parle ; elle comprend la tristesse de son maître et sa joie ; elle se couche sur son cou, et dort, sans faire entendre un soupir. A-t-elle quelque besoin, n'ayez pas peur qu'elle gâte les couvertures ; mais elle avertit, par un mouvement de sa patte, qu'on la descende du lit, et demande ensuite à être nettoyée. Telle est la pudeur de cette chaste petite chienne, qu'elle ignore les plaisirs de l'amour, et qu'il ne s'est point trouvé d'époux digne d'une si tendre vierge[1].
>
> *Épigrammes,* I, 110

Lydia, dont Martial a composé l'épitaphe, était une chienne d'une toute autre nature.

> Nourrie par les maîtres des jeux, dressée pour la chasse, intrépide dans les bois et caressante à la maison, jadis je m'appelais Lydia. Fidèle à mon maître Dexter, il m'eût préférée à la chienne d'Erigone, et à ce chien crétois compagnon de Céphale, qui fut, après sa mort, mis au rang des astres, à côté de la messagère du jour. Ce n'est pas le temps qui a terminé mon inutile vieillesse, ainsi qu'il arriva au chien du roi d'Ithaque ; je meurs sous la dent cruelle d'un sanglier furieux comme ceux de Calydon ou d'Érymanthe. Et je ne me plains pas, quoique sitôt précipitée sous les ombres infernales ; je ne pouvais mourir d'une plus belle mort.
>
> *Épigrammes,* XI, 69

Capable du meilleur, Martial se complaisait également dans la pire vulgarité comme le montre l'épigramme suivante :

> Ton petit chien, Mannéia, te lèche la bouche et les lèvres ; je ne m'en étonne pas : les chiens aiment les ordures.
>
> *Épigrammes,* I, 83

1 Dans l'édition Nizard.

Ce ne fut heureusement pas ce type d'épigramme qui inspira le plus souvent les poètes de la Pléiade.

2

DES POÈTES ET DES CHIENS

Reprenant les modèles grecs et latins d'épitaphes d'animaux, les poètes de la Pléiade ont, pendant la deuxième moitié du XVIe siècle, célébré les mérites de plusieurs chiens qui sont ainsi entrés dans l'histoire de la littérature.

Nous avons déjà évoqué les épitaphes que Ronsard et Marot ont consacrées à des chiens royaux. Parmi les autres, la plus connue est sans doute celle de Peloton composée par Joachim du Bellay. Peloton est souvent considéré comme le chien de du Bellay. En réalité, il appartenait à l'ambassadeur de France à Rome, où du Bellay résida de 1553 à 1557. Le poète avait lui-même un chat appelé Belaud à qui il consacra une superbe épitaphe. L'épitaphe de Peloton, un des plus beaux poèmes de chiens de la langue française, mérite d'être largement citée :

Dessous cette motte verte
De lis et roses couverte
Gît le petit Peloton,
De qui le poil foleton
Frisait d'une toison blanche
Le dos, le ventre et la hanche.
    Son nez camard, ses gros yeux
Qui n'étaient point chassieux,
Sa longue oreille velue
D'une soie crêpelue,

Sa queue au petit floquet
Semblant un petit bouquet,
Sa jambe grêle, et sa patte
Plus mignarde qu'une chatte
Avec ses petits chatons,
Ses quatre petits tétons,
Ses dentelettes d'ivoire,
Et la barbelette noire
De son musequin friand,
Bref tout son maintien riant
Des pieds jusques à la tête,
Digne d'une telle bête,
Méritaient qu'un chien si beau
Eût un plus riche tombeau.
    Son exercice ordinaire
Était de japper et braire,
Courir en haut et en bas,
Et faire cent mille ébats,
Tous étranges et farouches,
Et n'avait guerre qu'aux mouches,
Qui lui faisaient maint tourment :
Mais Peloton dextrement
Leur rendait bien la pareille :
Car se couchant sur l'oreille,
Finement il aguignait
Quand quelqu'une le poignait :
Lors d'une habile souplesse
Happant la mouche traîtresse,
La serrait bien fort dedans,
Faisant accorder ses dents
Au tintin de sa sonnette,
Comme un clavier d'épinette.
    Peloton ne caressait
Si non ceux qu'il connaissait,
Et n'eût pas voulu repaître
D'autre main que de son maître :
Qu'il allait toujours suivant,
Quelquefois marchait devant,
Faisant ne sait quelle fête
D'un gai branlement de tête.

Peloton toujours veillait
Quand son maître sommeillait,
Et ne souillait point sa couche
Du ventre ni de la bouche,
Car sans cesse il gratignait
Quand ce désir le poignait :
Tant fut la petite bête
En toutes choses honnête.
Le plus grand mal, ce dit-on,
Que fit notre Peloton
(Si mal appelé doit être),
C'était d'éveiller son maître,
Jappant quelquefois la nuit,
Quand il sentait quelque bruit ;
Ou bien le voyant écrire,
Sauter, pour le faire rire,
Sur la table, et trépigner,
Folâtrer, et gratigner,
Et faire tomber sa plume,
Comme il avait de coutume.
Mais quoi ? nature ne fait
En ce monde rien parfait,
Et n'y a chose si belle,
Qui n'ait quelque vice en elle.
[...]

Olivier Magny consacra également une épitaphe au petit Peloton. Un chien nommé Travail, appartenant au seigneur de la Chargue, fut célébré dans un poème de Rémi Belleau. Travail apparaît comme un grand chien plein d'intelligence et de discernement.

On doit à Jean-Antoine de Baïf, un autre poète de la Pléiade, une épitaphe d'un genre un peu particulier :

Un chien gît sous ce tombeau
Qui ne fut ni bon ni beau
[...]
Car, combien qu'il eut l'oreille
Et le museau d'un renard,
Et l'allure d'un canard,
D'une chevêche les yeux

Petits, vilains, chassieux,
Et le poil aussi rebours
Comme la peau d'un vieil ours :
Toutefois il eut tant d'heur
Que de sentir la faveur
D'une belle damoiselle.

On ne sait pas si les vers du poètes ont entièrement satisfait la belle damoiselle.

Les chiens ne furent pas non plus négligés des poètes du siècle suivant. Paul Scarron (1610-1660), qui fut le premier mari de Madame de Maintenon, dédia ses œuvres burlesques à une chienne :

À très honnête et très divertissante chienne dame Guillemette, petite levrette de ma sœur.

Par la suite, s'étant brouillé avec sa sœur, il inséra dans une édition nouvelle l'*erratum* suivant : « Au lieu de chienne de ma sœur », lisez : « à ma chienne de sœur. » Les batailles engendrées par la théorie de l'animal-machine proposée par Descartes inspirèrent quelques poèmes. Mentionnons la courte épitaphe de Badine, la chienne de la duchesse de Roquelaure, composée par Madeleine de Scudéry :

Ci-gît la célèbre Badine
Qui n'eut ni bonté ni beauté,
Mais dont l'esprit a démonté
Le système de la machine.

On doit à Chapelle, un écrivain aujourd'hui largement oublié, l'*Épitaphe d'un chien*, un poème dans le style antique :

Un petit chien, dont j'écris l'aventure,
Jadis d'amour fut un brasier ardent ;
Maintenant, chose étrange, il est froid comme glace
[...]
Feu Levron, quoique issu de race gigantesque,
Fit vœu de vivre nain. La raison, la voici :
Lévriers allongés sont propres pour la chasse :
Mais près des dames, non. Levrons en raccourci,
Nichés au coin du feu, tiennent bien moins de place.

Ceci considéré, Levron voulut rester
Dans sa petite taille, et pria Jupiter.

Dans un genre similaire, Passerat compara l'épitaphe de Barbichon, le chien de Madame de Villeroy.

De meilleure qualité sont les deux poèmes qu'inspira à William Wordsworth (1770-1850) la levrette Music qui appartenait à son beau-frère Thomas Hutchinson. Dans *Incident Charasteristic of a Favourite Dog* (« Incident caractéristique d'un chien favori »), Wordsworth raconte comment le lévrier Dart se noya, malgré les efforts de Music pour le sauver, alors qu'il chassait, avec son amie, sur un étang gelé. Devenue aveugle, Music mourut en tombant dans un puits. Dans *Tribute to Memory of the Same Dog*, (« Tribut à la mémoire du même chien »), le grand poète anglais évoque, de façon émouvante, les derniers moments de la chienne affaiblie.

3

« ENCADRÉS »

Le grand comique américain W. C. Fields recommandait aux acteurs de cinéma de ne jamais tourner avec des enfants ou des animaux car ils voleraient leurs meilleures scènes même s'ils tournaient le dos à la caméra. Les époux Arnolfini, lorsqu'ils demandèrent à Jan Van Eyck (vers 1370-1441) de les peindre en compagnie de leur petit griffon, n'imaginaient sûrement pas que ce dernier attirerait autant l'attention du spectateur et ferait ressortir leur laideur et absence de charme.

Titien (1490-1576) peignit de nombreux personnages illustres ou moins illustres, en compagnie de leur chien. Éleonore de Gonzague, tout comme la Vénus d'Urbino, apparaissent avec un petit épagneul. Fréderic de Gonzague, duc de Mantoue, caresse la tête de son superbe chien blanc. Dans un célèbre tableau, le peintre hollandais Antonio Moro (1517-1576) a représenté le nain du cardinal de Granville en compagnie d'un énorme dogue qui lui arrive à l'épaule. Le contraste entre la laideur du petit nain et la splendeur du chien est saisissante et fait ressortir la fragilité et la faiblesse de l'être humain. Vélasquez (1599-1660) a également peint un nain de cour avec, à ses côtés, un très grand chien, soulignant ainsi la petitesse du modèle humain. Vélasquez a souvent représenté les membres de la famille royale d'Espagne en compagnie d'un chien. Le chien est généralement le personnage le plus séduisant dans ces tableaux. Dans *Les Ménines*, une des œuvres les plus connues du peintre, l'attention du spectateur est attirée vers le superbe mastiff qui se trouve au premier plan.

Véronèse (1528-1588) a souvent inclus des chiens dans ses tableaux mythologiques et religieux, ce qui lui a d'ailleurs attiré le courroux des autorités catholiques. Véronèse, qui, sans doute, aimait beaucoup les chiens, les a peints avec le plus grand soin. On peut remarquer, dans *Les Noces de Cana*, la présence, devant les musiciens, de deux lévriers nains.

Thomas Gainsborough (1727-1788) a peint Mme Robinson (Perdita) avec un superbe chien considéré, suivant les spécialistes, comme un spitz, un samoyède ou un keeshond. Son contemporain Joshua Reynolds (1723-1792) a laissé un portrait de la célèbre courtisane Nelly O'Brien en compagnie d'un charmant bichon maltais. Ce sont également des bichons maltais que Goya (1746-1828) a introduits dans de nombreux portraits (la duchesse d'Albe, Joaquina Candado, Maria Vicenta Barruso Valdes, etc.).

Fragonard (1732-1806) a peint d'exquis petits épagneuls nains dans *La Lettre d'amour* et *Le Souvenir*. Plus coquin est celui de *La Gimblette*.

D'autres chiens ont eu l'honneur d'être peints sans accompagnement humain. Nous nous contenterons des plus célèbres. Commençons par la chienne anonyme allaitant ses petits, peinte par Oudry. Ce tableau, aujourd'hui au musée de la Chasse et de la Nature, constitua l'événement majeur du Salon de 1753. Diderot l'admira et Grimm le salua comme « le premier tableau du Salon en ce qu'il est sans défaut ». Et ce fut le riche baron d'Holbach qui l'acheta. Le succès du tableau est certainement lié au rejet de plus en plus général de la notion d'animal-machine. Les savants, les philosophes et les esprits moins distingués acceptaient volontiers que les animaux supérieurs tels que les chiens pussent exprimer des sentiments et des émotions similaires à ceux des êtres humains. La chienne d'Oudry fut considérée comme le parangon du sentiment maternel. À la suite d'Oudry, de nombreux tableaux de chiens allaient manifester les qualités très humaines de nos plus fidèles amis. Parmi de nombreux tableaux de qualité, on peut admirer le portrait du caniche noir Buff par James Ward (1769-1859), celui d'un chien musical extraordinaire par Philip Reinagle (1775-1862) ou de Neptune par Edwin Landseer (1802-1873). Dans cette célèbre toile, le terre-neuve Neptune symbolise le héros prêt à risquer sa propre vie pour sauver celle des autres. Une autre œuvre de

Landseer intitulée *A Distinguished Member of the Human Society* représente un autre chien héroïque, le terre-neuve Paul Pry. La *Royal Human Society* avait été fondée pour apporter les premiers soins aux victimes des naufrages. Le portrait de Paul Pry devint tellement célèbre que les terre-neuve blancs et noirs furent par la suite appelés du nom de Landseer. Moins glorieux apparaît le chien de chasse Barbaro peint par Rosa Bonheur (1822-1899), une des grandes femmes peintres du siècle dernier. L'air misérable de Barbaro s'explique sans doute par la brosse et le seau que l'on aperçoit à ses côtés.

Les bouledogues, surtout lorsqu'ils sont de taille réduite, sont des chiens amusants et expressifs offrant aux peintres ou dessinateurs l'opportunité de montrer leur talent. Dans le tableau d'un bouledogue anonyme peint par Géricault (1791-1824), les yeux curieux et perçants de l'animal, qui se fixent sur le spectateur, traduisent sa vivacité, sa ruse et son caractère un peu coquin. Belcher, le bouledogue anglais représenté par Paul Delaroche (1787-1856), exprime une opulence, une stabilité et une confiance toute bourgeoise. Plus expressif encore est le pastel de Toulouse-Lautrec (1864-1901) consacré à Bouboule, le redoutable petit bouledogue de Mme Palmyre. Cette dame gérait un restaurant de lesbiennes, fort à la mode à l'époque, qui s'appelait *La Souris.* Elle et son chien avaient le même caractère ombrageux et agressif. Mais ils faisaient plus de bruit que de mal. Bouboule, contrairement à sa maîtresse, n'aimait pas la clientèle de *La Souris.* Il se glissait directement sous les tables pour uriner sur les robes des clientes. Toulouse-Lautrec a merveilleusement rendu ce petit fier-à-bras très parisien, plus gueulard que méchant.

La noblesse et l'élégance du lévrier surpassent celles de tous les autres chiens. Les célèbres *Lévriers du comte de Choiseul* de Gustave Courbet (1819-1877) expriment parfaitement ces qualités. Le charme des petits chiens de salon est symbolisé par Tama qui a eu l'insigne honneur d'être peint par Manet (1832-1883) et Renoir (1841-1919). Manet insiste davantage sur le caractère exotique du petit chien japonais. Renoir souhaite surtout accentuer son charme et sa sensualité.

Le portrait de chien le plus souvent reproduit est sans doute celui qui orne des millions de disques et autres produits de *La Voix de Son*

Maître, *EMI* et *RCA Victor*. Le fox-terrier, dont le visage intrigué est presque collé au pavillon d'un gramophone, s'appelait Nipper. C'est son maître, l'obscure peintre anglais Francis Barraud (1856-1924), qui peignit le tableau intitulé *His Master's Voice*, qui est à l'origine du célèbre logo. Francis Barraud fit enregistrer son droit de propriété sur l'exploitation de son tableau en février 1899, ce qui suggère que ce dernier fut achevé à la fin de l'année 1898 ou au début de l'année suivante. Dans le tableau original, Barraud avait représenté aux côtés du chien un phonographe à cylindre de marque Edison-Bell. Peu après, Barraud vendit à la Gramophone Company, pour 100 livres, la peinture et le droit d'en exploiter l'usage et le concept commercialement. Gramophone demanda seulement au peintre de remplacer le phonographe à cylindre par le dernier modèle de gramophone à disque. Francis Barraud fut très satisfait du prix obtenu pour son tableau. Mais à l'époque, Gramophone était une toute petite société et personne ne pouvait imaginer le succès phénoménal des disques portant l'image de Nipper. La compagnie, reconnaissante, se rattrapa par la suite en versant au peintre vieillissant une confortable rente annuelle. De plus, elle lui commanda des dizaines de copies d'*His Master's Voice*. Les spécialistes de l'histoire des disques et des phonographes ont quelques difficultés pour reconstituer la vie de Nipper. Des témoignages provenant de la famille Barraud placent la naissance de Nipper en 1884 et sa mort en 1895. Selon un ami du peintre, Nipper était toujours en vie quand le tableau fut peint, ce qui laisse penser que le chien mourut après 1895, ou bien que le tableau fut réalisé au plus tard en 1895. Cette dernière hypothèse semble douteuse dans la mesure où il est difficile de croire qu'un peintre aussi expérimenté que Barraud aurait attendu cinq ans avant de faire enregistrer ses droits sur le tableau. On peut également supposer que Barraud peignit son œuvre maîtresse après la mort de son chien en se servant d'un autre portrait de cet animal.

La même incertitude se retrouve en ce qui concerne le lieu où Nipper fut enterré : St. John's Wood à Londres ou Kingston-upon-Thames ? Des fouilles réalisées à Kingston-upon-Thames ne se révélèrent pas probantes. Il est en revanche sûr que Nipper appartint initialement à l'acteur Mark Henry Barraud, un frère de Francis. Ce fut à la mort de Mark, en 1887, que Nipper partit habiter chez Francis. Nipper, qui sans doute avait un peu de sang de bull-terrier, était un chien querelleur et un grand chasseur de rats. Il sautait avec jubilation sur les portraits de chats que son maître s'amusait à peindre sur des cartons. Barraud en tira des conclusions négatives sur l'acuité visuelle des chiens. La popularité de Nipper ne se limita pas au monde des amateurs de musique. À partie de 1900, son visage figura sur des presse-papiers, des lampes, des miroirs, des montres, des boutons de manchettes et bien autres objets usuels ou insolites. De nombreuses statues de l'illustre Nipper furent confectionnées, y compris l'une de huit mètres de haut surmontant un immeuble d'Albany dans l'État de New-York.

Méritocratie canine

Il serait insultant pour nos amis quadrupèdes de penser qu'ils ne peuvent devenir célèbres qu'en raison d'une naissance ou d'une adoption particulièrement heureuse. Certains chiens se sont illustrés par leur fidélité, leur héroïsme ou quelque talent remarquable.

Seront inclus certains chiens probablement légendaires, mais dont l'existence a été longtemps tenue pour certaine.

1

Les chiens fidèles

Le chien est sans doute l'animal qui nous est le plus fidèle. Presque tous les chiens peuvent, en toute justice, être qualifiés de fidèles. Mais certains semblent mériter davantage que d'autres ce qualificatif. Peut-être est-ce seulement parce qu'ils ont dû affronter des situations exceptionnelles, mettant ainsi à l'épreuve leur fidélité ? Les anciens nous ont laissé quelques portraits exemplaires.

Commençons par Argos, un chien dont nous ne chercherons pas à prouver le caractère historique. Argos, rappelons-le, était le chien d'Ulysse, le seul qui reconnut son maître lors de son retour à Ithaque après une aussi longue absence :

> Pendant qu'ils échangeaient ces paroles entre eux, un chien couché leva la tête et les oreilles ; c'était Argos, le chien que le vaillant Ulysse achevait d'élever quand il fallut partir vers la sainte Ilion, sans en avoir joui. Avec les jeunes gens, Argos avait vécu, courant le cerf, le lièvre et les chèvres sauvages. Négligé maintenant, en l'absence du maître, il gisait, étendu au-devant du portail, sur le tas de fumier des mulets et des bœufs où les servants d'Ulysse venaient prendre de quoi fumer le grand domaine ; c'est là qu'Argos était couché, couvert de poux. Il reconnut Ulysse en l'homme qui venait et, remuant la queue, coucha les deux oreilles : la force lui manqua pour s'approcher du maître[1].

1 Homère, *Odyssée*, chant XVII, dans la traduction de Victor Bérard, Paris, « Folio », Gallimard.

Ulysse, qui l'avait vu, ne put s'empêcher de laisser couler une larme. Argos, qui revoyait Ulysse après vingt ans, pouvait enfin mourir rassuré. Ce qu'il ne manqua pas de faire avec la discrétion appropriée.

La Bible, autre grand chef-d'œuvre littéraire de l'Antiquité, passe également pour inclure un chien fidèle dont l'historicité n'est pas non plus garantie. On a beaucoup écrit sur le chien de Tobie et sa fidélité. Malheureusement les récits véhiculés dans la littérature pour enfants ou amateurs de chiens ne dérivent guère du livre de Tobie, peu bavard sur les exploits du chien. Nous y apprenons seulement que, lorsque Tobie quitta ses parents Tobit et Anna en compagnie de l'ange le chien de la famille le suivit (Tobie, VI, 2), et que, lorsqu'il rentra chez lui, le chien était toujours avec lui (Tobie, XI, 4). Certaines versions de la Bible comme la Vulgate donnent un tout petit peu plus d'importance au chien : « Le chien qui les avait accompagnés en route courut devant eux et, survenant comme un messager, montra sa joie en agitant la queue. » Comme on l'aura compris, le chien de Tobie n'a qu'un rôle négligeable dans l'histoire. Les spécialistes se demandent même pourquoi il y apparaît. La Bible, ne l'oublions pas, montre généralement le plus profond mépris pour les chiens dont l'utilité est surtout de servir à des comparaisons peu flatteuses.

D'autres chiens fidèles de l'Antiquité sont passés à la postérité grâce à l'obligeance de Plutarque et de Pline. Plutarque, dans sa *Vie de Thémistocle* (XX), conte la tragique fidélité du chien de Xantippe, père de Périclès. Lors de la guerre contre les Perses, Thémistocle, le chef des Athéniens, fit évacuer Athènes. Ayant mis femmes, enfants et vieillards en sécurité, tous les hommes en âge de porter armes s'embarquèrent sur les galères en direction de Salamine. Les chiens, restés sur le port, poussaient des hurlements en voyant leur maître s'éloigner. Le chien de Xantippe, ne pouvant supporter de laisser partir son maître, se jeta dans la mer et suivit la galère où il se trouvait. À peine arrivé sur l'île de Salamine, il mourut d'épuisement. Le lieu appelé au temps de Plutarque la Sépulture du chien est l'endroit où il fut enterré.

Pline l'Ancien cite également quelques exemples particulièrement édifiants. Ainsi, après le meurtre de Jason de Lycie, son chien se laissa mourir de faim. Hyrcanien, le chien du roi Lysimaque, se jeta dans les flammes du bûcher où brûlait la dépouille de son maître. Mais Pline veut surtout attirer l'attention sur l'incident suivant qui, selon Tacite (*Annales* IV, 68-70), eut lieu en 28 sous Tibère :

> Mais surpassant tous les autres, est un fait de notre temps qu'attestent les Actes du peuple romain : sous le consulat d'Appius Junius et P. Silius, pendant qu'on exécutait à cause de Néron, fils de Germanicus, Titius Sabinus et ses esclaves, un chien appartenant à l'un d'eux ne put être ni chassé de la prison, ni éloigné du corps de son maître étendu sur les degrés [de l'escalier] des gémonies ; là, il poussait des hurlements lamentables, au milieu d'un cercle nombreux de citoyens romains ; et l'un d'entre eux lui ayant jeté de la nourriture, il la porta à la bouche du mort. Quand le cadavre eut été jeté dans le Tibre, il s'y jeta lui-même, et s'efforça de le soutenir, sous les yeux d'une foule accourue pour contempler la fidélité de l'animal[1].

Caius Julius Solinus (*Polyhistor,* XVI), un compilateur du début du IIIe siècle, emprunta cette histoire à Pline. Elle se trouve, avec de nombreuses variantes étranges, dans beaucoup de livres consacrés aux chiens.

Abandonnons l'Antiquité pour nous transporter dans le Danemark du XVIe siècle avec une histoire qui fait apparemment les délices des auteurs de livres sur les chiens. Vers 1460, le roi Christian Ier aurait institué l'ordre le plus distingué du Danemark, appelé par la suite l'ordre de l'Éléphant, en l'honneur de son chien Wildbrat. Wildbrat aurait été le seul à rester auprès du roi quand ce dernier fut atteint d'une grave maladie contagieuse. Les lettres initiales T.I.W.B., gravées dans la décoration de l'ordre, signifieraient, en abrégé, « Wildbrat fut fidèle ». Mallet, dans son *Histoire du Danemark,* terminée en 1777, admet que l'origine de l'ordre de l'Éléphant reste obscure. Cependant, il ignore l'histoire de Wildbrat.

Les exemples plus récents de chiens fidèles sont innombrables. Nous avons choisi quelques cas particulièrement remarquables de chiens suivant leur maître pendant ses tribulations.

L'exécution du duc d'Enghien en 1804 n'ajouta rien à la gloire du futur empereur Napoléon Ier. Par contre, elle permit à la confrérie des chiens fidèles de s'enorgueillir d'un nouveau membre illustre, Mohiloff, le carlin russe du duc d'Enghien. Mohiloff avait été offert au duc par Charlotte, son épouse. Henri Welschinger, qui vit

1 *Histoire naturelle*, VIII, 145, dans la traduction de A. Ernout, (Paris, Les Belles Lettres, 1952).

l'animal empaillé, nous en fait une description saisissante dans son livre *Le duc d'Enghien : l'enlèvement d'Ettenheim et l'exécution de Vincennes*[1] :

> Mohiloff est un carlin russe de petite taille, de couleur café au lait, le poil lisse, l'œil gros, vif et à fleur de tête. Le museau est court, muni de petites moustaches noires, les oreilles rases ; la tête épaisse est assez semblable à une tête de phoque. Les pattes du chien sont fines et munies d'ongles très apparents, la queue grosse et courte, le corps volumineux.

Henri Welschinger en conclut que le chien était laid. Mais qu'importe sa laideur, si, ajoute-t-il, on pense à son dévouement.

Au petit jour, le 15 mars 1804, 300 soldats sous les ordres du général Ordener enlevèrent le duc d'Enghien à Ettenheim, dans le grand duché de Bade. Mohiloff, sans que personne n'y prêtât attention, suivit son maître et ses ravisseurs jusqu'au Rhin, où une embarcation les attendait. Mohiloff, qui avait sauté sur le bateau, fut rejeté à terre à coups de bottes. Non découragé, le petit carlin traversa le Rhin dans le sillage de l'embarcation. Arrivé en France, il suivit jusqu'à Strasbourg la chaise de poste dans laquelle son maître était transporté. Lorsque le duc d'Enghien quitta Strasbourg le 18 au matin, Mohiloff réussit à sauter dans la chaise de poste. Vaincu par tant d'obstination, les gardes acceptèrent de le laisser avec son maître. Mohiloff ne se sépara plus du duc d'Enghien jusqu'à l'exécution de ce dernier, le 21 mars au matin, dans les fossés de Vincennes. La police refusa de remettre le brave Mohiloff à la princesse Charlotte qui avait exprimé son admiration pour lui dans une lettre à Mme d'Ecquevilly : « Imaginez chère comtesse que mon pauvre Mohiloff l'a suivi. Hélas ! C'est le seul ami qui lui soit resté. »

D'abord confié à une Mme Harel, il fut ensuite recueilli par le marquis de Béthisy. Mohiloff fut empaillé après sa mort. Pendant la Restauration, les admirateurs du défunt duc purent ainsi se recueillir devant la dépouille de son fidèle chien. Le comte de Marcellus en fit le portrait dans une aquarelle souvent reproduite. Les gravures tirées de cette aquarelle étaient accompagnées d'une épitaphe rédigée par le comte de Marcellus : « Trahi, le descendant des Condé cherche un ami, il n'en aperçoit qu'un en mourant, toi, son chien fidèle. »

L'épopée napoléonienne nous a laissé le souvenir de « Patte

1 Paris, Plon, 1913, pp. 137-138.

Blanche », chienne épagneule du sous-lieutenant Burat. Nous suivons le récit de ses exploits tel qu'il est donné par Martin Monestier dans *Les Animaux-Soldats*[1]. Burat, blessé, fut capturé en Espagne par les Anglais. Ceux-ci l'embarquèrent à bord du *Brunswick* en partance pour l'Angleterre. Patte Blanche, qui ne fut pas admise à bord, suivit à la nage le *Brunswick*. Burat sauta à l'eau pour la retrouver. Un canot de sauvetage récupéra Burat et sa chienne qui fut ensuite admise à bord du navire. Les deux passèrent plusieurs années ensemble dans les prisons flottantes où les soldats français étaient enfermés. Ils purent tous deux s'enfuir et gagner Dunkerque à l'aide d'une barque. Patte Blanche continua jusqu'à sa mort à partager la vie aventureuse de son maître.

De nombreux chiens sont restés fidèles à la mémoire de leur maître, refusant de quitter leur tombe ou bien de prendre un nouveau maître. En 1805, sur le mont Helvellyn, dans la région anglaise des lacs, un jeune homme du nom de Charles Gough périt après une chute. Son corps ne fut retrouvé que trois mois plus tard, gardé par sa fidèle chienne terrier. L'histoire ne nous apprend pas comment elle put se nourrir. Ce petit fait divers est parvenu jusqu'à nous parce qu'il inspira à Walter Scott et à William Wordsworth deux très beaux poèmes.

Les touristes visitant Édimbourg passent souvent devant la statue d'un petit chien située Greyfriars Place, près de George IV Bridge. Leur Guide bleu ou vert leur apprendra que la statue, offerte par la baronne Coutts, célèbre la fidélité de Greyfriars Bobby, demeuré quatorze ans près de la tombe de John Gray, son ancien maître. Bobby, un skye terrier noir, et John Gray, un vieux berger surnommé Auld Jock, étaient les meilleurs amis du monde. Auld Jock, trop âgé pour s'occuper de ses moutons, quitta sa ferme pour finir ses jours à Édimbourg où il mourut en 1858, peu après son arrivée. On l'enterra dans le cimetière de l'église Greyfriars au milieu de nombreux héros de l'histoire d'Écosse. Bobby décida alors d'établir son domicile à côté de la tombe de John Gray. Malgré les invitations répétées d'amis de son défunt maître, il refusa de déménager jusqu'à sa mort 14 ans plus tard. Il pouvait se nourrir grâce aux dons des curieux venus admirer la nouvelle célébrité locale. À défaut, il se rendait à l'auberge de John Traill où il avait table ouverte. Il put mener une existence pieuse et peinarde jusqu'au moment où, en 1867, les autorités, constatant qu'il n'était qu'un chien errant sans permis, décidèrent de le faire abattre. Cette mesure inique souleva l'indignation générale. Le maire de la

1 Paris, Cherche-Midi, 1997, p. 37.

ville, pour résoudre ce cas difficile sans enfreindre la loi, adopta Bobby, paya son permis et lui accorda le droit de loger dans le cimetière. Bobby, vers la fin de ses jours, accepta d'habiter chez John Traill où il rendit son dernier soupir en janvier 1872.

Ce hit-parade des chiens fidèles ne saurait ignorer l'akita Hachiko, symbole de la fidélité canine au Japon. Hachiko avait coutume d'accompagner chaque matin à la gare de Shibuya à Tokyo son maître, un professeur à l'université de la ville. Chaque soir à la même heure, il retournait le chercher à la gare. Un jour de mai 1925, le chien attendit en vain le professeur jusqu'à minuit, puis rentra chez lui. Il ne savait pas qu'il venait de mourir en donnant son cours à l'université. Pendant neuf ans, jusqu'à sa mort en 1934, le fidèle Hachiko se rendit à la gare à la même heure pour chercher son maître qui refusait désespérément de se montrer. Ses nombreux admirateurs, après sa mort, firent ériger sa statue à la gare Shibuya. Chaque année un cérémonie commémore sa fidélité exemplaire.

Mais les chiens sont-ils toujours fidèles ? Quelques exemples historiques semblent enseigner que nos meilleurs amis savent parfois se montrer opportunistes.

Le duc de Bretagne Jean III étant mort sans héritier en 1341, une féroce guerre de succession opposa pendant plus de vingt ans Charles de Blois à Jean de Montfort. Charles de Blois, qui avait épousé Jeanne de Penthièvre, nièce de Jean III, bénéficiait du soutien du roi de France, son oncle, tandis que Jean de Montfort, demi-frère du défunt duc, avait l'appui du roi d'Angleterre. Jean de Montfort l'emporta définitivement après la bataille d'Auray en 1364 durant laquelle son rival perdit la vie. Selon Bertrand d'Argentré, un chroniqueur du XVIe siècle, le lévrier Mignon, juste avant le début des combats, déserta son maître Charles de Blois pour se ruer dans le camp ennemi. Il mit ses pattes de devant sur l'arçon de Jean de Montfort à qui il prodigua moultes caresses. Beaucoup, à juste titre, y virent là un présage de l'issue de la bataille.

Dans ses chroniques, Froissart conte la trahison de Math, le lévrier du roi d'Angleterre Richard II. Math, réputé pour sa dévotion à l'égard de son maître, refusait de s'éloigner de lui. Or, un beau jour, après avoir manifesté à Henri de Lancastre les marques d'affection qu'il réservait d'habitude à Richard II, le lévrier décida de le suivre. Le comportement de Math inquiéta davantage le roi qu'il ne le déçut.

Il avait raison. Peu de temps après, en 1399, Henri de Lancastre s'emparait de la couronne d'Angleterre et faisait mettre à mort son cousin Richard. George R. Jesse juge cette anecdote sans aucun fondement historique. Si Jesse a raison, l'histoire très similaire du chien de Charles de Blois devient très suspecte. Ouf !

2

Les héros militaires

Depuis les temps les plus reculés, les chiens ont aidé les hommes à s'entre-tuer. Les bas-reliefs dérobés dans les ruines du palais de Ninive, que l'on peut admirer au British Museum, montrent les énormes molosses, sans doute de la famille des dogues du Tibet, utilisés dans l'armée d'Assurbanipal. Hérodote, Polyen, Pline, Plutarque, parmi d'autres historiens antiques, mentionnent à plusieurs reprises des chiens de guerre. Courante dans les armées perses, l'utilisation de ces combattants se répandit dans les phalanges grecques et les légions romaines. On la retrouve également chez les Celtes, les Gaulois et les Germains. Ces féroces guerriers servent de troupes d'assaut ou bien gardent citadelles et villes fortes. Les chiens censés surveiller le Capitole échouèrent lamentablement lors du siège de Rome par les Gaulois. Mais heureusement, suivant la tradition rapportée par Tite-Live, les oies remédièrent à leur défaillance. Les chiens de garde se comportèrent avec davantage de professionnalisme lorsque Corinthe fut attaquée. Selon Plutarque, Corinthe aurait été sauvée par l'action héroïque des cinquante molosses qui patrouillaient sur la plage. Les soldats assoupis n'entendirent pas l'armée ennemie débarquant par une nuit profonde. Les chiens, qui veillaient, attaquèrent l'ennemi. Ils furent tous massacrés sauf un, au nom prédestiné de Sôter (le sauveur), qui put, malgré ses blessures, courir jusqu'aux remparts de la ville et alerter la garnison. Les Corinthiens réussirent à repousser les envahisseurs. Sôter reçut un superbe collier commémorant son exploit. Une statue fut érigée à la mémoire des quarante-neuf chiens tombés héroïquement sur le champ de bataille.

Au Moyen Âge on dressait également des chiens à garder et défendre des villes ou des forteresses. Ils étaient chargés de surveiller les remparts de Rhodes. On les rencontrait, entre autres, à Saint-Malo et au Mont-Saint-Michel. Les armées médiévales utilisaient aussi des mastiffs recouverts d'une armure hérissée de pointes acérées qui semaient le désarroi dans les cavaleries ennemies. En raison de leur efficacité lors de la reconquête de l'Espagne, les conquistadores amenèrent de nombreux chiens avec eux dans le Nouveau Monde. Bartolomé de Las Casas a surtout laissé l'image de conquistadores faisant par pure cruauté dévorer des Indiens déjà soumis par leurs féroces molosses. Mais ces derniers, aux premiers temps de la conquête, s'illustrèrent davantage comme guerriers que comme bourreaux. Les plus méritants d'entre eux faisaient bénéficier leurs propriétaires de parts de butin supplémentaires. Deux chiens ont suffisamment impressionné Espagnols et Indiens pour laisser leur nom dans l'histoire de la conquête du Nouveau Monde : Becerrillo et son fils Leoncillo. Becerrillo (le petit veau), un chien de taille moyenne et au poil roux, appartenait à Juan Ponce de Leon. Il s'illustra à Hispaniola (l'île qui contient Haïti et la République dominicaine) et à San Juan de Porto Rico. Sa spécialité était la capture des Indiens fuyant les envahisseurs. Après l'avoir rattrapé, il saisissait le fuyard par le bras. S'il n'opposait aucune résistance, le chien le ramenait indemne chez ses nouveaux maîtres. Sinon, il était abattu sans pitié. Une flèche indienne mit fin aux exploits de Becerrillo. Avant de mourir, il avait cependant réussi à sauver la vie du capitaine Sancho de Arrango, le chef de l'expédition malheureuse. Leoncillo continua les exploits de son père. Son maître, Vasco Nuñez de Balboa, l'homme qui « découvrit » le Pacifique, n'eut qu'à se louer de son obéissance et sa rentabilité.

À partir du milieu du XVIe siècle, les progrès de la technologie militaire rendirent de moins en moins efficace l'utilisation des chiens de combat. Mais cela ni signifia point la fin des chiens militaires. Jusqu'à nos jours, ils ont su remplir avec talent une grande diversité de missions : surveillance, recherche des blessés, transmission d'informations, transport de matériels, etc. Les chiens qui se sont distingués pendant des campagnes militaires sont innombrables. Beaucoup sont tombés dans l'oubli, certains ont connu une notoriété qui a dépassé le cadre de leur régiment. Un petit épagneul, qui n'était pas à proprement parler un chien soldat, a joué un rôle décisif dans la guerre de libération des Pays-Bas de la domination espagnole. L'action se déroule pendant la nuit du 11 au 12 septembre 1572. L'armée du duc d'Albe assiège Mons où sont bloquées les troupes de Louis de Nassau. Guillaume le Taciturne, prince d'Orange, venu pour secourir son frère, fait camper son armée à quelques kilomètres de la ville. Sous le couvert de la nuit, six cents arquebusiers sous les ordres de Julian Romero réussissent à s'introduire dans le camp de Guillaume. Les soldats du prince d'Orange, encore ensommeillés et incapables de distinguer les amis des ennemis, tombent comme des mouches. Nous empruntons la suite au grand historien John Lothrop Motley dans la traduction de François Guizot :

> Les plus hardis des Espagnols, conduits par Julian en personne, se dirigèrent vers la tente du prince. Il dormait profondément ainsi que ses gardes ; heureusement, un petit épagneul, qui couchait toujours au pied de son lit, fut une sentinelle plus vigilante que les soldats. Cette petite créature se mit à aboyer avec fureur en entendant les pas de l'ennemi, et réveilla son maître en lui grattant la figure. Le prince n'eut que le temps de sauter en selle, et de s'échapper dans l'obscurité avant que les Espagnols pénétrassent dans sa tente. Ses serviteurs furent tués, son grand écuyer et deux de ses secrétaires montèrent à cheval un instant trop tard, et perdirent la vie. Sans la fidélité de son chien, Guillaume d'Orange, qui portait tout le poids des destinées de son pays, aurait souffert une mort ignominieuse. Jusqu'à sa mort, le prince conserva dans sa chambre à coucher un épagneul de même race[1].

Précisons que, selon certains spécialistes, le chien de Guillaume était un carlin et non un épagneul. Les lecteurs de ce livre comprendront maintenant pourquoi Guillaume le Taciturne est souvent représenté en compagnie d'un petit chien.

Lors de la bataille de Fontenoy, le 11 mai 1745, le comte Maurice de Saxe demanda aux Anglais de tirer les premiers. Ni la courtoisie française, ni l'exploit du chien Moustapha ne suffiront à leur faire gagner la bataille. Moustapha, un grand danois appartenant à un artilleur de Dublin, avait l'habitude de rester près de son maître pendant les combats. À Fontenoy, son maître mourut, frappé par un boulet au moment où il allait mettre le feu à son canon. Moustapha,

1 *Histoire de la Fondation de la République des Provinces Unies*, Paris, 1859, volume 3, pp. 179-

voulant sans doute le venger, saisit la mèche et mit le feu au canon, ce qui causa un grand désarroi et beaucoup de pertes dans les rangs ennemis. Ramené à Londres, le chien héroïque fut présenté au roi George II qui lui accorda une pension alimentaire.

Les guerres napoléoniennes eurent également leur lot de héros canins. Le plus fameux est sans doute le caniche Moustache. La veille de la bataille de Marengo, Moustache, en donnant l'alerte, déjoua une attaque surprise des Autrichiens. Il fut néanmoins blessé d'un coup de baïonnette. Une citation à l'ordre du jour et une double ration alimentaire le remirent sur ses pattes. Le lendemain, il participa à la bataille avec suffisamment de bravoure pour obtenir une médaille. Il se distingua de nouveau à Austerlitz. Son maître, le porte-étendard du régiment, ayant été tué, Moustache réussit à reprendre le drapeau des mains du soldat ennemi qui s'en était emparé. Nouvelle médaille, décernée cette fois-ci par le maréchal Lannes. La guerre d'Espagne tourna mal pour les troupes françaises. Même chose pour Moustache, pulvérisé par un boulet lors du siège de Badajoz en 1811. Parmi les autres héros canins de l'épopée napoléonienne, mentionnons le barbet Toffino.

A. Toussenel, dans *L'Esprit des bêtes*, raconte les exploits du caniche Mitraille surnommé ainsi en raison d'un engouement immodéré pour le bruit du canon. Mitraille se distingua par sa vaillance lors de la prise d'Alger en 1830. Il fut l'un des premiers à pénétrer dans la ville. Après la victoire, il se porta volontaire pour tester l'eau des sources du pays conquis soupçonnées d'avoir été empoisonnées par les vaincus, rendant ainsi d'immenses services. Caserné à Metz après son retour en France, Mitraille s'ennuyait ferme. Sa seule distraction était de déterrer des obus. Il rêvait d'arrêter un de ces projectiles dans sa course. Mais Mitraille n'avait que des connaissances balistiques rudimentaires. Quand, par le plus grand des hasards, il rencontra un obus, ce dernier ne s'arrêta pas et Mitraille connut, en temps de paix, le triste sort du chien Moustache.

Dick et Bobby devinrent de véritables héros nationaux en Angleterre à la fin du siècle dernier. Le fox-terrier Bobby se distingua lors de la bataille de Rorke's Drift en Afrique du Sud le 22 janvier 1879. Lors du combat, raconté dans le film *Zulu,* une seule compagnie résista autour d'une ferme à de redoutables guerriers zoulous, dix fois supérieurs en nombre. Dick, pendant tout le combat, ne quitta pas le chirurgien Reynolds, son maître. Il lui sauva la vie en mordant à l'omoplate un guerrier qui s'apprêtait à le transpercer de sa sagaie. De nombreux blessés anglais lui doivent ainsi indirectement la vie. Presque tous les survivants furent décorés à l'exception de Dick. L'armée de sa très gracieuse Majesté ne jugeait pas alors convenable de décorer un chien. Bobby, bénéficia d'un changement de politique l'année suivante. Bobby était la mascotte du deuxième régiment de Royal-Berkshire. Son régiment et bien d'autres furent annihilés lors de la campagne d'Afghanistan de 1880. Onze soldats, plus Bobby, blessé, survécurent au massacre et furent amenés captifs. Bobby, faussant compagnie à ses gardiens, réussit à rejoindre le gros de l'armée anglaise. La reine Victoria, impressionnée par les exploits du brave Bobby, lui remit une prestigieuse médaille lors d'une cérémonie particulièrement émouvante, ce qui constituait une grande première.

Martin Monestier, dans *Animaux-Soldats,* rapporte bien d'autres actes de bravoure. Parmi les chiens récompensés pour leur conduite exceptionnelle, il mentionne le chien-soldat américain Bobby. Ce dernier, qui a le grade de lieutenant, est douze fois décoré pour actes d'héroïsme. À sa mort, son corps enveloppé dans un drapeau américain est inhumé à Macon (Georgie) avec les honneurs militaires.

Le terrier Spot et le terre-neuve Bounce méritent une mention. Spot fut capturé par les Turcs en même temps que son maître le général Townshend pendant la Première Guerre mondiale. De retour en Angleterre après la fin des hostilités, il fut invité à participer à un défilé en compagnie d'autres chiens héroïques. Il profita de l'occasion pour attaquer un compagnon vétéran, déclenchant une bataille spectaculaire. Les puristes en matière de discipline militaire en concluront qu'un chien soldat reste malgré tout un chien.

L'histoire de Bounce montre que les chiens, tout comme les hommes, peuvent s'arroger une gloire qu'ils ne méritent pas. Bounce, à côté de son maître l'amiral Collingwood, participa à la bataille de Trafalgar. Mais il ne contribua guère au succès de la marine anglaise. Quand l'amiral Collingwood fut élevé à la pairie, son chien estima que cette promotion récompensait également ses mérites. Son comportement, comme le remarqua son maître, changea en conséquence :

> J'ai atteint les limites de ma patiente avec Bounce : les airs importants qu'il se donne depuis qu'il est devenu un *right honourable* chien sont insupportables. Il considère que jouer avec les chiens des roturiers est en dessous de sa dignité. Cela est, je pense, porter l'arrogance du rang à son extrême.

D'autres chiens ont été utilisés, moins glorieusement, comme gardiens de prison. Le plus célèbre d'entre eux est peut-être le dénommé Ravage qui, pendant la Révolution, était chargé de surveiller, la nuit, le préau de la Conciergerie. Ravage ne s'était jamais fait prendre en défaut et sa réputation fut au zénith jusqu'à la nuit fatidique pendant laquelle cinq prisonniers parvinrent à s'évader par un trou dans le mur. Ravage n'avait pas donné l'alarme. Le lendemain matin, on trouva attaché au cou du gros chien un assignat de 100 sous avec un petit mot : « On peut corrompre Ravage avec un assignat de 100 sous et un paquet de pieds de moutons ». Le chien en fut quitte pour une leçon d'humilité et quelques heures de cachot.

3

SAUVETEURS

Nombreux sont les chiens qui, au péril de leur vie, ont sauvé leur maître ou un inconnu d'une mort presque certaine. Quelques-uns, comme les grands costauds élevés dans l'hospice du col du Grand-Saint-Bernard sont des professionnels. Saint Bernard de Menthon fonda l'hospice en 1049, pour aider les voyageurs à traverser le col. Ce n'est qu'au XVIIIe siècle que les chiens, jusque-là servant à garder l'hospice, furent utilisés pour retrouver et dégager les voyageurs ensevelis sous la neige. Barry, le plus célèbres des saint-bernard, naquit en 1800 dans l'hospice. Plus de quarante imprudents lui doivent la vie. Il partit à la retraite en 1812 et mourut à Berne deux ans plus tard. Les curieux peuvent l'admirer, empaillé, au musée d'histoire naturelle de Berne. Plusieurs de ses descendants s'illustrèrent également. Barry II et Barry III moururent dans l'exercice de leur devoir. Précisons, pour les puristes, que Barry était un saint-bernard à poil court. Les saint-bernard à poil long n'apparurent qu'en 1830 avec l'apport de sang de terre-neuve. Ajoutons que, contrairement à la légende, aucun petit tonneau d'alcool n'était attaché à leur cou.

Mais la plupart de ces héros sont des amateurs qui restent largement anonymes. Quelques-uns ont l'honneur d'une brève mention dans la rubrique des faits divers d'une gazette confidentielle. Norman, plus chanceux, a fait récemment la une du magazine américain *People*. Norman est un labrador jaune âgé de cinq ans. Il habite à Seaside dans l'État d'Oregon et il adore nager. Le 5 août 1996, Norman, alors qu'il se promenait le long de la rivière locale avec Annette McDonald, sa maîtresse, plongea sans raison apparente dans l'eau. Malgré les appels d'Annette lui demandant de revenir sur la berge, le labrador, comme mu par une mission impérative et mystérieuse, continua à nager vers le milieu de la rivière. Annette ignorait que Norman se dirigeait vers la petite Lisa Nibley, quinze ans, qui, entraînée par des courants violents, était au bord de la noyade. Lisa put se saisir de la queue de Norman qui la tira vers la rive. Lisa considère maintenant Norman comme son ange gardien. Sa photo orne le mur de sa chambre.

Un détail. Depuis l'âge de deux ans, Norman est aveugle.

4

Le chien saint

Vers 1250, Étienne de Bourbon, moine dominicain et inquisiteur de son état, alors qu'il luttait contre les superstitions populaires dans le diocèse de Lyon, entendit mentionner un certain saint Guinefort. L'érudit inquisiteur, qui n'avait jamais entendu parler d'un tel saint, put, après enquête auprès de la population locale, établir sa surprenante identité et retracer son histoire. Près du village de Neuville, à 40 km au nord de Lyon, habitaient dans un château un seigneur, sa femme et leur nouveau-né. Alors que les parents du bébé et sa nourrice étaient sortis, un énorme serpent s'introduisit dans la demeure. Il se glissa jusqu'au berceau du nouveau-né. Voyant cela, le lévrier Guinefort, qui était resté dans le château, se précipita sur le serpent, renversant au passage le berceau et son jeune occupant. Après un combat dont personne ne fut témoin, mais que l'on peut sûrement qualifier de féroce et disputé, le chien parvint à terrasser l'intrus. Dans son agonie, le serpent avait répandu son sang sur le berceau, le bébé et son meurtrier. À son retour, le seigneur du château, n'apercevant pas le cadavre du serpent, pensa que le chien avait dévoré son jeune fils. Fou de colère, il tua son cher lévrier. Constatant que le bébé couvert de sang dormait paisiblement et voyant le serpent, il réalisa sa méprise. Il regretta amèrement d'avoir si injustement tué un serviteur fidèle. Il jeta le corps de Guinefort dans un puits situé près de l'entrée de sa demeure. Il le combla avec des pierres puis planta un arbre à ses côtés afin de commémorer l'événement. Un peu plus tard, par la volonté de Dieu, le château fut détruit et le domaine transformé en désert. Les paysans des alentours, prenant connaissance de la conduite héroïque du chien et de sa mort imméritée, l'honorèrent comme un martyr. Beaucoup de mères jugèrent alors bon d'amener leur enfant malade après des restes du lévrier Guinefort. Au moyen d'offrandes, de prières et de rituels compliqués, elles espéraient que le saint rendrait la santé à leur enfant. Étienne de Bourbon, scandalisé par tant d'impiété et de superstition, ordonna que les restes du chien fussent déterrés et brûlés. Il interdit à quiconque d'honorer le lévrier comme un saint. Les mesures de l'inquisiteur ne suffirent sans doute pas à éradiquer complètement le culte de saint Guinefort. En effet, au début du siècle, des mères inquiètes se rendaient encore dans le bois de Saint-Guinefort, près de Sandrans (Ain), afin d'obtenir la guérison de leur enfant malade.

Si le culte rendu au lévrier Guinefort est un fait historique indubitable, son origine, telle que la raconte Étienne de Bourbon, entre sans doute dans le domaine de la légende. Des récits légendaires du même type abondent dans le folklore de nombreux pays. Ainsi l'histoire très similaire du chien Gelert est bien connue dans les îles Britanniques. En 1205, le roi Jean sans Terre offrit un lévrier irlandais appelé Gelert à son gendre Llewlyn le Grand. Gelert devint rapidement son chien de chasse favori. Un jour, le chien, refusant de suivre son maître à la chasse, resta chez lui. Quand Llewlyn rentra de la chasse, il fut accueilli par Gelert dont les mâchoires et le pelage ruisselaient de sang. Llewlyn, craignant le pire, se précipita dans la chambre de son nouveau-né. Il vit le berceau renversé et plein de sang. Mais aucune trace du bébé. Le chevalier venait juste d'enfoncer son épée dans le corps de son chien quand il entendit le bébé qui criait sous le berceau. Il comprit tout en apercevant, un peu plus loin, le cadavre ensanglanté d'un grand loup. Il enterra Gelert près de la route, ajoutant quelques pierres au-dessus de la tombe. Cet endroit, appelé Beddgelert, est un lieu de pèlerinage connu. Nous savons maintenant que cette histoire fut inventée en 1793 par un certain David Pritchard qui possédait une auberge à Beddgelert. S'inspirant d'une histoire appartenant au folklore local, Pritchard donna au chien martyr le nom de Gelert et fit de Llewlyn le Grand son maître. Cette invention se révéla très profitable pour Pritchard puisque son auberge était située à côté de l'emplacement présumé de la tombe du chien Gelert. Pritchard s'était peut-être inspiré d'une histoire similaire qui se rencontre dans les écrits de Cadog le Sage, un saint gallois vivant au Ve siècle.

5

Présumés coupables

Dans *Les Guêpes*, une pièce d'Aristophane, le chien Labis est condamné pour avoir dérobé un fromage. Dans sa comédie *Les Plaideurs*, Racine, s'inspirant d'Aristophane, met en scène le procès du chien Citron accusé d'avoir volé puis mangé un chapon. Dandin juge l'affaire, l'Intimé représente la défense et Petit-Jean est l'avocat de la partie civile. Les deux avocats rivalisent d'éloquence, multipliant citations latines et références à Aristote. Finalement, le juge Dandin condamne Citron aux galères.

Racine souhaitait sans doute tourner en dérision une machine judiciaire corrompue, procédurière et souvent absurde. Dans sa préface, il manifestait cependant sa crainte que « des personnes un peu sérieuses ne traitent de badineries le procès du chien ». Mais on peut se demander si les contemporains de Racine considéraient le procès du chien comme une parodie si ridicule et outrancière. En effet, au XVIIe siècle, les procès d'animaux n'étaient pas rares en France comme dans quelques autres pays chrétiens. De tels procès, documentés à partir du IXe siècle, devinrent plus fréquents aux XVe, XVIe et XVIIe siècles. On en rencontre encore en plein siècle des Lumières.

Les animaux étaient jugés pour vol, coups et blessures, homicide, « bestialité » avec des humains, sorcellerie et toutes sortes d'actes sacrilèges. Suivant les délits, ils étaient déférés devant les juridictions séculières ou religieuses. Dans tous les cas, les procès étaient instruits avec le plus grand soin et dans la plus scrupuleuse légalité, les témoins à charge et à décharge entendus, les jugements argumentés en détail. Les coupables étaient exécutés en public dans les règles de l'art.

Contrairement aux truies, souvent accusées d'avoir écrasé ou déchiqueté des petits enfants, les chiens, dans les archives en notre possession, sont rarement accusés d'homicide. Notons cependant le cas de plusieurs chiens enragés exécutés à Vienne, en 1611, par « jugement et décret de la Cour » pour avoir tué un novice franciscain. Les cas les plus fréquents concernent des chiens condamnés comme complices d'actes de bestialité.

Le 14 mars 1539, à Meaux, Guillaume Garnier comparut devant le bailli avec une grande chienne noire. Garnier avait déclaré à son voisin « qu'il ne voulait point se marier, ni même avoir une maîtresse, attendu qu'il en avait une qui ne lui coûtait pas d'entretien et qui, au moins, lui était fidèle ». Le voisin ne sut pas garder sa langue et le tribunal ne fut pas convaincu des avantages d'une maîtresse canine sur le plan économique et affectif. Le 20 avril, il condamna Garnier à être brûlé vif et la chienne, bénéficiant sans doute de circonstances atténuantes, à être seulement « tuée et occise ». Le 13 août 1540, le parlement de Paris confirma ce jugement en appel.

Le 12 septembre 1606, à Chartres, « vu le procès criminel, charges et informations, décrets de prise de corps [...] et reconnaissance faite par les dits témoins de la chienne dont est question », Guillaume Guyard et sa chienne furent condamnés à mort. La chienne fut assommée puis brûlée. Guyard, plus chanceux, avait pu décamper avant le procès. On se contenta de brûler son effigie.

On peut se demander pourquoi de tels simulacres de justice, coûteux en temps et en argent, avaient lieu. Certes, de nombreux juristes et théologiens estimaient que les animaux, possédant une âme, étaient des êtres doués de raison et moralement respectables. Mais, à l'instar de saint Thomas d'Aquin, la majorité n'admettait pas la responsabilité morale des animaux. Donc pourquoi ces procès ? Probablement parce que seul un procès en bonne et due forme, suivi de l'exécution rituelle du coupable, pouvait conjurer des actes aussi sacrilèges et restaurer l'ordre naturel des choses.

La Révolution française ne mit pas entièrement fin à ces superstitions comme en témoigne l'histoire de Saint-Prix et de son chien. Le 27 brumaire an II, le tribunal révolutionnaire de Paris condamna à la guillotine un invalide nommé Prix, plus connu sous le nom de Saint-Prix. Ce dernier vivait rue Saint-Nicaise avec un gros chien habitué, disait-on, à aboyer à l'approche des gardes révolutionnaires. Le chien commit l'imprudence de mordre le garde Jardy, en visite dans la maison, ce qui déclencha une plainte et une perquisition conduisant à la découverte de documents contre-révolutionnaires compromettants. Après la condamnation de Saint-Prix, le président du tribunal révolutionnaire décida de juger son chien sous prétexte que l'animal avait été dressé à aboyer de manière différente suivant la nature des visiteurs – contre-révolutionnaires ou patriotes – de Saint-Prix. Le chien fut condamné à être assommé. Jean Vartier, dans *Les procès d'animaux du Moyen Âge à nos jours* [1] présente les pièces du dossier :

Section des Tuileries
Comité de Surveillance Révolutionnaire
Du 28 brumaire, l'an deuxième de la République française
une et indivisible.

> À Fouquier-Tainville [*sic*], accusateur public.
> Nous avons, au reçu du jugement du tribunal révolutionnaire qui condamne Saint-Prix à la peine de mort et ordonne que son chien soit assommé, fait procéder à l'exécution de cette dernière partie du jugement...
>
> Signé : Lavilette et Charvet

1 Paris, Hachette, 1954, p. 29.

6

Les chiens justiciers

Les chiens, de tous temps, sont intervenus là où la justice des hommes est impuissante. L'Antiquité ne manque pas d'exemples de chiens justiciers.

Plutarque (*De l'intelligence des animaux*, XIII) raconte que le roi Pyrrhus, lors d'un voyage, vit un chien gardant le cadavre d'un homme assassiné. Cela faisait trois jours, lui apprit-on, que le chien restait là sans manger. Le roi fit enterrer le corps et prit le chien avec lui. Quelques jours plus tard, les soldats de Pyrrhus défilèrent devant leur roi et son nouveau chien qui se tenait à ses côtés. Tout à coup le chien s'élança en aboyant vers quelques soldats. Un interrogatoire musclé permit de confirmer les soupçons du roi et de l'assistance. Toujours selon Plutarque, le chien du poète Hésiode aurait également confondu les meurtriers de son maître.

Pline, dans son *Histoire naturelle* (livre VIII, 142), mentionne un chien qui « en Épire reconnut dans une assemblée le meurtrier de son maître, et par ses morsures et ses aboiements le força d'avouer son crime ».

Le Moyen Âge français nous a laissé deux histoires célèbres illustrant le même thème : le chien de la rue des Marmousets et celui de Montargis. L'histoire du chien de la rue des Marmousets comporte de nombreuses variantes. Nous suivrons le récit qu'en donne René Héron de Villefosse dans son *Histoire de Paris*. Rue des Marmousets, dans le Paris du XIIIe siècle, un barbier tenait boutique à côté d'un pâtissier, tous deux partageant la même cave. Beaucoup de voyageurs, à peine arrivés à Paris, allaient se faire raser chez le barbier. Le magasin du pâtissier était également très connu parce qu'il avait la réputation de confectionner de succulents pâtés fourrés à la viande. Un beau jour, l'attention du voisinage fut éveillée par les aboiements d'un grand danois qui, difficilement maîtrisé par plusieurs jeunes gens, voulait sauter à la gorge du barbier. La police, amenée sur les lieux, apprit qu'il s'agissait du chien d'un étudiant allemand disparu depuis l'avant-veille. Des traces de sang dans la boutique du barbier et dans sa cave lui laissèrent penser que l'étudiant avait été égorgé alors qu'il se faisait raser. Un modeste effort d'imagination lui permit de comprendre que la chair du disparu avait servi à fourrer de délicieux pâtés. La sinistre maison fut rasée. Quand au chien détective, il eut droit à une statue que les passants pouvaient encore admirer au siècle dernier.

Plus étonnante est l'histoire du chien de Montargis, que l'on trouve déjà dans le *Livre de la chasse* (1387) de Gaston Phébus. Elle se rencontre dans des versions présentant des variations importantes. Nous suivrons celle qu'en donne le sieur de La Colombière dans *Le vrai théâtre d'honneur et de chevalerie*[1], une sorte d'anthologie des duels chevaleresques. L'événement prit place vers 1370 sous le règne de Charles V. Un dénommé Macaire, archer des gardes du roi selon certains chroniqueurs, était envieux de la faveur que le roi portait à Aubry de Montdidier, l'un de ses compagnons. Il surprit ce dernier dans la forêt de Bondi et le tua. Après avoir enterré son corps il revint à la cour. Le lévrier qui accompagnait Aubry ne quitta pas la tombe jusqu'à ce que la faim l'obligeât à retourner à Paris où il demanda de la nourriture aux amis de son maître. Une fois rassasié, il repartit en hurlant vers la dernière demeure d'Aubry. Quelques jours après, il revint à Paris, puis repartit après s'être nourri. Intrigué par les allées et venues du lévrier et inquiet de l'absence d'Aubry, ses amis décidèrent de le suivre dans la forêt. Ils y découvrirent le cadavre de leur ancien ami. Peu de temps après, le lévrier reconnut Macaire qu'il attaqua violemment. Seule l'intervention de quelques soldats permit au meurtrier d'échapper à la mort. Le chien essaya plusieurs fois encore d'agresser Macaire. On commença à se poser certaines questions. Des rumeurs circulèrent. Le roi, personnellement témoin de l'hostilité du chien envers Macaire, décida de questionner ce dernier. Macaire nia toute participation dans l'assassinat d'Aubry.

1 Paris, 1648, seconde partie, pp. 300-303.

Mais ces dénégations ne calmèrent pas le chien ni convainquirent Charles V. Pour régler la question, le roi s'en remit au jugement de Dieu en organisant un duel entre Macaire et son accusateur. On donna à l'archer un gros bâton. Le chien, muni de ses armes naturelles et avec un tonneau comme seule protection, eut rapidement le dessus. Pris à la gorge, l'assassin d'Aubry demanda merci puis avoua son crime. Une peinture représentant le duel orne l'une des cheminées de la grande salle du château de Montargis.

Malgré l'opinion positive de Julius Scaliger et de deux grands spécialistes des duels, La Colombière et le sieur d'Audiguier, les historiens modernes sont peu enclins à accorder crédit à l'histoire du chien de Montargis. Historiques ou non, les exploits du chien acquirent une grande notoriété. Aux XVIIe et XVIIIe siècles, ils furent mis en avant par les adversaires de la notion cartésienne d'animal-machine. Ils inspirèrent une pièce de théâtre très populaire. Par l'intermédiaire de cette pièce de théâtre, le chien de Montargis fit une victime inattendue en la personne de Gœthe. L'épisode prit place en 1817 quand le célèbre poète dirigeait le théâtre de la cour de Weimar. Un comédien nommé Karsten parcourait la France et l'Allemagne en donnant, avec sa troupe, des représentations du *Chien de Montargis.* Le chien de Karsten jouait le rôle principal avec un tel talent que beaucoup demandèrent au duc de Sachsen-Weimar-Eisenach, dont l'affection pour les petits quadrupèdes était bien connue, d'inviter la troupe à Weimar. Gœthe, qui détestait les chiens et estimait que faire jouer un de leurs plus glorieux représentants était indigne de la réputation de son théâtre, s'opposa à un tel projet. Avec le sens de la légalité qui caractérise en général le peuple germanique, il souligna que le règlement du théâtre interdisait la présence de chiens sur la scène. Mais il était trop tard, le duc avait déjà invité Karsten et son chien vedette. Gœthe tenta de faire annuler les représentations, mais le duc, son ami de 40 ans, ne voulut rien entendre. Après la première répétition, Gœthe, déclarant qu'il ne voulait pas être associé à un théâtre exhibant des chiens savants, partit pour Iéna. Le duc, prenant ce départ pour une démission, mit fin à ses fonctions. Une longue amitié était réduite à néant à cause d'un chien. Par la suite, Gœthe et le duc se raccommodèrent quelque peu, mais le poète, malgré les demandes répétées de son ancien protecteur, refusera toute forme d'association avec le théâtre de Weimar.

7

Les champions

Les combats de chiens ou ceux les opposant à des animaux tels que des taureaux, des ours, voire des lions, ont enthousiasmé les foules, y compris leurs rois et reines. Ces jeux sanglants furent particulièrement prisés en Angleterre même après leur interdiction en 1835[1]. Quelques combats et combattants fameux sont entrés dans l'histoire. Ainsi, en 1825, se déroula à Warwick le dernier combat entre chiens et lions ayant eu lieu en Angleterre. Comme souvent dans ces joutes, les chiens étaient des bouledogues anglais. Ces bouledogues, à l'époque, étaient plus grands et puissants que leurs descendants actuels. D'autre part, leur museau était moins aplati. Les bouledogues étaient souvent croisés avec des terriers pour les rendre plus vivaces et rapides. Deux lions participèrent aux affrontements. L'un d'eux, le débonnaire Néron, fut attaqué par trois bouledogues. En quelques minutes il renvoya au vestiaire deux gladiateurs canins. Le troisième, appelé Turk, resta seul dans l'arène contre un animal vingt fois plus gros que lui. Vingt fois il l'attaqua férocement, vingt fois il fut repoussé par des coups de griffes. Néron avait visiblement décidé d'épargner la vie de son courageux adversaire. Mais Turk s'obstina et, malgré les efforts de Néron pour ne pas assener de coup fatal, il finit par périr, le corps complètement lacéré par les griffes du lion. Selon une autre version, Néron aurait abandonné le combat.

Les combats entre chiens et taureaux, ours ou lions étaient spectaculaires. Mais pour les amateurs, seules comptaient vraiment les luttes

1 Ils furent interdits en France en 1834.

entre chiens d'un poids comparable. Belcher, qui appartenait à Lord Camelford, gagna les 104 combats qu'il disputa. Certainement l'un des plus grands lutteurs de tous les temps. Le plus féroce chien de combat fut peut-être une femelle appelée Bridget. On dit qu'elle fractura le crâne d'un adversaire avec ses dents. Son maître, Billy le barman, essaya en vain d'obtenir des portées de petits tueurs. La redoutable Bridget tuait et dévorait ses petits.

Un autre champion nommé Street-Walker fit sensation au début du siècle dernier. Il avait l'habitude de dormir pendant les trois ou quatre jours précédant chaque combat. Après une trentaine de victoires consécutives, il affronta Boxer le 23 mai 1816 à Westminster. Alors que Street-Walker dominait, le combat se termina dans la plus extrême confusion. L'arbitre, débordé, déclara le match nul. Ce fut le dernier combat de Boxer.

Le novice Gas se distingua en 1825 en battant, dans l'arène de Westminster, le célèbre Boney. Le combat dura presque deux heures. Parmi d'autres champions mentionnons Wasp, Child, Billy, Old Storm et son fils Young Storm. Un étrange duel opposa à Paris, au siècle dernier, le Français Loubet à l'Anglais King. Le vainqueur serait celui qui tiendrait le plus longtemps accroché par les dents aux ailes tournantes du moulin de Montmartre. Après 42 minutes, King, exténué, abandonna. Le vainqueur refusait obstinément de lâcher l'aile du moulin. On s'aperçut qu'il était mort.

Les « chasses » aux rats étaient également fort populaires. L'objectif était de tuer, dans une petite arène, un maximum de rats en un minimum de temps. Un expert, le capitaine L. Fitz-Barnard, nous apprend que tuer un rat en cinq secondes est une bonne performance. Il nous apprend également que Billy, dont le maître s'appelait Charles Dew, anéantit 100 rats en 5 minutes et demie. Un rat toutes les 3,3 secondes. Pas mal !

8

Les étoiles du spectacle

Plutarque, dans son essai sur l'intelligence des animaux (chapitre XIX), décrit la performance exceptionnelle d'un chien qu'il put admirer à Rome autour de l'an 70 :

> Le chien apparaissait dans une pantomime avec une intrigue pleine de rebondissements dramatiques et beaucoup de personnages. Son jeu se conformait parfaitement aux exigences de son rôle. On lui fit notamment absorber une drogue soporifique supposée, dans la pièce, être mortelle. Le chien prit le pain imprégné du poison soi-disant mortel et l'avala. Peu après, il se mit, semblait-il, à trembler, à vaciller et à se pencher en avant jusqu'à ce qu'il s'étendît de tout son long et restât immobile tel un cadavre. Il se laissa tirer et transporter dans tous les sens comme le scénario le prescrivait. Un peu plus tard, comprenant, par ce qui se passait sur scène, que c'était le bon moment, il se mit à remuer légèrement, comme s'il émergeait d'un profond sommeil ; puis il leva la tête et regarda autour de lui. Ensuite, au grand étonnement du public, il se leva, se dirigea vers la personne appropriée, et la salua avec les plus grandes manifestations de bonheur de telle sorte que tous les spectateurs, y compris le vieil empereur Vespasien qui était présent dans le théâtre de Marcellus, furent très émus.

Ce petit chien acteur eut beaucoup d'héritiers dans les théâtres, les cirques, les foires ou sur les places publiques. Certains se distinguèrent par leur sens artistique. William Harrison, dans sa célèbre *Description of England*, publiée en 1586, décrit les performances de quatre artistes chiens. Revêtus d'une veste bigarrée, ils dansaient au rythme de la musique. Ils se dressaient et s'allongeaient à volonté, tournaient comme une toupie, tenaient leur queue entre leurs dents et mendiaient de la viande. Un tableau de Tiepolo montre quatre chiens dansant dressés sur leurs pattes arrières. Des peintres moins illustres tels que George Morland et James Wooton ont également illustré ce thème, ce qui laisse penser que de tels spectacles devaient être relativement habituels.

D'autres chiens brillèrent surtout en raison de leurs facultés intellectuelles supposées supérieures. Le philosophe Leibniz (1646-1716), dans un rapport à l'Académie royale, mentionne les performances d'un chien de Saxe capable de maîtriser un vocabulaire de trente mots allemands. À peu près à la même époque, le tout-Paris se pressait dans un théâtre pour admirer un chien qui, entendant un mot, l'écrivait en utilisant des lettres qu'il choisissait sur un étalage. Il pouvait écrire une centaine de mots différents.

Munito, un caniche encore plus érudit, défraya la chronique parisienne autour de 1820. Le petit prodige jouait aux dominos et aux échecs. Il calculait et écrivait en mettant les uns à côté des autres les chiffres ou les lettres appropriés. Munito, considéré comme un savant, fut pendant trois ans l'acteur le plus applaudi de la capitale. M. Émile de Tarade, spécialiste renommé de l'éducation des chiens, ne partageait cependant pas l'enthousiasme général. Après avoir longuement observé Munito et son maître, il découvrit, semble-t-il, le pot-aux-roses. Par des sons à peine audibles, son maître lui indiquait les chiffres ou les lettres qu'il devait choisir.

Le cinéma et la télévision allaient transformer les chiens acteurs en vedettes internationales. De plus, le professionnalisme de certaines stars canines d'Hollywood aurait fait pâlir de honte le chien que Vespasien admira tant.

La première star fut sans doute le collie Blair qui, en 1905, fit ses débuts dans le film *Rescued by Rover*. Dans ce court-métrage de sept minutes, dirigé par le cinéaste britannique Cecil Hepworth, Blair/Rover délivrait le bébé de son maître enlevé par des gangsters. Le succès fut tel que quatre suites furent tournées jusqu'à la mort de Blair en 1910.

Jean, un autre collie, acquit une grande notoriété en tournant dans plusieurs films à partir de 1912. Également célèbre fut le bâtard Luke qui apparut dans de nombreux films de Mack Sennett en compagnie du gros Roscoe Arbuckle. Plus familier des amateurs de cinéma actuels est sans doute le petit Brownie. Jouant le rôle de Scraps, Brownie vola la vedette à un certain Charlie Chaplin dans *A Dog's Life* (« Une vie de chien »). Rien pourtant ne prédestinait le fox-terrier avec une grande tache brune autour de l'œil à un destin aussi éclatant. En effet, sans l'intervention un peu miraculeuse de Charles Gee, Brownie aurait fini dans une fourrière avec le sort que l'on peut imaginer. Après son triomphe dans *A Dog's Life*, Brownie tourna une cinquantaine de petits films. Son succès ne lui monta jamais à la tête. Il resta toujours un chien généreux et modeste.

Le triomphe des bergers allemands

Grands, forts, élégants mais aussi affectueux, fidèles et généreux, les bergers allemands offrent l'image idéale du héros canin au grand cœur et à la mâchoire puissante. C'est ce que comprirent parfaitement l'écrivain Jane Murfin et son mari, le metteur en scène Larry Trimble, quand, en 1920, ils partirent à la recherche d'un berger allemand pour une série de films.

Après avoir éliminé des centaines de candidats américains, ils visitèrent l'Europe en quête de la perle rare qu'ils trouvèrent en Allemagne. L'heureux élu s'appelait Etzel von Ceringen. C'était le fils du grand champion Nores von Ker Kriminal Politzel. Bien que de tels noms pussent évoquer des créatures du cirque ou du Crazy Horse Saloon, Etzel, tout comme son père, n'avait rien d'un chien savant. Ce costaud d'un demi-quintal de muscles était un chien militaire dressé à tuer. Ses relations avec les humains, qui se cantonnaient aux séances d'entraînement, n'avaient rien de sentimental. Larry Trimble perçut, on ne sait trop comment, le potentiel du chien tueur qu'il transforma en un animal affectueux, docile et de contact facile. Sous le nom de Strongheart, il devint la première vedette canine dans un rôle dramatique. Son premier film, *Silent Call*, sorti en 1921, connut un immense succès et fit du chien une vedette de premier plan. Strongheart y jouait le rôle d'un chien loup « marié » à une louve. Pendant son absence, une explosion transforma en un caveau la grotte où se trouvaient la louve et leurs petits. Tous les spectateurs furent bouleversés quand ils virent le chien, à son retour, réaliser ce qui était arrivé à sa famille. Des larmes s'écoulaient de ses yeux et son corps tremblait nerveusement.

Strongheart tourna avec un succès égal dans d'autres films tels que *Brawn of the North* ou *White Fang*, une adaptation du roman de Jack London. Il inaugura l'autographe canin en laissant une empreinte de ses doigts sur une photo. La vie sentimentale de Strongheart fut plus heureuse que celle du héros de *Silent Call*. Sa liaison avec Lady Jule produisit de nombreux petits acteurs. Comme tout chien de formation militaire qui se respecte, Strongheart mourut dans l'exercice de sa mission. Il se brûla en tombant sur une lampe. Une tumeur se forma sur la blessure qui semblait bénigne. C'était la fin.

Rin Tin Tin est sans doute plus connu des cinéphiles et des enfants d'aujourd'hui. Sa gloire cinématographique, tout comme celle de Strongheart, fut certainement le fruit d'un hasard quasiment miraculeux. En septembre 1918, près de Toul, le capitaine George Bryant et le caporal Lee Duncan découvrirent, dans les décombres d'un centre allemand de chiens de guerre, une chienne famélique et ses cinq jeunes chiots. Pris de compassion, les deux militaires américains décidèrent de sauver cette misérable famille. À la fin des hostilités, le capitaine ramena chez lui la mère et trois de ses enfants, tandis que le caporal prenait les deux chiots restant. Il les nomma Nanette et Rin Tin Tin. Nanette, qui selon Lee Duncan, était la plus intelligente des deux, mourut peu après son arrivée aux États-Unis. Rin Tin Tin, qu'il avait hésité à garder, fit sa fortune ainsi que celle de la Warner Brothers. Grâce à son entente exceptionnelle avec le chien, Lee Duncan sut le transformer en un acteur particulièrement accompli. Rin Tin Tin devint la vedette acclamée d'une quinzaine de films dont *The Man from Hell's River, Clash of the Wolfes, Dog of the Regiment, The Night Cry, Rinty of the Desert.*

Rin Tin Tin, comme toute star digne de ce nom, possédait sa limousine, son chauffeur et son valet. Pour éviter toute blessure, il était doublé dans les scènes dangereuses. Cependant, il réalisait seul un de ses actes les plus spectaculaires, passer au travers d'une vitre. Mais il faut savoir que la vitre était en sucre. Rin Tin Tin n'était pas un chien très facile. S'il obéissait à Lee Duncan au doigt et à l'œil, il pouvait se montrer difficile avec les autres acteurs. Charles Horgan, alors qu'il tournait des scènes de combat avec le fameux berger allemand, dit un jour à Lee Duncan qu'il prendrait des mesures de rétorsion si son chien le mordait. Quand un peu plus tard Rin Tin Tin lui mordit la jambe, Charles Horgan répondit, comme le fera plus tard Mike Tyson, en mordant son adversaire, sidéré, à l'oreille.

Rin Tin Tin n'était pas insensible au charme féminin. Il épousa la ravissante Nanette, également une élève de Duncan. Le mariage d'une telle célébrité donna lieu, dans sa superbe villa de Beverly Hills, à une réception très mondaine où se réunirent toutes les stars canines et humaines d'Hollywood. Nanette et Rin Tin Tin eurent plusieurs enfants dont certains devinrent des acteurs de talent. Le 10 août 1932, Rin Tin Tin mourut alors qu'il jouait avec Lee Duncan, l'homme à qui il devait non seulement la vie mais aussi son succès.

Après la mort du grand acteur, son fils Rin Tin Tin Junior prit la relève. Mais la popularité du berger allemand déclina ce qui amena Rin Tin Tin Junior à prendre sa retraite en 1938. Le personnage canin fut à nouveau exploité en 1947 avec *The Return of Rin Tin Tin* dans lequel figurait Rin Tin Tin III, un autre descendant de Rin Tin Tin. Une série télévisée qui débuta en 1954 allait donner une nouvelle vie au personnage de Rin Tin Tin. Dans cette célèbre série, qui prenait place à Fort Apache, dans l'Ouest américain, Rin Tin Tin partageait la vedette avec le jeune Rusty. Son rôle fut tenu par un chien nommé Golden Boy Junior qui ne descendait pas du père fondateur.

La dynastie des Lassie

Lassie est sans doute le chien le plus célèbre du cinéma et de la télévision. Sur une période de plus d'un demi-siècle, Lassie a été le héros de nombreux films et séries télévisées avec un succès jamais démenti. Comme on peut se l'imaginer, plusieurs chiens se sont succédé dans le rôle de Lassie. Signe particulier, c'était tous des mâles alors que Lassie est une chienne. Voilà sûrement les plus célèbres travestis de l'histoire du show-business.

La grande aventure de Lassie, qui a généré tant d'émotion, de joie et de dollars, est née de la rencontre de deux hommes exceptionnels et de leurs collies non moins talentueux : Eric Knight et Toots ; Rudd Weatherwax et Pal.

Eric Knight, un écrivain américain d'origine anglaise, depuis longtemps à la recherche de son best-seller, publia en 1940 un roman intitulé *Lassie come home.* Pour créer le personnage de Lassie, il s'était inspiré de son collie Toots, un animal particulièrement intelligent et bien dressé. Le succès du livre et les exploits émouvants de Lassie traversant l'Angleterre et l'Écosse pour retrouver sa « famille » attira l'attention de la MGM et de son boss, Louis B. Mayer. Eric Knight, mort lors d'une mission militaire, ne put malheureusement participer au nouveau projet cinématographique.

La puissante MGM se mit à la recherche de l'acteur principal. Plus de 1 500 collies furent « auditionnés ». Parmi eux, un certain Pal appartenant à Rudd Weatherwax, un dresseur de chiens pour l'industrie cinématographique. Rudd s'était déjà taillé une réputation non négligeable en formant les terriers qui avaient joué le rôle d'Asta dans *The Thin Man* et ses suites. Mais la première prestation de Pal ne fut guère brillante. Il fut recalé. Cependant, en l'absence d'un candidat faisant l'unanimité, Pal eut le droit à une seconde chance qu'il sut saisir. Il fut éblouissant. Mais la MGM, ne souhaitant pas faire jouer à un mâle un rôle de femelle, le prit seulement comme doublure. Le studio n'avait pas prévu que le pelage des collies femelles subissait des variations saisonnières peu propices au métier d'acteur de cinéma. Ils n'avaient pas non plus prévu que la chienne sélectionnée refuserait de plonger dans une rivière un peu agitée. Pal, n'ayant pas hésité une seconde, remplaça l'aspirante starlette qui fut renvoyée dans ses pénates. Pal, à l'immense satisfaction de Louis B. Mayer, se révéla un acteur extraordinairement doué. Une entente exceptionnelle existait entre Pal et Rudd Weatherwax. Le collie comprenait immédiatement, voire même anticipait ce que son maître désirait.

Le chien éclipsa tous les acteurs humains, y compris la petite Elizabeth Taylor, qui, dans un rôle secondaire, tournait son deuxième film. *Lassie Come Home* (« La fidèle Lassie »), à sa sortie à la fin de l'année 1943, fut accueillie triomphalement par la critique et le public. La MGM recueillit plus de trois millions de dollars pendant le premier week-end, une somme record à l'époque. Lors de la première à Hollywood, Pal fut accueilli avec des aboiements admiratifs par Rin Tin Tin, Astra et les autres vedettes canines d'Hollywood. Lassie était devenu en quelques semaines le chien acteur le plus célèbre et demandé des États-Unis. Louis B. Mayer fit ajouter Pal/Lassie à la liste de ses stars de cinéma. Le chien n'était pas en mauvaise compagnie au milieu de Fred Astaire, Clark Gable, Spencer Tracy, Judy Garland ou Katharine Hepburn. La MGM ne cessait de répéter l'histoire émouvante de Pal. Les fans pouvaient admirer la façon dont ce chien rejeté, parti de rien, était arrivé au sommet de la gloire et de la fortune en surpassant des rivaux apparemment mieux préparés. Le rêve américain ! La MGM n'avait pas attendu *Rocky* pour songer aux suites. Un nouveau film s'imposait. Il fut donc tourné avec tous les moyens nécessaires pour en assurer le succès. Dans *Son of Lassie* (« Le fils de Lassie »), Pal, entouré de Peter Lawford et June Lockhart, jouait le rôle de Laddie, le fils de Lassie, un autre rôle de mâle. Un collègue de « l'écurie » Weatherwax tenait le rôle de Lassie. La confusion des noms et des rôles s'accentua avec *Courage of Lassie* (« Le Courage de Lassie »), son troisième film. La liste des crédits annonce Lassie jouant le rôle de Bill, le chien perdu de la ravissante Liz Taylor. Avec *Courage of Lassie,* Pal est sans doute au sommet de son art, de sa gloire et de sa valeur marchande. Le chien étoile se produit alors sur scène avec des cachets faramineux, seulement dépassés par ceux d'artistes tels que Frank Sinatra ou Bing Crosby. Pour satisfaire un emploi du temps éprouvant, il se déplace dans un avion privé acheté par Rudd. Il possède aussi son bateau et sa limousine. Dans le privé, Pal avait également tendance à se comporter comme un bon Samaritain. Il servait de baby-sitter au jeune fils de Rudd et de protecteur aux chats et autres petits animaux de la maison.

Les trois films suivants (*Hills of Home, Challenge to Lassie, The Painted Hills*) marqueront le déclin progressif d'une formule qui commençait à lasser. En 1951, après l'échec commercial relatif de *The Painted Hills,* Rudd Weatherwax racheta, pour un montant modeste, le droit d'exploiter le nom Lassie. Pal, âgé de 11 ans, continua de s'exhiber dans des salles de spectacles. Le chien, devenu cabotin, adorait faire son show et recueillir les applaudissements du public. Son humeur s'assombrissait quand il s'éloignait trop longtemps de la scène.

La MGM regretta amèrement d'avoir vendu Lassie. En effet, le célèbre studio n'avait pas prévu le potentiel énorme de la télévision. À partir de 1954 et pendant dix-sept ans, la série des *Lassie,* présentée sur CBS le dimanche à 19 h 30, allait faire exploser l'audimat. Mais Pal était devenu trop vieux pour les rigueurs des tournages des séries télévisées. Se contentant de venir dans les studios, il abandonna son rôle à son fils Lassie Jr. Le public n'y vit que du feu et la popularité de Lassie Jr excéda même celle de son illustre géniteur. Ses prestations du dimanche soir étaient en moyenne admirées par trente-trois millions de téléspectateurs. Il apparut en première page de *Life*, *Look* et du *TV Guide*. Chaque année, il envoyait 40 000 photos dédicacées avec l'empreinte de sa patte. Lassie Jr, quand il n'utilisait pas son avion privé, voyageait en 1re classe. Dormant dans un lit normal, il passait la nuit dans des hôtels de luxe qui se faisaient une joie d'enfreindre leur règlement en acceptant l'illustre chien. Il possédait même son propre chien d'agrément pour le distraire. La popularité du collie profita énormément à Rudd, aux producteurs de l'émission de télévision ainsi qu'à la société *Campbell Soup* qui imprimait son portrait sur des millions de boîtes d'aliment pour chiens.

Mais, dans la maison de Rudd, Pal restait toujours le « premier chien », le patriarche de la dynastie. Devenu aveugle et muet, le « old man » (vieil homme) comme on l'appelait, mourut en 1958 à l'âge de 18 ans. Rudd, qui l'enterra lui-même, fut profondément déprimé pendant plusieurs mois. Selon son fils, il n'eut jamais le courage de revoir les films de Pal. Ces films, qui lui rappelaient combien il avait aimé ce chien, lui causaient trop de chagrin.

Un an après, Lassie Jr, atteint d'une tumeur cancéreuse, dut laisser la place à son fils Spook. Lassie Jr, s'il put guérir, ne revint cependant jamais sur scène. Spook, peu à l'aise devant les caméras, fut rapidement remplacé par Baby (Lassie III), un autre fils de Lassie Jr. Baby, qui mourut d'un cancer en 1966 à l'âge de 8 ans, est le seul Lassie à n'avoir pas vécu au moins 17 années. Par la suite, Mire, Hey Hey, Boy, The Old Man et Howard s'illustrèrent dans le rôle de Lassie à la télévision, au cinéma ou sur scène.

Il ne serait pas convenable de conclure cette discussion sans mentionner le chien Higgins qui émut tant de spectateurs dans *Benji* (« Benji la Malice ») et *For the Love of Benji* (« Pour l'amour de Benji ») en 1974 et 1977 respectivement. Higgins, qui avait joué dans des feuilletons télévisés de diffusion modeste, était près de la retraite quand la gloire survint avec Benji. Avec Higgins, le vieux et sympathique bâtard, les chiens ordinaires prenaient leur revanche sur les superchiens.

9

Au service de la science

Rendons d'abord hommage aux nombreux chiens anonymes qui, au nom du progrès scientifique, ont souffert de la cruauté des hommes.

Louis Racine, le fils du grand tragédien, bien que défendant, d'un point de vue théorique, la théorie cartésienne de l'animal-machine, ne pouvait en accepter toutes les conséquences. Il s'éleva vigoureusement contre la vivisection des chiens couramment pratiquée par beaucoup de partisans de cette théorie. Ses *Épîtres sur l'âme des bêtes* (1728) contiennent quelques vers particulièrement émouvants et évocateurs sur cette sinistre pratique :

> Mais aux lentes douleurs ce dogue dévoué,
> Qui, sur un échafaud indignement cloué,
> Aux cruels écoliers, victime anatomique,
> Va de son corps ouvert montrer la mécanique,
> Qui le consolera lorsque tant de bourreaux
> Contemplent avec joie, en suivant leurs ciseaux,
> Les mouvements d'un cœur dont la rage s'exhale.

Même si les méthodes ont été parfois moins cruelles, les chiens ont continué à souffrir pour des raisons pas toujours évidentes. Ainsi le célèbre Pavlov ne s'est pas contenté de faire saliver les chiens. Il leur ôta toutes sortes de morceaux de cervelle pour voir ce que cela donnerait.

Plus récemment, les chiens ont été célébrés pour leur rôle dans la conquête de l'espace. *Le Grand Livre du chien*[1] partage l'enthousiasme général :

> Compagnon fidèle de l'homme depuis des millénaires, le chien a participé à toutes les étapes de l'évolution humaine. Il devait également tenir un rôle important dans la plus fascinante aventure de ce siècle, « la conquête de l'espace ». Première cosmonaute russe, en 1956, la chienne Laïka, de race spitz, a été statufiée à Moscou.

Laïka, un vétéran des tests de fusées, embarqua dans Spoutnik II, un satellite de 508 kilos, le 3 novembre 1957. Elle logeait dans un petit compartiment spécial où elle pouvait se procurer sa nourriture grâce à un distributeur. *Le Grand Livre du chien* oublie de mentionner que, la technologie d'alors ne le permettant pas, Laïka n'était pas censée revenir sur Terre. Après une semaine, les réserves d'oxygène s'épuisèrent et la chienne, en parfaite santé selon les tests effectués, expira.

Le 19 août 1960, deux chiennes husky nommées Belka et Strelka, furent lancées sur orbite à bord de Spoutnik V. Ces chiennes avaient été choisies à l'Institut Pavlov, parmi des centaines de candidats. Elles furent revêtues d'une combinaison en nylon et d'un heaume similaire à ceux que l'on verra un peu plus tard sur les cosmonautes humains. Les chiennes n'étaient pas seules à bord. Elles étaient accompagnées de vingt-huit souris, deux rats blancs et plusieurs centaines d'insectes. Belka et Strelka supportèrent fort bien le voyage. Après dix-huit rotations autour de la Terre. Les deux chiens, en bonne forme, atterrirent à neuf kilomètres de l'endroit prévu.

1 Paris, Bibliothèque des Arts, 1970, tome I, p. 146.

10

Les explorateurs

Le capitaine Meriwether Lewis (1774-1809) et le lieutenant William Clark (1770-1838) furent, avec leurs compagnons, les premiers Occidentaux à traverser les États-Unis. Partis de Saint-Louis en mai 1804, ils atteignirent la côte Pacifique un an et demi plus tard. Parmi les membres notables de l'expédition se trouvait le chien du capitaine Lewis. Pendant les premiers mois du voyage, le chien put satisfaire à loisir sa passion pour la chasse. Les succès s'accumulèrent jusqu'au moment où, le 19 mai 1805, il fut mordu à la cuisse par un castor blessé. L'artère sectionnée, le chien saigna abondamment. Lewis, qui eut toutes les peines du monde à stopper l'hémorragie, se demanda si l'animal pourrait survivre à sa blessure. Il survécut, ce qui, un peu plus tard, eut des conséquences heureuses sur l'avenir de l'expédition. En effet, le 28 mai, un gros bison, qui n'avait pas été convié, prit le campement pour un champ de course. Après avoir frôlé la tête de quelques soldats endormis, il fonça vers la tente de Lewis. Selon Lewis, le chien le fit changer de direction au dernier moment. Clark précise que le bison poursuivit le chien qui avait pris la fuite. Un an plus tard, sur le chemin du retour, des Indiens dérobèrent le chien du capitaine. Celui-ci envoya trois de ses hommes à sa recherche avec comme instruction d'utiliser leurs armes si les voleurs refusaient de rendre leur précieux captif. Ce ne fut point nécessaire ; les Indiens, voyant qu'ils étaient poursuivis, donnèrent au chien sa liberté.

Plus récemment, de nombreux chiens se sont illustrés lors d'expéditions polaires. L'explorateur américain Robert Edwin Peary (1856-1920) fut le premier homme à atteindre le pôle Nord. Trente-huit chiens accompagnaient Peary et ses compagnons quand, le 6 avril 1909, ils réalisèrent leur rêve. Mais l'expédition de Peary au nord du Groënland, en 1894-1895, avait été plus dure et plus dramatique, pour les hommes comme pour les chiens. Le 1er juin 1895, Robert E. Peary, Matthew Henson et Hugh J. Lee rebroussèrent chemin avec neuf chiens survivants. Le 6 juin, deux chiens, à bout de force, expirèrent. Ils fournirent aux autres une ration de viande supplémentaire. Six autres animaux moururent d'épuisement entre le 10 et le 22 juin. Les trois explorateurs, ayant épuisé leurs réserves de nourriture, se résignèrent à manger de la viande de chien. Peary la trouva dure et sans goût. Lee étant malade, Peary et Henson terminèrent leur odyssée en tirant eux-mêmes leur traîneau. Panikpah, le seul chien survivant, suivait comme il pouvait. Il resta longtemps traumatisé par les privations subies. Après son retour, pendant plusieurs semaines, il ramassa et cacha dans un coin tous les morceaux de viande et les os qu'il pouvait trouver. Dans son livre relatant cette expédition, Peary rendit un hommage émouvant à ses chiens courageux :

> Il n'y a pas de chiens plus splendides dans le monde entier que ces magnifiques brutes de Whale Sound. Le lecteur pensera peut-être que je ne suis pas objectif. Mais j'ai le droit de l'être. Ils ont sauvé ma vie et celle de mes deux camarades. [...] Mon favori, le chef de mon équipe, était un grand animal aux muscles d'acier, rapide et puissant comme une panthère et brusque comme un taureau [...] et cependant, quand je l'approchais, il venait vers moi et frottait sa grosse tête contre ma jambe, avec ce profond grondement de satisfaction qui vous dit, sans l'ombre d'un doute, que votre chien est heureux de vous voir. Et jamais des chiens ou des hommes ne furent plus fidèles que ces pauvres brutes. [...] Jour après jour ils travaillaient jusqu'à ce qu'ils épuisassent leur dernière once d'énergie et puis ils tombaient morts sur place sans un bruit, quarante et un sur un total de quarante-deux avec qui je suis parti de la « cache perdue ». Fidèles, nobles serviteurs, Nupsah, Kardashu, Komonahpik, Ahgotah, Elingwah, et les autres, jamais je ne vous oublierai, et ma seule consolation est de savoir que, comme nous, vous n'avez pas souffert[1].

Le Norvégien Roald Amundsen (1872-1928) arriva au pôle Sud un mois avant l'Anglais Robert Falcon Scott (1868-1912). Scott et ses

1 Robert E. Peary, *Northward : Over the Great Ice*, Londres, 1898, volume 2, p. 524.

compagnons moururent sur le chemin du retour. Beaucoup attribuèrent leur échec à leur traitement trop « humanitaire » des chiens de leur expédition. Amundsen montra que seul un traitement impitoyable de ces animaux, ce qui n'excluait pas une grande affection pour eux, permettait de bénéficier pleinement de leur apport. Le 19 octobre, Amundsen, accompagné des explorateurs Hanssen, Wisting, Hassel et Bjoaland, entama l'étape finale et décisive de son voyage. Ils amenaient avec eux cinquante-deux chiens esquimaux répartis sur quatre traîneaux. Pendant les premiers jours, dix chiens, hors de condition, furent abandonnés ou tués afin de fournir des réserves de nourriture. Le 20 novembre, l'expédition arriva au début du grand plateau au milieu duquel se trouve le pôle Sud. Vingt-quatre chiens furent abattus afin de nourrir les survivants et les hommes. Les dix-huit chiens restant furent répartis sur trois traîneaux.

Trois semaines plus tard, Helge, le meilleur ami de Hanssen, à bout de force, fut abattu. Peu après, Major disparut sans laisser d'adresse. Seize chiens atteignirent le pôle Sud le 16 décembre 1911. Le 19 décembre, Amundsen dut tuer Lasse, son chien favori, qui était complètement épuisé. Il fut divisé en quinze portions. Le lendemain, un coup sur la nuque mit fin aux jours du « bon, fidèle et consciencieux » Per. Il avait impressionné les explorateurs par son caractère tranquille et pacifique. On le regretta, ce qui ne fut pas le cas de Svartflekken, tué quelques jours après. Amundsen nota dans son journal : « Mauvais caractère. Si c'était un homme, il aurait terminé en prison. » La viande de Svartflekken, relativement grasse et abondante, fut en revanche très appréciée. Deux autres chiens, Frithjof et Nigger durent également être abattus pendant le retour de l'expédition. Des seize chiens qui atteignirent le pôle Sud, onze, dont Suggen, Mylius, Ring, Arne et Vieux Colonel, survécurent.

Le contre-amiral américain Richard E. Byrd (1888-1957) fut le premier à survoler le pôle Nord (1926) et le pôle Sud (1929). Lors de son expédition de 1929, il amena avec lui son petit terrier Igloo. Le chien de salon fut d'abord très impressionné par les robustes et sauvages chiens des neiges. Puis, prenant courage et s'habituant à ses rustiques cousins, il devint même arrogant :

> Il ne craignait pas même le plus grand parmi ces chiens ; sans doute il pensait qu'il était un grand lutteur parce que nous sauvions sa vie si souvent. Son attitude était même condescendante, particulière-

> ment envers les chiots, bien que sa vie fût vraiment très menacée. Nous devions le surveiller très attentivement, parce que, quand on le laissait en liberté, il se dirigeait invariablement vers le campement des chiens. À son retour, il nécessitait presque toujours des soins médicaux que le Dr Coman ne manquait jamais de lui donner[1].

Pour les protéger du froid, le corps et les jambes d'Igloo étaient recouverts d'un manteau en poil de chameau. Ce vêtement étrange suscitait la curiosité des chiens esquimaux et de leurs petits. Ces derniers passaient leur temps à mordiller le manteau. Humilié, Igloo réagissait par des attaques aussi féroces qu'imprudentes. À deux reprises, des crocs puissants manquèrent d'un cheveu sa veine jugulaire. Byrd estimait que la survie de son chien tenait du miracle. Les explorations polaires ne sont pas faites pour tous les chiens.

1 R. E. Byrd, *Little America*, Londres, 1931, p. 219.

BIBLIOGRAPHIE SÉLECTIVE[1]

Ouvrages généraux

ASH E. C., *Dogs : Their History and Development,* Londres, Ernest Benn, 1927.
BALZE E., *Histoire des chiens,* Paris, 1843.
BRÉTEILLE R., *Histoire du chien,* Paris, PUF, « Que sais-je », 1997.
FRÉVILLE A. F. J., *Histoire des chiens célèbres,* Paris, 1796, 2 vol.
GARBER M., *Dog Love,* New York, Simon and Schuster, 1996.
HAWTREE C., *The Literary Companion to Dogs,* Londres, Sinclair Stevenson, 1993.
JESSE G. R., *Researches into History of the British Dog,* Londres, 1866.
JOHNS C. K., *Lucky Dogs,* Londres, Methuen, 1931.
JONES E. G., *A Bibliography of the Dog,* Londres, The Library Association, 1971.
LEITCH V. T., *The Maltese Dog,* Maryland, Jon Vir Kermes, 1953.
LYTTON J., *Toy Dogs and their Ancestors,* Londres, 1911.
MÉRY F., *Le chien,* Paris, Robert Laffont, 1968.
PARKER E., *Best of Dogs,* Londres, Hutchinson, 1949.
RICHEBOURG E., *Histoire des chiens célèbres,* Paris, 1869.
RITCHIE C. I. A., *The British Dog : Its History from Earliest Times,* Londres, Robert Hale, 1981.
ROSS E., *The Book of the Noble Dogs,* New York, Century, 1922.
SECORD J. N. P., *Dog Painting* (1840-1940), Woodbridge, Antique Collectors' Club, 1992.
Sélection du Reader's Digest, *Guide des chiens,* Paris, 1982.
SERPELL J., *In the Company of Animals,* Cambridge, Cambridge University Press, 1996.
THOMAS K., *Man and the Natural World,* Londres, Penguin, 1984.
TREMAIN R., *The Animal Who's Who,* Londres, Routledge and Kegan Paul, 1982.
TREW C., *The Story of the Dog,* Londres, Methuen, 1940.
VESEY-FITZGERALD B., (sous la direction de), *The Book of the Dog,*

1 La bibliographie n'inclut pas les ouvrages mentionnés et référencés dans le texte et les notes. Elle ne compte que les ouvrages qui se sont avérés particulièrement utiles.

Londres, Nicholson and Watson, 1948.
VESEY-FITZGERALD B., *The Domestic Dog*, Londres, Routledge and Kegan Paul, 1957.
WATSON J. N. P., *The World's Greatest Dog Stories*, Londres, Century Publishing, 1985.

Ces chiens qui nous gouvernent

AUTRAND F., *Charles VI*, Paris, Fayard, 1986.
BLUCHE F., *Louis XIV*, Paris, Fayard, 1986.
BORDONOVE G., *Louis XVII et l'énigme du Temple*, Paris, Pygmalion-Gérard Watelet, 1995.
BRADFORD S., *Elizabeth*, Londres, Heinemann, 1996.
BRÉZÉ L. de, *Les chasses de François Ier*, Paris, 1869.
CASTELOT A., *Napoléon III*, Perrin, Paris, 1973-1974, 2 vol.
CHABOT A. J. F. de, *La chasse à travers les âges*, Paris, 1898.
CHALMERS P., *The History of Hunting*, Londres, 1936.
CHANTELAUZE M. R., *Marie Stuart, son procès et son exécution*, Paris, 1876.
CHEVALLIER P., *Louis XIII*, Paris, Fayard, 1979
COMMYNES P. de, *Mémoires*. Introduction et notes par B. de Mandrot, Paris, 1903.
DALY M., *Royal Dogs*, Londres, W. H. Allen, 1952.
ERICKSON C., *Her Little Majesty : The Life of the Queen Victoria*, London, Robson Book, 1997.
FERRIÈRE H. de la, *La chasse sous les Valois*, Paris, 1869.
GANDILHON A., *Contribution à l'histoire de la vie privée et de la cour de Louis XI*, Bourges, Commission historique du Cher, Mémoire série 4, vol. 20, 1857.
GAXOTTE P., *Frédéric II*, Fayard, Paris, 1938.
GREY M., *Enquête sur la mort de Louis XVII*, Paris, Perrin, 1988.
HÉROARD J., *Journal de Jean Héroard sur l'enfance et la jeunesse de Louis XIII* (1601-1628), publié par E. Soulié et E. de Barthélemy, Paris, 1868, 2 vol.
HITLER A., *Libres propos*, Paris, Flammarion, 1952.
JERROLD B., *The Life of Napoléon III*, Londres, 1875, 4 vol.
KEAY D., *Elizabeth II : Portrait of a Monarch*, Londres, Century, 1988.
KELLY N., *Presidential Pets*, New York, Abbeville Press, 1992.
KENDALL P. M., *Louis XI*, Paris, Fayard, 1993.
LENOTRE G., *La fille de Louis XVI*, Paris, 1913.

LEVER E., *Marie-Antoinette,* Paris, Fayard, 1991.
LONGFORD E., *Victoria R. I.,* Londres, Weidenfeld and Nicolson, 1964.
MASSON F., *La journée de l'impératrice Joséphine,* Paris, Flammarion, 1933.
MONTGOMERY J., *Royal Dogs,* Londres, Max Parrish, 1962.
MORRAH P., *Prince Rupert of the Rhine,* Londres, Constable, 1976.
NOLHAC P. de, *Louis XV à Versailles,* Paris, Flammarion, 1934.
OPERMAN H., *J.-B. Oudry,* Réunion des Musées nationaux, 1982.
ROSENMAN S. I., *Working with Roosevelt,* Londres, Rupert Hart-Davis, 1952.
ROOSEVELT E., *Autobiography,* Londres, Hutchinson, 1962.
ROOSEVELT T., *Letters to his Children,* Londres, 1919.
SALVADORI P., *La chasse sous l'Ancien Régime,* Paris, Fayard, 1996.
SAINT-SIMON, *Mémoires,* édition établie par Y. Coriault, Paris, Gallimard.
ST. AUBIN G., *Edward VII,* New York, Atheneum, 1979.
TOLAND J., *Hitler,* New York, Doubleday, 1976.
TROYAT H., *Catherine la Grande,* Paris, Flammarion, 1978.
WAITE R. G. L., *The Psychopathic God : Adolf Hitler,* New York, Basic Book, 1977.
WALISZEWSKI K., *Le Roman d'une impératrice,* Paris, 1893.
WILKINSON C. A., *Prince Rupert the Cavalier,* Londres, George G. Harrap, 1934.
WILLS G., *Nixon Agonistes,* Boston, Houghton Miffin, 1970.
WILLSON D. H., *King James VI and I,* Londres, Jonathan Cape, 1956.

Des chiens et des lettres

ACKROYD P., *Dickens,* Londres, Sinclair-Stevenson, 1990.
AUBRY M., *Chère Colette,* Paris, Presse de la Cité, 1983.
AULT N., *New Light on Pope,* Londres, Methuen, 1949.
BAILLET A., *La Vie de Monsieur Descartes,* 1691.
BARNES J., *Flaubert's Parrot,* Londres, Jonathan Cape, 1984.
BELL Q., *Virginia Woolf,* Londres, Hogarth Press, 1972.
The Browning Correspondance, édité par P. Kelley et autres, Wedgestone Press, 1er volume paru en 1984.
Lord BYRON, *Letters and Journal,* édité par L. A. Marchand, vol. 1 (1798-1810), John Murray, 1973.
CARLYLE T. et J. WELSH CARLYLE, *Collected Letters,* Durham/Londres, Duke University Press, vol. 24, 1995.

CASTÉRA C., *Le Livre de Diogène le Cynique*, Paris, 1950.
CHAMPION P., *Ronsard et son temps*, Paris, 1925.
CHAUVIÈRE C., *Colette*, Paris, 1931.
CHENAY P., *Victor Hugo à Guernesey*, Paris, 1902.
Chiens de Colette, Paris, Albin Michel, 1970.
CHRISTIE A., *An Autobiography*, Londres, Collins, 1977.
COHEN Rosenfield L., *From Beast-Machine to Man-Machine*, New York, Octagon Books, 1968.
DECAUX A., *Victor Hugo*, Paris, Perrin, 1984.
DICKENS C., *Letters*, Londres, MacMillan, 1893.
FLAUBERT G., *Correspondance*, Paris, Louis Conard, 1926-1954, 13 vol.
FORSTER J., *Life of Charles Dickens*, Londres, 1874.
FORSTER M., *Elizabeth Barret Browning*, Londres, Chatto and Windus, 1988.
MRS GASKELL, *The Life of Charlotte Brontë*, Londres, 1857, 2 vol.
GERIN W., *Emily Brontë*, Oxford, Clarendon, 1971.
GUÉHENNO J., *Jean-Jacques* (1758-1778), Paris, Gallimard, 1952.
GUILLEMIN H., *Hugo*, Paris, Le Seuil, 1988.
HANSON L. et E., *Necessary Evil : The Life of Jane Welsh Carlyle*, Londres, Constable, 1952.
HARINGTON J., *Nugae Antiquae*, Londres, 1804, 2 vol.
HEWLET D., *Elizabeth Barret Browning*, Londres, Cassel, 1953.
HOBHOUSE J., *Everybody who was Anybody*, Londres, Weidenfeld and Nicolson, 1915.
HOLME T., *The Carlyles at Home*, Londres, Oxford University Press, 1965.
HUME D., *The Letters of David Hume*, édité par J. Y. T. Greig, Oxford, Clarendon, vol. 2, 1932.
JOHNSON E., *Charles Dickens : His Tragedy and Triumph*, New York, Simon and Schuster, 1952, 2 vol.
JOHNSON E., *Walter Scott : The Great Unknown*, Londres, Hamish Hamilton, 2 vol., 1970.
JUIN H., *Victor Hugo*, Paris, Flammarion, 1980-1986, 3 vol.
LEE H., *Virginia Woolf*, Londres, Chatto and Windus, 1996.
LEWIS R. W. B., *Edith Wharton : A Biography*, Londres, Constable, 1975.
MACK M., *Alexandre Pope : A Life*, New Haven/Londres, Yale University Press, 1985.
MARCHAND L. A., *Byron : A Biography*, Londres, John Murray, 1957, 3 vol.

MITCHELL Y., *Colette : A Taste of Life*, Londres, Weidenfeld and Nicolson, 1975.
MORGAN J., *Agatha Christie : A Biography*, Londres, Collins, 1984.
MOORE V., *The Life and Eager Death of Emily Brontë*, Londres, Rich and Cowan, 1936.
MOSSNER E. C., *The Life of David Hume*, Oxford, Clarendon, 1980.
OREL H., *The Brontës : Interviews and Recollections*, Londres, Macmillan, 1997.
PARINI J., *John Steinbeck : A Biography*, Londres, Heinemann, 1994.
PEPYS S., *The Diary of Samuel Pepys*, édité par R. Latham et W. Matthews, Londres, G. Bell and Sons, 1970-1983, 11 vol.
ROUSSEAU Jean-Jacques, *Correspondance complète*, édition critique par R. A. Leigh, Institut et Musée Voltaire (Genève), University of Wisconsin Press (Madison), tome 9, 1969.
SARDE M., *Colette*, Paris, Stock, 1978.
SCOTT W., *The Letters of Sir Walter Scott*, édité par H. J. C., Grierson, Londres, Constable, 1932-1937, 12 vol.
SCOTT W., *The Journal of Sir Walter Scott*, édité par W. E. K. Anderson, Oxford, Clarendon, 1972.
SHORTER C., *The Brontë : Life and Letters*, Londres, Hodder and Stoughton, 1908, 2 vol.
SOUHAMI D., *Gertrude and Alice*, Londres, Pandora Press, 1991.
SPENCE J., *Observations, Anecdotes and Characters of Books and Men*, édité par J. M. Osborn, Oxford, Clarendon, 1966.
SPRIGGE E., *Gertrude Stein : Her Life and Works*, Londres, Hamish Hamilton, 1957.
STEIN G., *The Biography of Alice B. Toklas*, Londres, Penguin, 1966.
STEIN G., *The Letters of Gertrude Stein and Carl Van Vechten (*1913-1946), New York, Columbia University Press, 1986.
STEINBECK J., *A Life in Letters*, édité par E. Steinbeck et R. Wallstein, Londres, Heinemann, 1975.
WILSON D.A., *Carlyle : To threescore-and-Ten* (1853-1860), Londres, Kegan Paul, 1929.

D'autres maîtres distingués

BOGART S., *Bogart : In Search of My Father*, New York, Dutton, 1995.
CLARK R. W., *Freud, the Man and the Cause*, Londres, Jonathan Cape, 1980.

COX N. et POVEY D., *A Picasso Bestiary*, Londres, Academy Edition, 1995.
DARWIN F., *The Life and Letters of Charles Darwin*, Londres, 1887, 3 vol.
DESMOND A. et MOORE J., *Darwin*, Londres, Michael Joseph, 1991.
GAY P., *Freud : A Life for our Time*, Londres, J. M. Dent and Sons, 1988.
GLASENAPP C. F., *Life of Richard Wagner*, traduit de l'allemand par W. Ashton Ellis, Londres, 1900-1908, 6 vol.
GOLD A. et FIZDALE R., *The Divine Sarah : A Life of Sarah Bernhardt*, Londres, Harper Collins, 1992.
JONES E., *Sigmund Freud : Life and Work*, London, Hogarth Press, vol. 3, 1957.
MEYERS J., *Bogart*, Londres, André Deutsch, 1997.
MOLNAR M., *The Diary of Sigmund Freud*, 1929-1939, Londres, Hogarth Press, 1992.
NEWMAN E., *The Life of Richard Wagner*, Londres, Cassel, 1933-1947, 4 vol.
PARMELIN H., *Picasso sur la place*, Paris, Julliard, 1959.
QUENNEL P., *Hogarth's Progress*, Londres, Collins, 1955.
RICHARDSON J., *A Life of Picasso*, Londres, Jonathan Cape, 2 premiers vol. parus en 1991 et 1996.
STASSINOPOULOS A., *Maria: Beyond the Callas Legend*, Londres, Weidenfeld and Nicolson, 1980.
TOYE F., *Giuseppe Verdi*, Londres, Heinemann, 1931.
WAGNER C., *Journal*, Paris, Gallimard, 1977-1979, 4 vol.
WAGNER R., *Letters* (The Burrel Collection), Londres, Victor Gollancz, 1951.
WAGNER R., *Selected Letters*, traduit en anglais par S. Spencer et B. Millington, Londres, J.M. Dent, 1987.
WAGNER R., *My Life*, traduit en anglais par A. Gray, Cambridge, Cambridge University Press, 1985.

Inconnus célèbres

DU BELLAY J., *Divers jeux rustiques*, Édition de Ghislain Dufour, Paris, Gallimard, 1996.
HOULIHAN P. F., *The Animal World of The Pharaohs*, Londres, Thames and Hudson, 1996.
JANSSEN R. et J., *Egyptian Household Animals*, Aylesbury, Shire Publications, 1989.

PETTS L., *The Story of Nipper and the « His Master's Voice », Picture painted by Francis Barraud*, Bournemouth, 1973.
ROSENBLUM R., *The Dog in Art*, John Murray, Londres, 1988 (publié en français en 1989, chez Adam Biro).
SELLS A. L., *Animal Poetry*, Londres, Thames and Hudson, 1958.
SERPELL J. (sous la direction de), *The Domestic Dog*, Cambridge, Cambridge University Press, 1995.
TOYNBEE J. M. C., *Animals in Roman Life and Art*, Baltimore, The Johns Hopkins University Press, 1996.

Méritocratie canine

AMUNDSEN R., *The South Pole*, Londres, 1912, 2 vol.
CAMPARDON E., *Histoire du tribunal révolutionnaire de Paris*, Paris, 1862.
COLLINS A., *Lassie : A Dog's Life*, New York, Penguin, 1993.
DALZIEL H., *The St. Bernard*, Londres, 1888.
DAY J. W., *A Falcon on St. Paul's*, Londres, Hutchinson, 1935.
EGAN P., *Sporting Anecdotes*, Londres, 1825.
EVANS E. P., *The Criminal Prosecution and Capital Punishment of Animals*, Londres, Heinemann, 1906.
FERNANDEZ DE OVIEDO Y VALDEZ G., *Historia general y natural de las Indias*, Madrid, 1959, 5 vol.
FITZ-BARNARD L., *Fighting Sports*, Londres, 1921.
HARVEY B., *Race into Space: The Soviet Space Programme*, Chichester, Ellis Horwood, 1988.
HÉRON DE VILLEFOSSE R., *Histoire de Paris*, Paris, Éditions littéraires et artistiques, 1944.
LEE R., *Not so Dumb*, Londres, Thomas Yoseloff, 1970.
LEWES, G. H., *The Life of Goethe*, Londres, 1875.
LEWIS M. et CLARK W., *History of the Expedition under the Command of Lewis and Clark*, New York, Dover, 1965, 4 vol.
ROTHEL D., *The Great Show Business Animals*, San Diego, A. S. Barnes, 1980.
TOUSSENEL A., *L'Esprit des bêtes*, Paris, 1862.
SCHMITT J.-C., *Le saint lévrier Guinefort, guérisseur d'enfants depuis le XIIIe siècle*, Paris, Flammarion, 1979.

Achevé d'imprimer le 26 novembre 1997 sur les presses
de **Bussière Camedan Imprimeries** à Saint-Amand (Cher)
pour le compte des Éditions Noêsis.
Dépôt légal : novembre 1997. - N° d'impression : 1/3224.
ISBN 2-911606-16-7
Imprimé en France